**초보자를 위한
모터사이클 입문**

초보자를 위한 모터사이클 입문

초판 1쇄 발행 2016년 10월 14일
초판 2쇄 발행 2020년 5월 25일

지은이 현종화
펴낸이 박수길
펴낸곳 (주)도서출판 미래지식
책임 편집 양승순
디자인 우진(woojin)
일러스트 손영

주소 경기도 고양시 덕양구 통일로 140 삼송테크노밸리 A동 3층 333호
전화 02)389-0152 **팩스** 02)389-0156
홈페이지 www.miraejisig.co.kr
전자우편 miraejisig@naver.com
등록번호 제2018-000205호

* 이 책의 판권은 미래지식에 있습니다.
* 값은 표지 뒷면에 표기되어 있습니다.
* 잘못된 책은 구입하신 서점에서 바꾸어 드립니다.

ISBN 978-89-6584-341-2 13550

이 도서의 국립중앙도서관 출판예정도서목록(CIP)은 서지정보유통지원시스템 홈페이지(seoji.nl.go.kr)와 국가자료공동목록시스템(www.nl.go.kr/kolisnet)에서 이용하실 수 있습니다.
CIP제어번호 : CIP2016022133

* 미래라이프는 미래지식의 취미 실용 전문 브랜드입니다.
  미래지식은 좋은 원고와 책에 관한 빛나는 아이디어를 기다립니다.
  이메일(miraejisig@naver.com)로 간단한 개요와 연락처 등을 보내주시면
  정성으로 고견을 참고하겠습니다. 많은 응모바랍니다.

초보자를 위한 모터사이클 입문

INTRODUCTION TO MOTORCYCLE

모터사이클 고르는 법부터 장비, 실전 라이딩까지

현종화 지음

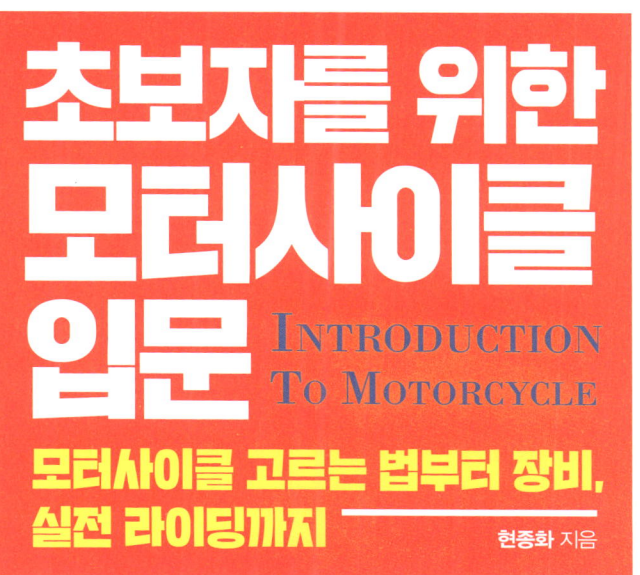

미래라이프

들어가는 글

가슴속에 숨은 질주 본능을 꺼내라

　모터사이클 얘기를 본격적으로 하기 전에 많은 미식가들이 좋아하는 복어 얘기를 해보자. 복어는 영양가가 풍부하고 맛도 좋은 고급 생선이다. 하지만 인체에 치명적인 독이 있다. 지금까지도 이 독에는 해독제가 없다. 그래서 국가가 공인하는 전문 조리사들만 복어 요리를 할 수 있다. 이 위험스럽고도 치명적인 맛을 지닌 복어가 묘하게도 모터사이클과 닮았다는 생각을 해본다. 모터사이클도 정서적, 경제적으로 무한한 자유와 기쁨을 선사하지만 그에 못지않은 독이 있다. 바퀴가 두 개라는 것과 신체가 외부로 노출된다는 것.

　인간의 역사에서 복어 요리를 포기하지 않고 즐길 수 있었던 건 복어의 독이 어디에 있는지, 어떻게 하면 완벽히 제거할 수 있는지 잘 아는 전문 조리사를 양성해왔기 때문이다. 우리가 알고 있는 모터사이클에도 복어의 독처럼 위험요소들이 숨어 있다.

　지금부터 독자 여러분은 필자와 함께 모터사이클의 구조와 원리를 배우면서 모터사이클의 어디에 위험요소가 있는지, 어떻게 제거할 수 있는지 그 방법을 배울 것이다. 그리고 영양가 있고 맛있는 운송수단인 모터사이클이라는 요리를 라이더가 되어 맛있게 즐길 수 있는 첫발을 내딛게

될 것이다. 실수로 복어의 독을 삼키기라도 하면 불행하게도 해독제가 없다. 하지만 모터사이클에 숨어 있는 독은 해독제는 없지만 적어도 자신의 노력 여하에 따라 미리 강력한 예방주사를 접종할 수 있다.

'위험'이라는 요소를 제거하고 모터사이클을 바라본다면 대한민국 남자 중에 누가 모터사이클을 마다할까? 대부분의 남자들은 젊은 날 한 번씩 모터사이클과의 추억이 남아 있다. 좋은 기억보다는 그다지 기분 좋지 않은 추억이 많다는 게 문제지만 그 역시 위험요소에 대한 무지에서 비롯된 것이 많다.

"이게 액셀이고 이게 브레이크야. 이게 기어고, 이게 클러치야. 자 이제 한번 살살 당겨봐."

대한민국 남자들의 99.9%는 학교 운동장에서 동네 형에게 배워서, 혹은 넘어지고 다치며 독학으로 모터사이클을 처음 접하게 된다. 불행하게도 모터사이클을 전문가에게 배울 수 있는 시스템은 지금도 거의 없다. 이렇게 터득한 어설픈 라이딩 스킬은 필연적으로 사고와 연결된다.

필자가 만나본 불특정 다수의 성인 남자 중 99%의 기억 속에는 그런 기억이 한 번쯤 남아 있었다.

　그런데 만약 모터사이클을 체계적으로 배워 위험요소가 줄어든다면 어떻게 될까? 잠재되어 있던 질주 본능이 언제까지나 숨어 있기만 할까? 감히 말하지만 남자의 가슴속에는 누구나 자신만의 모터사이클이 있다.
　모터사이클을 타고 달리는 순간만큼은 아무것도 생각나지 않는다. 목적은 없다. 단지 달리는 것이 즐거울 뿐이다. 세상사 모든 사사로운 일상은 가르는 바람 뒤로 날려간다. 이런 게 스피드에 빠져드는 이유일 것이다. 해변가 시원한 도로를 사랑하는 모터사이클을 타고 달리는 상상을 해보라. 인생에 있어 꼭 한 번은 해보고 죽어야 하지 않을까?
　필자가 처음 모터사이클을 만나 달렸을 때 느낀 것은 해방감이었다. 빽빽하게 짜여 있는 시간표, 남을 밟아야만 내가 살 수 있다고 가르치는 세상, 먹고살기 위한 내일의 불안감은 항상 우리를 괴롭히고 있다. 만병의 근원이라는 스트레스를 날려버리는 데 모터사이클만큼 좋은 게 또 있을까? 필자가 모터사이클 저널리스트라는 직업을 갖게 된 것은 달리고 있을 때만큼은 어느 누구도 부럽지 않은 자유를 느낄 수 있기 때문이다.
　모터사이클이 위험하다는 생각은 일단 접어둬라. 어차피 당신은 아직 모터사이클을 경험해보지도 못했잖은가? 당신의 버킷리스트에 모터사이

클이 있다면 필자를 믿어라. 28년 동안 라이딩을 해왔지만 사지 멀쩡하게 잘 살고 있다. 뭔가 노하우가 있으니 그동안 멀쩡히 즐거운 라이딩을 하고 있지 않겠는가?

이 책을 쓴 이유는 바로 당신과 그 노하우를 나누기 위함이다. 아무리 좋은 안전장비라 할지라도 실전 경험에서 쌓은 지식을 이기지는 못한다 (그렇다고 안전장비가 중요하지 않다는 이야기는 결코 아니다).

자, 가슴속에 품고 있는 질주 본능을 함께 꺼내보자. 이 책과 함께 모터사이클에 관심 있는 독자 여러분 모두 라이딩의 즐거움을 한껏 만끽해보길 바란다.

2016년 10월

현종화

차례

■ 들어가는 글

Part 1. 모터사이클 장르에 대하여

- **모터사이클을 둘러싼 오해와 진실** _014
  모터사이클과의 인연 | 우리가 사용하는 '오토바이'라는 말 | 에어컨 있는 모터사이클은 있는가? | 고속에서 돌을 밟으면 모터사이클은 무조건 넘어지는가? | 배기량이 높으면 속도가 빠른가? | 모터사이클은 자동차보다 사고가 많이 발생한다? | 스쿠터는 모터사이클보다 안전하다? | 다른 나라에서도 고속도로 모터사이클 주행이 금지되어 있나?

- **모터사이클이란 무엇인가?** _021
  모터사이클의 종류 | 온로드 모터사이클의 종류 | 오프로드 모터사이클의 종류

Part 2. 시동을 걸기 전에 알아야 할 것들

- **먼저 가족을 설득하라** _032
  라이딩 전에 알아둘 것 | 가족을 설득하는 요령 | 양아치 폭주족과 멋진 라이더를 결정짓는 건 안전장비 | 제대로 된 교육을 받았음을 어필하라 | 정말 라이더가 되고 싶다면 장기전을 택하라

- **2종소형 면허 취득하기** _038
  우리나라 면허시험 체계의 현실 | 그래도 면허는 따야 한다 | 대한민국의 면허제도 어떻게 바뀌어야 하나? | 외국의 이륜차 면허제도

Part 3. 자신에게 맞는 모터사이클 고르기

- **바이크 구입 전에 알아두자** _ 048
  초보라면 대배기량은 피하자 | 매장에서 권하는 바이크를 무작정 구입하면 후회한다 | 구체

적인 모터사이클 선택 방법 | 모터사이클은 메이커 상황에 따라 품질 변동이 심하다

• 중고 모터사이클 구입 요령 _060
모터사이클 구입 요령도 경력이 생겨야 한다 | 프레임이 틀어진 모터사이클은 아무리 엔진이 좋아도 포기하라 | 냉간 시에 시동이 잘 걸리면 일단 OK

• 모터사이클 등록 요령과 서류 점검 _066
서류를 잘 검토하자 | 이륜차 등록 순서

• 모터사이클 관리하기 _070
실력 있는 바이크 정비샵을 알아둬라 | 엔진계통 트러블 | 카브레터는 청소만 잘 해주면 좀처럼 망가지지 않는다 | 전기계통 트러블 | 에어 클리너의 청결은 엔진 수명을 길게 한다 | 스쿠터 변속 벨트 교체 때 유의할 점 | 엔진오일을 관리하는 방법

• 메이커별 모터사이클의 특성 _079
국내 메이커 | 일본 메이커 | 유럽 메이커 | 미국 메이커 | 대만 메이커

• 모터사이클 제원표 보는 법 _116
제원표가 중요한 이유 | 네이키드의 제원표 | 레플리카의 제원표 | 듀얼퍼포즈의 제원표 | 오프로드 모터사이클의 제원표

• 엔진의 특성을 구별하는 방법 _138
4스트로크 엔진 | SOHC | DOHC | OHV | 기통에 따른 엔진의 특성

• 냉각 방식에 따른 엔진의 특성 _146
냉각 방식에는 어떤 것이 있나 | 공랭식 | 수랭식 | 유랭식

• 프레임에 대하여 _152
프레임의 중요성 | 더블 크레이들 프레임 | 트윈 스파 튜브 프레임 | 트렐리스 파이프 프레임 | 신형 대배기량 스쿠터 프레임 | 언더본 프레임

- 서스펜션의 종류 _161
  서스펜션을 보는 안목을 키우자 | 전륜 서스펜션의 종류

- 타이어를 보면 모터사이클의 특성이 보인다 _171
  좋은 타이어를 고르는 기준 | 먼저 큰 글씨부터 알아보자 | 타이어가 버틸 수 있는 무게인지 정확히 알아야 한다 | 작은 글씨도 살펴보자 | 래디얼 타이어와 바이어스 타이어의 차이점 | 바이어스 타이어 | 래디얼 타이어

Part 4. 실전 라이딩을 위한 테크닉과 안전 포인트

- 안전장비 고르기와 정확하게 착용하기 _182
  헬멧의 종류 | 각종 보호대와 라이딩 의류 | 부츠

- 모터사이클 라이딩 테크닉 _187
  모터사이클을 타는 데 테크닉이 필요해? | 자동차와 모터사이클의 접지력 차이 | 우리나라 도로의 노면 상태와 라이딩 테크닉의 상관관계 | 기본자세는 승마 자세와 유사하다

- 모터사이클 라이딩 테크닉 1과 _193
  실전 라이딩 테크닉

- 모터사이클 라이딩 테크닉 2과 _209
  모터사이클 코너링의 기본 | 팔의 자세 | 다리의 자세 | 머리와 허리의 자세 | 린 위드, 린 인, 린 아웃이란 무엇이며 언제 사용하는가? | 린 위드 | 린 인 | 린 아웃 | 행 오프

- 모터사이클 라이딩 테크닉 3과 _225
  달리는 것보다 멈추는 게 더 중요하다 | 일반 브레이크로 설명하겠다

- 모터사이클 라이딩 테크닉 4과 _229
  체중의 이동과 선회의 시작 | 원 돌기 | 실전 코너의 선회 | 코너링은 머리로 시작해 다리로 끝낸다 | 코너에서 몸의 중심은 왜 바깥쪽에 두어야 하나

- 모터사이클 라이딩 테크닉 5과 _245
  스쿠터 라이딩에 대해 | 스쿠터와 모터사이클의 구조, 라이딩 테크닉 | 스쿠터는 클러치가 없고 엔진 브레이크가 발생하지 않는다 | 스쿠터 라이딩은 매뉴얼과 무엇이 다른가? | 스쿠터 브레이크 레버의 조작 요령 | 스쿠터 코너링에서 중심은 어디에 두어야 하는가?

- 모터사이클 라이딩 전 점검해야 하는 것 _253
  첫 번째로 점검할 것은 타이어 | 두 번째 점검해볼 것은 브레이크 | 세 번째 점검해볼 것은 브

레이크 레버, 클러치 레버의 유격 세팅 | 네 번째 확인할 것은 오일 누유 등 전반적인 상태

- **실전 도로주행에서의 안전 라이딩 요령** _257
  사고 없는 라이딩을 위해 | 도로는 나만 달리는 곳이 아니다 | 시야 확보가 되지 않으면 절대 가속하지 말라 | 교차로에서는 0.5초의 여유를 가지고 진입하라 | 막차선은 분주하고 위험 요소가 많다 | 대형차 코너 진행 중 우측 안쪽으로 추월 금지 | 고속 주행 중 앞차의 급 브레이크 시 대처할 수 있는 '회피 정지 테크닉' | 변심 차량을 빨리 파악하라 | 반대 차선이 막히고 자신이 주행하는 차선은 정체가 없을 때 조심하라 | 자동차는 앞바퀴가 돌아가야 회전한다

- **중급 라이더들에게 전하는 스킬** _268
  코너에 대한 두려움을 없애라 | 스로틀 윅이 라이딩을 지배한다 | 스로틀을 놓으면서 브레이킹이 시작된다 | rpm이 올라간다고 겁먹지 말라

- **교통사고 시 당황하지 말고 이렇게 대처하라** _272
  자신의 몸 상태 체크 | 불리한지 유리한지 생각 말고 경찰에 신고하라 | 사고 현장을 보존하라 | 사진은 최대한 세밀하게 찍어라 | 블랙박스를 확보하라 | 주변에 CCTV가 있는지 살펴라 | 목격자를 최소한 3명은 확보하라 | 책임보험만 들었다면 11대 중과실 위반인지 빨리 파악하라

Part 5. 라이더의 로망! 모터사이클 투어

- **실전투어를 위해 반드시 알아둬야 할 것들** _276
  단체투어 | 단독투어 | 투어에서 길 찾는 법 | 이정표 보는 법 | 대한민국 국도의 특성 | 지명을 모르면 길을 헤맨다

- **현종화가 추천하는 모터사이클 투어 명코스** _282
  수도권 당일치기 최고의 코스 전곡항 | 강변 따라 달리는 자유, 퇴촌면 와인딩 코스 | 해안가 당일 코스인 궁평리-매향리-아산만방조제-삽교호 코스 | 서천 홍원항 | 원시림이 살아 있는 아침가리골

■ 마치는 글

Part 1

모터사이클 장르에 대하여

모터사이클을 둘러싼 오해와 진실

모터사이클과의 인연

생각해보면 필자는 어릴 적 유난히 두 바퀴를 좋아하는 아이였다.

유년시절.

어머니에게 이틀 동안 세발자전거를 사 달라고 외치며 울어 대자 멋진 자전거가 생겼다. 아이는 자전거가 생기자 엄마의 만류를 뿌리치고 동네 아이들과 '메이커별 세발자전거 다운힐 레이스'를 펼쳤다. 삼천리 자전거는 특유의 핸들링과 그립력으로 시속 40km의 놀라운 성능을 보여주었다. 옆집 경환이의 번개표 3륜 머신은 테스트 중 앞바퀴가 빠져나가는 바람에 전복되고 말았다. 그 일로 경환이가 크게 다치자, 당분간 아이의 세발자전거는 연탄창고에 봉인되어버렸다.

초등학교 시절 학교와의 거리가 그리 멀지는 않았지만 그렇다고 가까운 것도 아니었다. 자전거가 한 대 있었으면 좋겠다고 생각했지만 가격이 만만치 않았다. 이제 소년이 된 아이는 세발자전거 따위는 눈에 들어오지 않았다. 그리고 뭔가를 사 달라고 울며 매달리기에는 너무 커버린 나이임을 알게 됐다. 소년은 자전거를 사기 위해 신문배달을 했다. 두 달 동안 석간신문 120부를 돌리고서야 중고 자전거를 살 수 있었다.

중학생이 되고 세 번의 머신 체인지가 있었다. 발이 닿지는 않았지만 이제는 당당히 어른용 사이클을 타고 다녔다. 친구들은 선망의 대상으로 바라봤고, 소년은 친구들의 시선이 싫지 않았다. 그런데…….

소년의 인생이 바뀐 건 중학교 2학년 때. 3학년 선배 중에 '스쿠터'라는 걸 타고 다니는 선배가 있었다. 대림 '핸디(Handy, 1983~2000년에 생산된 50cc 단기통 스쿠터)50'이라는 요상한 물건은 온통 거기에 집중하게 만들었다. 간혹 길거리를 지나가다 봐오던 모터사이클은 인간의 힘으로 달리는 게 아니었기에 진정한 스포츠가 아니라며 관심을 갖지 않았었다. 하지만 '핸디50'은 소년에게 신세계였다. 그때부터 식당 아르바이트를 하며 6개월 만에 9만 원을 벌었고, 그렇게 해서 '핸디50'은 소년의 소유가 되었다.

당시만 해도 중학생이 스쿠터를 타고 다닌다는 건 획기적인 일이었다. 그렇게 소년은 모터사이클과 인연을 맺고 고등학교, 대학교를 모두 '자동차 공학'이라는 학문과 함께 지내게 됐다. 군을 제대하고 기자가 되기로 마음먹은 청년은 결국 자신이 좋아하는 모터사이클 전문지 시승기자가 됐다.

1년에 10만 km를 돌아다니며 전국 방방곡곡 안 가본 곳이 없을 정도였다. 모터사이클 시승을 하다 넘어지기도 했고 레이스를 하다 넘어지기도 했다. 한번은 크게 다치기도 했고, 세상의 뒤통수를 맞기도 했다. 직접 스쿠터를 만들어보기도 하며 시간이 흘러갔다.

그리고 어느덧 나이 42세.

아직도 필자는 모터사이클 타는 걸 좋아한다. 아니, 이제 모터사이클은 필자의 인생에서 떼어낼 수 없는 신체의 일부가 되었고, 현종화란 인간은 모터사이클을 빼놓고는 설명이 안 되는 사람이 되어버렸다.

정신 차리고 보니 불혹의 나이가 지나가 있었다. 그리고 책을 써야겠다고 마음먹은 건 이 글을 읽는 독자들에게 자신 있게 말할 수 있기 때문이다. "적어도 모터사이클과 함께라면 진짜 모험이 펼쳐질 것이고 인생이 흥미진진해질 것"이라고 말이다.

우리가 사용하는 '오토바이'라는 말

'오토바이'라는 말을 우리는 아주 흔하게 사용한다. 국어사전에도 '오토바이'로 표기되어 있다. (국어사전에는 '앞뒤로 있는 두 바퀴에 원동기를 장치하여 그 동력으로 바퀴가 돌아가게 만든 탈것'이라고 정의되어 있다.)

그런데 '오토바이'라는 말은 일제 강점기의 잔재어이다. 대부분의 나라에서는 '모터사이클(Motorcycle)'이라 사용하고, 국내에서 법률적인 용어로는 '이륜자동차'라 부른다. 뭐 어떤 형태로든 외래어인 건 사실이지만 '오토바이'라는 말은 모터사이클을 일본어 발음대로 부르는, 일종의 '짝퉁' 명칭인 것이다. 안타까운 건 우리나라 국어사전에 버젓이 정식 명칭으로 등록되어 있다 보니 모든 방송과 언론에서도 '오토바이'로 발음하고 표기한다는 것이다. 필자는 이 책에서 '모터사이클' 혹은 '바이크'로 표기하겠다.

에어컨 있는 모터사이클은 있는가?

모터사이클을 경험해보지 않은 사람들이 "비싼 오토바이에는 에어컨도 있대"라는 말을 간혹 한다. 하지만 지구상에 도로를 달리는 모터사이클 중에 에어컨이 달려 있는 것은 없다. 라이더가 외부에 위치해 달리는 모터사이클의 특성상 에어컨을 장착한다 해도 큰 의미는 없다. 그것은 자동차의 모든 창문을 열고, 혹은 오픈카의 뚜껑을 열고 에어컨을 작동한다 해도 큰 의미가 없는 것과 마찬가지다. 모터사이클에 에어컨을 장착한다면 단순히 엔진출력만 잡아먹는 애물단지밖에 되지 않을 것이다.

일부 장거리 투어러 모델에 발과 무릎 등에 히터 기능이 장착되어 있는 모터사이클은 있다.

고속에서 돌을 밟으면 모터사이클은 무조건 넘어지는가?

모터사이클을 경험해보지 않은 사람들이 흔히 하는 말이다. 필자는 이럴 때 반문을 하곤 한다. "그 돌 크기가 얼만한 건데?" 하고. 그러면 대부분 "작은 돌만 밟아도 큰일 나는 거 아냐?"라고 대답하기 일쑤다. 시속 100km의 직진주행에서 주먹만 한 돌을 밟는다 해도 라이더가 정상적으로 주행하고 있었다면 모터사이클은 별 탈 없이 주행한다. 과학적으로 직진관성이 장애물에 걸려 흔들리는 힘보다 주행하는 힘이 훨씬 크기 때문에 모터사이클은 앞으로 돌파하게 돼 있다.

일반도로에 주먹만 한 돌이 널려 있는 것은 흔한 일이 아니다. 게다가 요즘 도로가 80년대 비포장도로 같은 것도 아니다. 모터사이클을 경험해본 라이더라면 실제로는 별로 걱정하지 않아도 되는 문제다. 이런 쓸데없는 말들이 퍼지는 건 단순히 모터사이클의 위험만 부각시키는 잘못된 일이다. 그리고 이런 이야기를 하는 사람은 대부분 모터사이클 라이딩을 해보지 않았거나 단편적인 경험만 해본 사람일 가능성이 크다.

배기량이 높으면 속도가 빠른가?

배기량이 높다고 반드시 속도가 빠른 건 아니다. 모터사이클뿐만 아니라 자동차 엔진도 스타일에 맞는 설계를 하기 때문에 큰 배기량이 반드시 속도로 연결되지는 않는다. 예를 들어 할리데이비슨(Harley-Davidson) 1,600cc의 2기통 엔진은 시속 200km 정도의 최고속도를 보여준다. 그런데 배기량 600cc의 4기통 일제 레플리카들은 시속 260km의 최고속도를 보여준다. 물론 50cc 배기량을 지닌 엔진을 600cc 엔진과 비교해 보면 당연히 600cc가 빠르겠지만 단순히 배기량만 보고 모터사이클의 수준이나 최고속, 주행품질 등을 판단하기는 어렵다.

일반인에게 판매되는 건 아니지만 레이스를 전문적으로 하기 위한 레이스머신은 단기통 250cc의 배기량으로 시속 240km의 최고속을 보여주기도 한다. 엔진의 기통이 몇 개인지, 밸브 형식이 어떻게 되는지, 그 밖에 매우 많은 요인에 의해 엔진의 출력과 최고속이 달라진다.

모터사이클은 자동차보다 사고가 많이 발생한다?

꼭 그런 건 아니다. 자동차와 모터사이클 중 동일대수 대비 사고비율은 자동차가 훨씬 높다. 그러나 모터사이클의 사망률이 높은 건 사실이다. 그것도 헬멧을 미착용한 경우가 많아 적어도 헬멧만 잘 착용하고 다녀도 사망자는 현저히 줄어들 것이다.

따라서 모터사이클을 타면 무조건 죽는다는 생각은 매우 잘못된 것이다. 국내처럼 아무런 안전교육도 하지 않고, 면허체계도 엉망인 상황에서 모터사이클은 자동차보다 현저히 사고율이 낮은 수치를 보여주고 있는데 '모터사이클 = 위험'이라는 공식은 매우 부적절하다.

아주 기초적인 안전교육과 안전장비만 철저히 하고 다녀도 모터사이클은 정말 훌륭한 이동수단이다. 특히 대한민국처럼 작은 땅덩어리에서 교통체증이 많은 상황이라면 모터사이클은 더할 나위 없는 교통수단이다.

스쿠터는 모터사이클보다 안전하다?

전혀 근거 없는 이야기다. 도대체 어디에서 이런 말이 생겨났는지 필자는 도무지 이해가 안 된다. 오히려 프레임 강성이 약한 스쿠터가 고속에서 더 불안정한 면이 있다. 스쿠터도 모터사이클의 한 종류이다. 즉, 신체가 외부에 노출된다는 특징은 같다. 따라서 스쿠터가 모터사이클보다 특별하게 구조상 안전하다는 생각은 잘못된 것이다.

다른 나라에서도 고속도로 모터사이클 주행이 금지되어 있나?

아니다. 정반대. 대부분의 국가에서는 모터사이클의 고속도로 통행이 허가되고 있다. 2010년 자료에 따르면 유럽과 남미 등의 국가에서는 51cc 이상의 배기량을 갖고 있는 모터사이클의 고속도로 주행이 가능하다. 인도와 터키 등 몇몇 나라는 350cc 이상인 모터사이클의 고속도로 통행을 허가하고 있고, 대만은 550cc 이상의 모터사이클을 허용하고 있다. 일본도 125cc 이상의 모터사이클은 고속도로 주행이 가능하다. 2010년 현재 배기량을 불문하고 고속도로 주행을 불법으로 간주하는 국가는 전 세계에서 대한민국과 베네수엘라, 인도네시아 단 세 나라뿐이다.

대한민국은 40년 동안 뚜렷한 근거 없이 이륜차의 고속도로 통행은 물론 자동차 전용도로의 통행을 금지하고 있다. 최근 국내에서도 이륜차 전용도로 및 고속도로 개방에 대한 논의가 활발히 진행되고 있다.

필자의 생각은 이렇다. 이륜차의 고속도로와 자동차 전용도로 개방은 지극히 당연한 일이다. 하지만 멀쩡한 사람을 강제로 다리에 깁스를 해놔서 40년 동안 절름발이로 살게 해놨다고 가정했을 때, 지금 당장 깁스를 풀어준다고 해서 바로 뛰어다닌다면 분명 다리에 무리가 생길 것이다. 걷기 연습부터 차근차근 해야 정상적인 몸으로 돌아가 안전하게 뛰어다닐 수 있을 것이다. 마찬가지로 현재 워낙 엉망인 국내 이륜차의 면허체계와 관리체계가 정비되고, 안전교육이 먼저 실시된 후, 시범운영을 통해 적응력을 높여 안전한 고속도로 진입이 진행되어야 한다고 생각한다.

다시 한 번 이야기하지만 이륜차가 고속도로를 달릴 권리는 지극히 당연한 것이다. 그동안 정부의 무관심한 태도가 가장 큰 문제였다. 고속도로, 자동차 전용차로 진입도 중요하지만 이륜차와 도로 교통에 대한 정부의 무관심을 관심으로 방향 전환시키는 게 무엇보다 중요하다.

모터사이클이란 무엇인가?

모터사이클의 종류

쉽게 말해 자전거에 엔진을 장착한 물건을 '모터사이클'이라고 한다. 거기에서 시작되어 많은 발명가들이 좀 더 나은 부품을 개발해 지금의 모터사이클이 탄생한 것이다. 지구상의 모든 탈것이 마찬가지겠지만 모터사이클 또한 어느 한 사람이 갑자기 발명한 게 아니다. 많은 과학자와 공학자, 라이더들이 꾸준히 완성시켜온 것, 그게 바로 모터사이클이다. 그럼 모터사이클의 종류에 대해 알아보자.

우선 모터사이클은 크게 노면의 종류에 따라 기종이 두 가지로 갈라진다. 바로 오프로드(Offroad)와 온로드(Onroad)이다. 그리고 온로드, 오프로드를 모두 달리기 위한 듀얼퍼포즈(Dualpurpose)용 모터사이클이 있다.

온로드 모터사이클의 종류

레플리카(Replica) : 높은 속도를 내기 위해 만들어진 모터사이클을 말한다. 레플리카란 '복제품'을 의미한다. 바로 온로드 레이스 머신을 도로주행에 맞게 복제했다는 뜻이다. 일명 'R차'라고도 한다. 레플리카는 바람의 저항을 줄이기 위해 전면부에 큰 방풍커버를 장착한 게 특징이다. 엔진 또한 최대한 가볍고 높은 출력을 낼 수 있도록 설계한다. 대부분의 모터사이클 메이커에서는 레플리카에 가장 많은 첨단기술을 집중해 생산한다.

시속 150km 이상의 고속에서는 결국 공기 저항과의 싸움이기 때문에 레플리카는 라이더의 운전자세가 낮다. 따라서 장거리 도심주행에서 피로감을 많이 느끼게 된다. 최근에는 도심에서도 운전자세가 편하고 편리성을 강조한 F(Foresight)차 계열의 바이크들도 많이 생산된다.

네이키드(Naked) : 네이키드란 '벗었다'라는 뜻이다. 즉 레플리카에 달려있는 전면 방풍커버가 없는, 엔진이 그대로 드러나 있는 모든 모터사이클을 말한다. 모터사이클의 기본적인 형태가 아마도 네이키드가 아닐까 한다. 주로 도심에서 편리하게 사용하기 위해 만들어진 바이크를 말한다. 최근에는 레플리카 엔진을 장착했지만 도심주행용으로 전면 방풍커버가 없는 모델을 지칭하는 말로 많이 사용된다.

네이키드 엔진은 대부분 레플리카 엔진의 다운그레이드 성격으로 출력을 감소시키는 반면 내구성과 안정적인 출력 곡선을 나타내는 것이 특징이다. 수랭, 공랭, 단기통부터 4기통까지 다양한 형태의 엔진이 사용된다. 엔진이 육안으로 모두 보인다면 네이키드 바이크로 불러도 크게 틀린 말은 아니다. 고속에서는 공기저항이 심해진다.

방풍 카울을 장착해 공기의 저항을 줄여 고속주행을 가능하게 만든 것이 레플리카이다.

전반적으로 핸들이 높아 장거리 운전에도 편안한 자세가 연출되는 네이키드는 가장 전통적인 모터사이클 디자인이다.

듀얼퍼포즈(Dualpurpose) : 위에서 언급한 온로드와 오프로드를 모두 어느 정도 달릴 수 있는 성능을 가진, 한마디로 짬뽕 모터사이클이라고 생각하면 된다. 이 장르가 탄생한 건 초장거리 여행 시 노면의 불규칙성과 온, 오프로드의 혼합주행을 위해서이다. 즉 어떤 길도 주파할 수 있는 능력을 가진 모델이다.

하지만 70% 이상은 온로드를, 30% 정도가 오프로드 주행을 고려한 설계이다. 국내에서는 이 듀얼퍼포즈 장르의 라이더 층이 적고 인지도도 떨어지지만, 필자의 개인적인 경험으로 비춰 봤을 때 공사구간, 언덕길, 과속방지턱 등이 많은 국내 도로 현실에 가장 잘 맞는 장르의 모터사이클이라고 생각된다.

엔진은 포장도로와 비포장도로를 달려야 하며 먼지와 악천후에도 장거리 주행을 계속적으로 할 수 있게 설계된다. 듀얼퍼포즈 모델의 엔진은 대부분 강력한 최대출력보다는 내구성과 편하고 일정한 출력 상승을 위주로 설계된다. 대부분 시트고가 약간 높고 라이딩 자세가 장거리 주행을 해야 하기 때문에 편하게 설계된다. 타이어 또한 온로드와 오프로드를 혼합한 트레드(노면과 닿는 타이어의 무늬)를 사용하고 있다.

스쿠터(Scooter) : 사전적 의미는 '어린이의 외발 스케이트 같은', '핸들을 잡고 한쪽 발로 올라서고 한쪽 발로 땅을 차면서 달리는'이다. 한마디로 말해서 우리가 어릴 때 가지고 놀던 '스카이 씽씽' 같은 것에 소형 엔진을 장착한 것을 '스쿠터'라고 부른다.

스쿠터는 세계대전이 끝나고 많은 메이커들이 군용 모터사이클에서 일반 시민의 운송수단으로 전환되는 과정에서 성장했다. 1920년대에는 미국과 영국, 독일 등에서 대량생산이 이뤄졌으며, 그 당시 '모터스쿠터'라

대부분 장거리 투어를 목적으로 사용하는 듀얼퍼포즈 모델은 고속주행보다는 어떠한 노면이든 주파하는 전천후 주행 능력에 초점을 맞춘 모델이다.

고 불리던 스쿠터는 매우 인기가 좋았다고 한다.

현재 시판되는 스쿠터는 일상생활에 자주 쓰이는 상용스쿠터와 패션 스쿠터, 250~800cc의 빅 스쿠터 장르로 나뉘며, 영화 〈콰드로페니아〉나 〈로마의 휴일〉을 기억하는 올드팬을 위한 클래식 스쿠터도 있다.

스쿠터와 매뉴얼 모터사이클을 구분하는 가장 큰 특징은 바로 변속기이다. 대부분의 스쿠터는 V 벨트 자동변속이다. 대부분의 저배기량 스쿠터 엔진은 단기통이며 최근 2기통의 대배기량 엔진이 인기를 끌고 있다.

수동변속이며 클러치를 사용하는 매뉴얼 모터사이클의 변속기는 엔진 내부에 존재하는 일체형 클러치를 사용하지만 스쿠터에는 원심 클러치 방식의 자동변속기를 장착한다. 따라서 별도의 클러치 조작 없이 스로틀만 열면 전진하기 때문에 운전이 쉽고 편한 것이 장점이다.

자체 수납공간과 편리함 때문에 주로 출퇴근이나 근거리 도심주행용으로 사용된다. 하지만 대부분 저배기량 스쿠터에 사용되는 언더본(Underborn) 형식의 프레임은 강성이 좋지 않아 고속주행과 코너링에서의 안정감이 떨어진다. 최근 출시되는 대배기량 빅스쿠터(Big Scooter)들은 강력한 알루미늄 트윈 스파(Twin Spar) 프레임으로 출시되기도 한다.

아메리칸(American) : 흔히 이야기하는 '아메리칸' 모델이다. 이 모터사이클은 장거리 여행을 위해 만들어진 모델이지만 높은 속도를 내기에도 부적합하고, 퍼포먼스를 보여주기도 너무 무거운데다 험로를 달리는 데도 부적합하다. 주로 장거리 직선주로를 달리는 목적으로 사용된다. 아메리칸이면서 스포츠성을 강조한 모델이 없는 건 아니지만 프레임이나 서스펜션, 브레이크 등이 본격적인 스포츠 모델에 비해 그 한계가 명확한 것이 사실이다. 영화 〈터미네이터〉에서 아놀드 슈왈제네거가 타고 나왔던

아메리칸 모델은 대륙의 장거리 직선도로를 위해 만들어진 모델로, 무겁고 연비도 좋지 않지만 클래식한 디자인으로 많은 라이더에게 사랑받고 있다.

바이크가 바로 아메리칸이다.

주로 2기통 엔진을 사용하며 엔진 형식도 OHV(Overhead Valve)라는 고전 형태의 밸브 방식이 사용된다. 대부분 750~1,800cc 정도의 대배기량이지만 엔진의 특성상 고출력 엔진은 아니다. 아메리칸 마니아들 사이에서는 엔진의 출력보다 특유의 엔진 진동이 주는 고동감을 즐기는 라이더들도 많다.

대부분 300kg이 넘는 중량을 가지고 있기 때문에 연비도 좋지 않고 (인젝션 방식으로 바뀌면서 과거에 비하면 연비가 상당히 좋아지긴 했다.) 배기량에 비해 출력도 좋지 않지만 원초적인 모터사이클 디자인을 표방하기 때문에 많은 마니아층을 가지고 있다. 또한 대부분의 메이커에서 고가의 모델을 개발하는 경우가 많다. 동양인 체형에는 무겁고, 연비도 좋지 않기 때문에 출퇴근용 운송수단이라기보단 레저용 바이크라고 봐야 할 것이다.

오프로드 모터사이클의 종류

엔듀로(Enduro) : 굳이 엔듀로라는 장르를 처음 이야기하는 것은 모든 모터사이클의 시조이기 때문이다. 엔듀로란 말을 사전에서 찾아보면 '장거리 내구 경주'로 되어 있지만 End와 Road의 합성어이기도 하다.

지구상에 아스팔트라는 길이 생기기 전 마을과 마을로 이동하기 위해 비포장 길을 달리던 바이크들을 말한다. 따라서 날씨에 따라 변하는 오프로드에 대응하기 위해 어떤 지형도 주파할 수 있는 구조로 발전해왔다.

현재는 WEC(World Enduro Championship)라는 세계대회도 열릴 만큼 유럽과 미국에서는 인기 장르이다. 듀얼퍼포즈 모델과 비슷한 것 같지만 엔듀로 모델은 좀 더 본격적인 오프로드 주행을 위해 만들어진 모델이다.

오프로드 90%, 온로드 10% 정도의 비율로 설계된 모델이 엔듀로이다. 엔듀로의 엔진은 대부분 모터크로스 엔진의 다운그레이드 성격이다.

어떠한 지형의 오프로드라도 주파할 수 있는 본격적인 오프로드 머신이다.

모터크로스(Motorcross) : 비포장 길을 달려 마을과 마을을 연결하는 운송수단에서 비롯된 것이 엔듀로라면, 각 마을에 비포장 길을 '좀 탄다' 하는 사람들을 모아 일정한 트랙을 만들어 레이스를 벌인 것을 모터크로스(Motorcross)라고 한다.

모터크로스 머신은 얼핏 보면 엔듀로 머신과 비슷한 오프로드 머신 같지만 오직 레이스만을 위해 만들어진 경주용 차량이기 때문에 헤드라이트, 방향지시등 같은 도로주행에 필요한 장비들이 달려 있지 않다. 일정한 트랙에서 속도를 겨루는 레이스이기 때문에 높은 점프와 과격한 코너링을 위한 프레임과 서스펜션을 가지

모터크로스는 오프로드의 레플리카라고 할 수 있다. 점프와 과격한 코너링을 주파할 수 있는 프레임과 서스펜션을 갖추고 있다.

진정한 오프로드 난코스를 주파하는 장르인 트라이얼은 고난도 테크닉을 요구하지만 그만큼 매력적인 모델이다.

고 있다. 현재 세계 각지에서 인기를 누리고 있는 모터스포츠 장르이다.

트라이얼(Trial) : 계곡, 바위산 등 극히 험준한 지형을 주파할 때 사용되는 모터사이클로 이 또한 엔듀로에서 파생됐다고 할 수 있다. 마을과 마을을 빠르게 주파하는 사람들이 모여 레이스를 만든 것이 모터크로스라면, 바위나 급경사 등의 장애물을 잘 넘어가는 사람들을 모아 우열을 가린 것을 트라이얼이라 할 수 있다.

모든 모터사이클 테크닉 중에서도 가장 높은 라이딩 테크닉을 요구하는 장르이다. 모터사이클의 서커스 레이스라고 할 수 있는 트라이얼은 기본 테크닉도 매우 어려워서 일반 라이더들에게 진입장벽이 상당히 높은 장르이다. 하지만 세계적으로 유명한 스턴트 라이더들 대부분이 트라이얼을 기반으로 한 테크닉을 구사하고 있는 만큼, 익혀두면 스킬이 상당히 높아진다. 국내에서는 동호인이 많지 않지만 유럽에서는 매우 인기 있는 스포츠이다.

Part 2

시동을 걸기 전에 알아야 할 것들

먼저 가족을 설득하라

라이딩 전에 알아둘 것 ───

여러분은 지금 도로를 달리는 라이더들이 처음 모터사이클을 어디에서 배웠다고 생각하는가? 아마도 대부분은 동네 친구나 형에게, 혹은 독학으로 배웠을 것이다. 요즘은 운전면허학원에서 면허 취득 요령을 배우기도 한다.

그렇다면 최근 우후죽순처럼 생겨나는 이륜차 운전면허학원에서는 제대로 된 모터사이클 라이딩을 교육하고 있을까? 과연 지금 도로를 달리는 라이더들은 전문적인 교육을 받고 라이딩을 하고 있는 걸까? 필자는 그렇게 생각하지 않는다. 그렇기 때문에 어처구니없는 이륜차 사고가 많이 발생하는 것이다.

지금 이 글을 읽고 있는 예비 라이더들은 모터사이클에 대해 그동안 어떤 이미지를 갖고 있었는가? 수많은 영화에서 봐왔던 것처럼 멋진 터

프라이가 머리에는 두건을 쓰고 큰 굉음을 내며 질주하거나 점프를 하고 어마어마한 스피드를 내며 앞바퀴를 들고 추격자들을 피해 자동차 사이로 묘기를 부리듯 달리는 모습을 상상해본 적은 없는가? 미안하지만 영화 〈천장지구〉, 〈열화전차〉, 〈터미네이터〉 등에서 본 이미지는 모두 머릿속에서 지워라. 적어도 지금 이 글을 읽고 있는 여러분은 현실의 도로를 안전하게 주행하기 위해 필자와 함께하는 것이다. 정말 모터사이클 라이딩을 하고 싶고 멋진 라이더가 되고 싶다면, 대한민국에서는 우선 가족과 일전을 치러야 한다.

가족을 설득하는 요령

대한민국에서는 두 바퀴에 엔진 달린 물건을 탄다고 하면 대부분의 사람들은 얼마 안 있어 심하게 다치거나 심지어 죽을지 모른다고 생각한다.

필자가 25년이 넘는 라이딩 경력 중에 모터사이클 저널리스라는 이름으로 활동한 게 12년 정도 된다. 그런데 필자는 25년이나 되는 라이딩 경력에도 사지 멀쩡하게 잘 살고 있다. 그 이유는 무엇일까? 이 책을 구입한 라이더들은 바로 그 이유를 알기 위해 책을 들고 있을 것이다. 그렇다. 지피지기면 백전백승이다.

필자가 몇 년 동안 일반인이 모터사이클을 어떻게 생각하는지 이야기를 들어보니 대부분 세 가지 형태로 이야기가 전개된다. 믿기 어렵겠지만 정말 놀라울 정도로 똑같은 패턴을 가지고 있다.

필자의 직업을 말하거나 모터사이클을 탄다고 하면 첫 번째로 나오는 얘기가 '폭주족'에 대한 것이다. 그리고 두 번째가 '어떤 모터사이클을 가지고 있냐?', '배기량이 몇이냐?', '속도가 얼마까지 나오느냐?', '그 속도까지 달려봤냐?' 등이다. 세 번째는 '사촌의 누구누구가 모터사이클을 타다 다쳤더라', 그리고 '사돈의 팔촌의 시동생이 헬멧도 안 쓰고 탔다가 죽었다더라' 하는 것이다.

필자 역시 처음에는 모터사이클에 대해 많은 설명을 하며 설득을 해봤다. 그러나 그런 질문을 던지는 사람의 머릿속에서 모터사이클은 이미 그저 위험한 물건일 뿐이다.

더욱 어려운 것은 부모님이나 아내를 설득하는 일이다. 사실상 이게 필살기를 발휘해야 하는 작업이다. 필자가 잡지사에서 시승전문기자 생활을 할 때 많은 엽서를 받았는데, 그중 상당수의 사연이 '우리 부모님을 설득해 달라', '마누라를 설득하려면 어떻게 해야 하는가?' 하는 것이었다. 어렵긴 하겠지만 그렇다고 방법이 영 없는 것은 아니다. 가장 중요한 것은 가족에게 믿음을 주는 일이다.

양아치 폭주족과 멋진 라이더를 결정짓는 건 안전장비

사랑하는 가족들이 걱정하는 것은 라이딩을 하다 부상을 당하는 일이다. 매스컴에서는 폭주족들의 자극적인 질주만 보여줬지, 단 한 번도 안전한 라이딩에 필수 품목인 안전장비의 중요성이나 라이딩 요령 등에는 관심을 가지지 않는다.

따라서 모터사이클을 구입하기 전에 안전장비부터 구입해 가족들에게 어필하는 게 좋다. 또한 귀찮아도, 더워도 반드시 안전장비를 착용하겠다는 약속을 하고 실천하는 게 좋다. 그래도 얼마나 다행인가? 걱정해주는 가족이 있다는 게.

제대로 된 교육을 받았음을 어필하라

이 글을 쓰면서도 참으로 민망한 현실에 마음이 쓸쓸하다. 대한민국에서 제대로 된 모터사이클 교육을 받을 수 있는 곳이 단 한 군데라도 있는지 생각하지 않을 수 없다.

비슷한 곳이 딱 한 군데 있긴 하다. D사에서 운영하는 라이딩 강습이다. 과거에는 무료 라이딩 강습을 했지만 지금은 돈을 받고 가르쳐준다. 사실 강습 비용도 몇 만 원 수준이니 강습을 받아두는 게 좋다. 그나마 유일하게 전문가라고 할 수 있는 라이더들이 강습을 해주는 곳이다. 그런데 저배기량의 모델로 강습을 하다보니 출력이 좀 세거나 배기량이 높은, 무거운 바이크들의 실전 라이딩에는 취약한 면이 있다. 그나마도 언제 문 닫을지 모르는 상황이니 있을 때 배워두는 게 좋다. 가족을 설득하기 위해서는 이렇게 교습소에서 라이딩을 배우는 모습을 보여주어 안심을 시켜야 한다.

수입 메이커들도 가뭄에 콩 나듯 라이딩 스쿨 같은 걸 열기도 하지만 사실상 전문강사도 거의 전무할 뿐만 아니라 대부분 자사 바이크를 홍보하는 내용이 대부분인지라 얻어 갈 건 그리 많지 않다.

정말 라이더가 되고 싶다면 장기전을 택하라

개인적인 생각이지만 부모님보다 더 설득하기 힘든 사람은 바로 아내다. 특히 여성 중에는 모터사이클을 타면 당장 죽는 줄 아는 경우가 꽤 있다. 어느 쪽이 더 설득하기 힘든지는 개인사에 달려 있지만 중요한 건 상대방을 설득하는 일이다. 필자가 부모님을 상대로 사용한 방법 중 한 가지가 뒤에 태워서 주행을 같이 해보는 것이었다.

많은 사람들은 실제로 모터사이클을 타보지 않고 막연하게, 무작정 '모터사이클은 절대 안 된다!'고 쌍지팡이를 짚는다. 그런데 웃기는 게, 자전거를 타면 아무런 걱정을 하지 않는다. 최근에야 자전거도 헬멧을 착용해야 한다는 게 법제화되었지만 그전까지는 아무런 안전장비도 하지 않고 주행했다. 필자는 자전거와 모터사이클을 모두 주행해봤기에 자전거 또한 많은 위험 요소가 있다는 걸 알고 있다. 로드용 자전거의 경우, 아무런 훈련이 되지 않은 사람도 시속 50km는 낼 수 있다. 과연 같은 속도에서 안전장비를 철저히 착용한 모터사이클과 무방비 상태인 자전거 중 어느 쪽이 더 위험할까?

자, 이제 반대하는 가족을 모터사이클 뒷자리에 태웠으면 철저하게 안전장비를 착용하고 안전하게 주행해보라. 무사히 목적지까지 태워보면 반대하던 가족의 생각은 차츰 변할 것이다. 효과를 극대화하기 위해서는 차가 많이 막힐 때 천천히 안전주행을 해도 자동차보다 빨리 목적지에 도착할 수 있고, 도심지에서 주차공간이 없을 때 주차 걱정 없이 나들이할 수 있다는 장점을 어필해보라. 마음의 문을 꽉 닫았던 가족도 모터사이클의 효율성에 점점 반할 것이다. 모터사이클을 실제로 타보지 않았던 사람들이 텐덤라이딩을 한 후의 소감은 거의 대부분 '자전거 뒤에 탄 것보다 안정적이다'라는 것이었다.

이래도 저래도 안 되면 말 그대로 장기 우울 모드로 돌입할 수밖에 없다. 필자가 알던 지인은 너무나도 오프로드 라이딩을 하고 싶은데 아내가 극렬히 반대해 바이크를 살 수 없었다. 두 달쯤 우울해 있다가 하루는 오프로드 바이크 프라모델을 사갖고 집에 들어와 아이처럼 "슝~ 점프!" 하면서 놀았다. 그 모습을 본 아내는 크게 충격을 받았고, 남편의 정신 상태가 이상해질까 봐 바이크를 사도록 했다고 한다.

모터사이클 라이딩을 반대하던 가족을 마침내 설득했다고 치자. 그걸로 끝이 아니다. 가족을 설득했다고 헬멧도 쓰지 않고 도로에 나가서 미친 듯이 차선을 헤집고 다닌다면 무슨 의미가 있겠는가?

문제는 사랑하는 가족이 계속 걱정하지 않도록 철저히 안전장비를 착용하고 방어운전 스킬을 쌓아 오래도록 안전하고 즐거운 라이딩을 하는 것이다. 필자가 입이 마르고 닳도록 강조하는 게 바로 '안전은 습관'이다.

2종소형 면허 취득하기

우리나라 면허시험 체계의 현실

배기량 125cc 이상의 모터사이클을 운전하기 위해서는 '2종소형' 면허를 취득해야 한다. 125cc 미만의 배기량은 자동차 면허나 원동기 장치 자전거 면허를 취득하면 운전할 수 있다. 요즘은 2종소형 운전면허학원이 많이 생겨서 대부분 학원에서 면허를 취득하지만 개별적으로 연습한 후에 면허를 취득하는 라이더도 상당수 있다.

면허 취득 요령을 말하기 전에 대한민국 이륜차 면허에 대해 짚고 넘어가고 싶다. 우리나라 이륜차 면허는 한마디로 '아무짝에도 쓸모없는 시험에 국가 예산만 낭비하는' 시험이다.

잘 알다시피 2종소형은 직각 굴절을 우회전 좌회전 통과해야 하는 굴절 코스, S자 코스 협로, 장애물 코스를 통과하면 합격이다. 그런데 대부분의 응시자들은 굴절 코스에서 떨어진다. 필자가 생각하기에 면허제도란 올바른 주행 연습을 통해 운전자가 실전 도로에 나가더라도 안전하게 주행할 수 있는지를 판단하는 국가적인 테스트라 할 수 있다. 다시 말해 국가가 국민에게 해야 하는 가장 기초적인 안전장치가 바로 면허제도다.

그런데 현행 이륜차의 면허시험체계는 실제 라이딩에 필요한 테스트는 단 한 가지도 없고 단순히 응시자들을 많이 떨어트려 수입인지 장사만 하려고 하는 게 아닌가 생각될 정도로 형편없다. 평균 시속 20km도 되지 않는 속도에서 변속도 할 필요 없고 클러치도 몇 번 작동하지 않아도 되는 아주 우스꽝스러운 테스트를 거치면 도로에 나가 배기량에 제한 없는 이륜차를 운행해도 법적인 문제가 없다.

전혀 준비가 되어 있지 않은 라이더가 경제적인 여유가 있다고 덜컥 1,000cc짜리 바이크를 가지고 도로에 나갔을 때를 상상해보면 아찔하지 않은가? 이런 상황이 무려 40여 년 넘게 지속되고 있다. 이런 지경인데 '이륜차는 무조건 위험하다'고 말한다는 건 정말 앞뒤가 안 맞는다. 정작 필요한 건 라이더의 안전을 책임져줄 수 있는 방어운전의 역량과 습득인데, 현 이륜차의 면허체계는 이런 것과는 아무런 상관이 없다.

또 요즘은 2종소형 면허를 운전학원에서 자체 시험을 통해 취득하는 경우가 많다. 2종소형 운전면허학원이 안전 라이딩을 가르치는 게 아니니 상황은 마찬가지다. 필자가 학원에서 2종소형 면허를 취득했다고 한 라이더에게 개인 레슨을 진행해본 적이 있는데, 기어변속을 어떻게 하는지도 몰랐다. 그도 그럴 것이 시험 자체가 기어를 변속하지 않아도 되는 코스이기 때문이다.

이런 라이더들이 면허를 취득했다고 무작정 도로에 나온다면 얼마나 아찔하겠는가? 대한민국의 이륜차 문화 중 가장 먼저 바뀌어야 할 게 바로 면허체계의 실질적인 변화라고 필자는 강력하게 주장한다. 면허체계의 실질적인 변화만으로도 이륜차 관련 사망자 수를 3분의 1로 줄일 수 있을 것이다.

그래도 면허는 따야 한다

대한민국에서 살고 있고, 대한민국 도로를 모터사이클로 달리고 싶다면 어쩔 수 없이 대한민국 2종소형 면허를 취득해야 한다. 필자가 면허시험을 봤을 때 응시자 수가 200명이었는데 4명만 합격했다. 실전 라이딩에는 도움이 되지 않지만 결코 합격하기 만만치 않은 것이 2종소형 면허다. '내가 라이딩 경력이 얼만데 이런 것쯤이야……'라는 생각으로 면허시험장에 간다면 99%는 떨어질 것이다.

국내 2종소형 면허의 특성상 첫 번째 나오는 굴절 코스만 통과한다면 거의 80%는 시험에 합격했다고 해도 과언이 아니다. 그만큼 첫 번째 굴절 코스는 어렵다. 필자가 경험한, 그리고 여태까지 많은 사람들에게 모터사이클을 가르쳐준 경험에 의하면 굴절 코스에서는 '걸어가는 정도로 천천히 주행할 수 있는 라이딩 능력'이 중요하다.

2종소형 면허를 인터넷에서 검색해보면 굴절 코스에 처음 들어가 우회전할 때 왼쪽으로 최대한 붙어서 진입하다가 회전하는 부분에서 자연스럽게 바이크를 기울여 회전한다. 그런 다음 다시 좌회전을 통과하기 위해 우측으로 최대한 붙어서 굴절 코스에 진입 후 회전한다는, 지극히 당연한 이야기만 적혀 있을 뿐이다. 물론 원칙적으로 맞는 말이기는 하지만 좀 부족해 보인다. 그리고 실제로 어느 정도 속도가 붙은 상태에서 이 굴절 코스를 통과하기란 거의 불가능에 가깝다. 특히 현재 서울, 경기 면허시험장에서 시험용으로 사용하는 미라쥬 250으로는 더욱 어렵다.

필자의 경험상 굴절 코스를 통과하기 위해서는 최대한 중심을 잡고 아웃-인의 라인을 찾아가며 천천히 주행할 수 있는가가 중요하다. 여기서 중요한 게 클러치의 사용이다. 매뉴얼 바이크가 천천히 달리기 위해서는 반드시 클러치를 정교하게 사용하는 훈련이 돼 있어야 한다. 책의 중반부에 나오겠지만 20m를 사람이 걷는 것보다 천천히 주행하는 연습이 많은 도움이 될 것이다. 천천히 가는 게 빨리 가는 것보다 훨씬 어려운 테크닉이니 말이다. 천천히 주행할 수 있다면 굴절 코스를 그려놓고 앞서 말한 아웃-인의 라인을 생각하면서 서서히 코스에 도전하는 방식으로 연습하는 게 합격률을 높일 수 있다.

그리고 간혹 그 어렵다는 굴절 코스를 무사히 통과하고 S자 코스나 협로 등에서 코스를 이탈하는 어처구니없는 일도 발생한다. 굴절 코스를 열 번 연습했다면 다른 코스도 한 번씩은 연습해보는 게 좋다.

2종소형 면허시험을 볼 때 발이 한 번 닿았을 때나 코스라인을 밟으면 이탈할 때마다 10점씩 감점을 받는다. 두 번이면 탈락이다. 대부분 굴절에서 라인을 밟으면 자포자기해버리는 경우가 많다. 굴절 코스와 다른 코스 연습을 충분히 했다면 굴절 코스에서 좌회전이나 우회전 중 하나를 잘못해 경보음이 울렸다고 해서 지나치게 겁먹을 필요는 없다. 한 번의 실수는 아직 탈락이 아니기 때문에 평소 자기가 자신 있는 코너에서 깔끔하게 회전한다면 합격률이 높다.

필자 역시 우회전보다는 좌회전이 자신 있기 때문에 우회전에서 라인을 밟을 수 있다고 이미지트레이닝을 하고 좌회전에 승부를 걸었다. 필자의 경우 만점으로 합격했지만 역시 우회전이 아슬아슬했다.

주변에 라인을 그려놓고 연습할 장소가 없다면 돈이 좀 들더라도 운전면허학원을 찾는 게 빠르다. 무작정 '몸으로 때우다보면 언젠가는 합격하겠지' 하고 생각하며 면허시험장으로 직행한다면 시간과 돈이 더 들어갈 수 있다. 반드시 충분한 연습을 하고 난 후에 시험장을 찾길 바란다. 그리고 한 번에 붙겠다는 생각보다는 적어도 네 번은 시험을 본다는 편한 마음으로 시험을 보는 게 합격률이 높다.

한 가지 더 알아둘 게 있다. 현재 국내 면허시험장의 모터사이클 상태는 썩 좋지 않다. 면허시험용 바이크들은 사실상 1단 기어만 있으면 되고, 시속 20km 정도의 속도에서 제동만 문제없으면 되기 때문에 클러치나 브레이크 상태가 좋지 않은 경우가 많다. 이런 점도 시험에서 변수가 되기 때문에 감안하고 주행시험을 봐야 한다.

굳이 면허시험 통과 요령은 자세히 서술하지 않겠다. 인터넷에 이런 내용은 아주 상세히 나와 있으니 검색해보기 바란다.

대한민국 면허제도 어떻게 바뀌어야 하나?

현재의 이륜차 면허제도는 그야말로 아무짝에도 쓸모없는 수입인지 잔치일 뿐이다. 그렇다면 교통 선진국의 모터사이클 운전면허 제도는 어떨까? 일부 라이더들은 일본의 이륜차 정책이 선진적이라고 생각할지 모르지만 필자는 회의적이다. 초기 대한민국의 도로교통법은 일본의 도로교통법을 옮겨 놓은 수준이었다. 현재 일본의 이륜차 정책도 선진적이라고 보기에는 좀 미약한 부분이 있다. 일본 역시 실질적인 라이딩 안전교육보다는 행정적으로 배기량만 구분해 쓸데없이 세금만 비싼 정책이기 때문이다. 물론 일본의 이륜차 정책이 한국보다 꽤 선진적인 건 사실이지만 필자가 생각하기에 선진적인 시스템을 안정적으로 갖추고 있는 나라는 아마도 캐나다나 호주가 아닌가 싶다.

가장 인상적인 부분은 기능시험을 통과해도 경찰관이 채점하는 가운데 도로주행시험을 합격해야 면허를 받을 수 있다는 것이다. 또한 자동차 운전면허가 있다고 해서 한국처럼 125cc 미만의 원동기 장치 면허를 별책 부록으로 끼워주는 엽기적인 행정이 없다. 다른 면허의 보유 유무를 떠나 모터사이클 면허는 모두 취득해야 한다. 또한 국내 운전면허교습소와는 다르게 정부가 인증한 모터사이클 전문 마스터(레이서 출신이나 전문교육자)들이 고난도 라이딩을 가르친 후 면허시험장에 가도록 유도하고 있다. 대부분 이런 전문교육을 받으면 보험료를 할인해주는 등 실질적인 안전교육 위주로 되어 있다.

주행시험의 유형을 봐도 모두 도로에서 실제로 일어날 수 있는 사고에 대비하기 위한 모터사이클 컨트롤 능력의 업그레이드를 위한 테스트로 이루어져 있다. 주행실기 테스트는 회피정지, 유턴정지, 슬라럼 등으로 앞차가 갑자기 급정거했을 때 앞차를 피해 브레이킹하는 요령, 실질적인 회전(회피) 능력 등을 테스트한다.

이렇게 어느 정도 모터사이클을 컨트롤할 수 있는 실력이 됐다고 판단되면 경찰관과 응시자가 각각 모터사이클을 타고 실제 도로주행에 나선다. 그리고 응시자의 주행능력이 변수 많은 일반도로에서 안정감 있게 주행할 수 있는 수준이라고 판단되면 면허를 발급하고 있다. 캐나다나 호주에서 생활해본 라이더들은 한결같이 "모터사이클 면허시험에서 합격하는 게 너무 힘들다"고 말한다. 신체가 노출되는 운송수단인 만큼 까다롭고 철저하게 훈련시켜서 도로에 내보내는 것이다. 어찌 되었든 2종소형 면허만 있으면 라이딩 실력에 관계없이 도로를 질주할 수 있는 대한민국과 발상 자체가 다르다. 그렇게 세계화를 외치며 하루에도 수차례씩 선진국은 어쩌고저쩌고 하는 언론은 과연 한 번이라도 관심을 갖고 국내 이륜차 면허체계를 들여다본 적이 있는지 묻고 싶다.

외국의 이륜차 면허제도

외국의 이륜차 면허체계를 살펴보면 대한민국이 얼마나 면허를 쉽게 발급해주는지 알 수 있다. 미국, 영국, 프랑스, 독일 등 대부분의 나라에서는 이륜차를 4륜 자동차와 완벽하게 동일한 수준의 운송수단으로 간주하고 철저하게 면허를 관리한다.

독일, 프랑스, 영국 등(미국은 주마다 약간씩 다르다)은 초보자-중급자-숙련자로 나눠서 관리하고 있고, 이륜차 전문 강사에게 20시간 이상 전문적인 교육을 이수해야만 응시를 할 수 있는 시스템을 가지고 있다. 또한 초급자가 상위 면허를 취득하기 위해서는 반드시 일정 거리 또는 경력을 보유해야 한다. 다시 말해 상당히 까다롭고 현실적인 면허제도를 가지고 있다. 독일의 경우 면허 종류별 최저 학과교육시간이 승용차(2시간)에 비해 경이륜차(4시간), 이륜차(4시간)가 두 배나 많다. 이렇기 때문에 사고가 덜 발생하는 것이다.

실기시험 항목만 봐도 국내 사정과는 매우 다른 양상을 보여준다. 도로 여건과는 별 상관없는 굴절 코스를 통과하는 게 아니고 유턴·지그재그 운전·각종 속도(저속 포함)에서 차량 균형 유지하기·이륜차 주차하기·제동하기·시동을 켜지 않고 이륜차 움직이기·장애물 회피하기·비스듬히 출발하기·긴급 제동하기·승객과 균형 유지하기·저속운전·시속 45km의 속도를 유지하면서 지그재그 운전하기(프랑스) 등의 항목으로 이루어져 있다. 이것은 실제 도로에서 발생할 수 있는 위험 요소에 대응하기 위해 만들어진 실전 테스트라 할 수 있다.(출처 : 법제처)

다시 한 번 강조하지만 하루라도 빨리 이렇게 엄격한 외국의 이륜차 면허제도의 국내 도입이 시급하다.

항목		기능시험 내용 세부 항목
기본 주행	A, A1, M	– 급정지 – 제동하지 않고 피함 – 제동하면서 피함 – 회전(A1, M 면허인 경우) – 긴 회전(A 면허인 경우) – 정지와 출발 – 회전 운전 – 경사면에서의 출발 – 일정 속도에서 직선 주행(A1과 M 면허인 경우) – 일정 속도에서 회전 주행(A 면허인 경우)
	B, C1	– 의무 규정 : 주차 공간에서 후진(세로 방향으로) 또는 주차 공간에 진입(횡 또는 대각선 방향으로) – 다음 항목 중 택일 : 방향 바꾸기, 교차로 또는 유입로에서 뒤로 우회전하기, 경사면에서 출발
응용 주행	안전운전 능력과 교통흐름에 따른 주행 능력	– 출발할 때 운전 조작 방법 – 정차할 때 – 기어변속 – 자동변속
	운전에 필요한 지식과 교통법규 준수 능력	– 도로와 교통표지 숙지 – 속도 – 추월 – 앞차와의 안전거리 유지 – 방향 회전과 차로 변경
	돌발 사태에 안전하게 대응할 수 있는 능력	– 유입로와 교차로에서의 운전 – 도로를 횡단하는 보행자에 대한 운전 동작 – 시골에서의 주행 – 자동차의 시동 끄기

독일의 모터사이클 등급별 면허 주행시험 항목

구 분	면허 취득 과정
시스템 1	– 운전학원에서 실시하는 교육 이수 – 이론교육 의무 없음 – 기능시험에 응시하기 위해서는 최소 20시간의 기능교육을 의무적으로 받아야 함 – 보통 30시간 이상 교육을 실시함

시스템 2	2단계(Period)로 구성되어 있음
	(a) 운전학교에서 기능교육 20시간을 실시하는 동안 학과시험에 합격하여야 함 : 이 교육과정을 마치면 응시자는 수료증명서를 취득함
	(b) (a) 과정 후 운전교사가 아닌 감독관의 교육 훈련
	  – 최소 기간 : 1년
	  – 교육증명서 취득일로부터 최대 3년까지 효력
	  – 이 과정 기간에는 응시자의 발달 경과 및 도로안전 지식의 향상 정도를 점검하기 위해 학생과 운전학교 간에 최소 두 번의 면담 개최
	  – 최소 3,000km 운전 의무
	  – 특별 보험에 가입해야 함
	  – 감독관의 운전교육을 받은 학생은 다음과 같이 속도제한이 있음 ; 고속도로에서 110km/h(최대제한속도 130km/h), 고속도로에서 100km/h(최대제한속도 110km/h), 간선도로에서 80km/h
	  – 감독관의 자격요건 : 나이 28세 이상, 최소 3년의 운전 경험이 있는 B 면허 소지자

실기 테스트 내용	비 고
– 유턴 – 지그재그 운전 – 각종 속도(저속 포함)에서 차량 균형 유지하기 – 이륜차 주차하기 – 제동하기 – 시동을 켜지 않고 이륜차 움직이기 – 장애물 회피하기 – 비스듬히 출발하기 – 긴급 제동하기 – 승객과 균형 유지하기 – 저속운전 – 시속 45km의 속도를 유지하면서 지그재그 운전하기	세 가지 유형의 카드에서 무작위 선택

프랑스의 모터사이클 등급별 관리체계와 주행시험 항목

Part 3

자신에게 맞는 모터사이클 고르기

바이크 구입 전에 알아두자

초보라면 대배기량은 피하자

라이딩 테크닉을 단시간에 성장시키고 싶다면 처음 모터사이클을 잘 고르는 게 매우 중요하다. 이 글을 읽고 있는 예비 라이더 중 마음속에 점 찍어둔 모터사이클이 있는가? 크고 무겁고 엔진 출력이 높은 모터사이클 인가? 아니면 혹시 벌써 구입해 놓았나?

그렇다면 6개월만 더 시간을 갖고 125cc로 연습한 후에 자신이 원하는 바이크로 전환해도 늦지 않다는 말을 해주고 싶다. 물론 당장 커다랗고 멋진 바이크에 올라타 멋지게 폼을 잡고 싶은 마음은 필자도 잘 알고 있다. 하지만 6개월 연습하고 평생 멋진 라이딩을 할 건지, 지금 당장 고출력 바이크를 구입해 제대로 다루지도 못하면서 바이크에 끌려 다니며 살얼음판을 걸을 건지 판단은 당신의 몫이다.

라이딩 경력이 거의 없는 사람들이 필자에게 덜컥 "현 기자, 1,000cc

를 구입했는데 어떻게 타야 하죠?" 하고 질문하는 경우가 아주 많다. 그럴 때마다 필자는 "그건 위험합니다. 다시 팔고 125cc부터 시작하세요"라고 대답한다.

배기량이 큰 바이크를 타야 멋있어 보인다는 생각은 폼 한번 잡겠다고 자신의 몸을 걸고 도박을 하는 거나 마찬가지다. 초보 라이더에게는 125cc의 12마력도 버거운 출력이다.

자신의 라이딩 수준에 맞지 않는 모터사이클을 타다보면 진짜 라이딩의 맛을 알기도 전에 버거운 덩치와 출력에 끌려다니다가 부상을 당하거나 공포심에 질려 결국 포기하게 된다. 안전하게 진짜 고급 스킬을 가진 라이더가 되기를 원한다면 125cc로 시작하는 게 좋다. 라이딩을 시작할 때는 125cc(최소 6개월)-250cc-400cc-600cc-1,000cc로 한 단계씩 거치는 게 가장 좋다.

모터사이클에 관한 책들 중 초보자인 독자들을 향해 무작정 대배기량의 모터사이클 프레임이 어떻다느니, 뭐가 몇 년도에 변경돼서 성능이 향상됐느니 하며 은근 권장하는 글을 심심찮게 본다. 이것은 한 번도 라이딩을 해보지 않은 초보자에게 100마력 이상의 최고시속이 250km에 달하는 모터사이클을 권하면서 "이거 아주 잘 나갑니다. 조금만 타면 금방 익숙해질 거예요. 이 정도는 타줘야 남들 따라 다닙니다" 하고 권하는 장사꾼과 뭐가 다른가?

매장에서 권하는 바이크를 무작정 구입하면 후회한다

요즘 자식을 모두 키워놓고 그동안 먹고사느라 누릴 수 없었던 자유에 대한 갈망을 실현해보려고 라이더의 길에 들어서는 사람들이 많다. 이런 사람들은 대부분 경제적인 능력도 있고, 사회적인 위치나 체면이 있기 때문에 고배기량의 수입 바이크에 관심을 가진다. 대부분 인터넷을 둘러보며 자신이 좋아하는 모델을 결정하고, 매장에 찾아가서 직원에게 물어본다. 매장 직원은 이것저것 권하며 조금만 익숙해지면 타기 쉽다고 말하곤 한다.

젊은 시절 100cc 언더본을 한번 타본 사람에게 1,200cc에 120마력짜리 모터사이클을 권하면서 조금만 익숙해지면 타기 쉽다고 말한다면 그것은 십중팔구 손님을 호구로 생각하는 것이다. 대부분 이런 말에 현혹되는 손님은 얼떨결에 디자인이나 겉모습의 화려함만 보고 구입한다. 그리고 무거운 무게와 출력을 이기지 못하고 넘어지거나 사고가 나서 다시 수리하러 오기 때문에 그야말로 '봉'이다. 그나마 사고가 경미해 수리할 수 있는 상황이면 다행이다. 이 글을 수입 메이커에서 읽는다면 매우 싫어할 것이다. 하지만 이게 현실이다.

실제 있었던 일을 한 가지 예로 들어보자.

김 모 씨는 우리가 잘 알고 있는 독일제 B사의 모터사이클을 한 대 구입했다. 그는 125cc를 약 한 달 동안 라이딩해봤던 경력이 전부인 초보 라이더였다. 그 역시 인터넷에서만 보고 B사의 800cc 모델을 구입했다. 구입 당시 B사 직원은 그에게 이렇게 말했다.

"비교적 적은 배기량이에요. 이 정도 배기량은 돼야 투어 갈 때 다른 사람 따라다닐 수 있어요."

그 말을 듣고 김 씨는 1,600만 원이 넘는 바이크를 구입했다. 김 씨는 바이크가 출고돼 처음 라이딩을 해보고는 깜짝 놀랐다. 2기통 800cc에 100마력 정도의 출력은 김 씨에게 지나치게 무서운 출력이었던 것이다. 라이딩의 즐거움 따위는 느끼지 못하고 집까지 살아서 도착하기만 바라며 간신히 운전해 갔다. 그 후 한 달 동안 바이크를 세워두기만 했다.

그는 고민 고민하다가 필자에게 개인 레슨을 받으러 찾아왔다. 필자를 만나 김 씨가 말한 첫마디는 "돈을 주고 라이딩을 배우고 싶어도 가르쳐주는 곳이 단 한 군데도 없더군요" 하는 거였다. 필자가 하루 동안 김 씨에게 가르칠 수 있는 것은 바이크 끌고 8자 돌기와 원 돌기 기본자세뿐이었다. 워낙 경력이 전무하다보니 그 이상의 레슨이 힘들었다. 필자에게 레슨을 받고 어느 정도 라이딩이 가능해진 김 씨는 한동안 바이크를 잘 타고 다녔다.

그러던 어느 날 김 씨에게 다급한 전화가 왔다. 바이크가 작은 낭떠러지에서 떨어졌는데, 혼자서는 도저히 꺼낼 수 없다는 것이었다. 다행히 안전장비 때문에 몸은 다친 데가 거의 없었지만 필자 역시 지방에 있었기 때문에 당장 도와줄 수 없는 상황이었다. 필자는 "B사에 전화해서 용달차를 보내 달라고 해보세요. 그러면 차를 보내줄 겁니다"라고 말했다. 그러자 그는 이미 전화를 해봤는데 B사에서는 그런 서비스를 제공하지 않는다고 딱 잘라 말했다는 것이다.

솔직히 기가 막혔다. 전 세계 최고의 브랜드에 우수한 품질이라며 엄청난 고가에 바이크를 판매하면서 고객이 위험에 처해 있을 때는 용달차도 불러주지 않다니. 돈은 김 씨가 지불할 테니 바이크를 운송할 수 있는 용달화물차 좀 불러 달라고 했는데 그마저도 해주지 않았다.

필자는 그 말을 듣고 작은 바이크샵을 하는 지인에게 전화를 걸어 김 씨를 좀 도와 달라고 부탁했다. 결국 달려간 건 필자의 지인이었고 다행히 바이크를 무사히 구해 왔다.

그런데 이런 일이 과연 B사에서만 일어날 수 있는 일일까? 다른 수입 메이커들도 상황이 그렇게 달라 보이진 않는다. 결국 라이더들이 똑똑해지는 방법밖에는 없다.

현재 김 씨는 B사의 800cc를 팔아버리고 250cc 바이크를 구입했다. 그리고 다시 필자에게 레슨을 신청해 진행 중이다. 김 씨는 필자에게 "이 제야 맘 편하게 어디 놀러도 가고, 집사람도 태우고 동네 한 바퀴 돌곤 합 니다" 하며 웃었다.

필자는 이런 경우를 너무 많이 봐왔다. 수입 바이크 매장에 가서 바이 크를 구입할 때 반드시 명심해야 할 게 있다. 매장에서는 결코 라이더의 안전에 관심이 없다는 것, 오직 비싼 모델을 많이 팔면 그뿐이라는 것을 말이다.

한 가지 더 말하고 싶은 것은 '누구 따라 이 모델을 사야 한다'는 사람 들에 대한 것이다. 한번은 필자가 다른 라이더의 요청을 받고 개인 레슨 을 하러 갔다. 단 한 번도 바이크를 타보지 못한 의사 선생님이 레슨을 요 청한 것이었다. 레슨을 진행하면서 왜 모터사이클을 타게 됐는지 물어보 니, 직장 상사가 모터사이클 마니아인데 그 그룹과 어울리기 위해 모터사 이클을 구입했다는 것이다. 사실 이런 경우도 허다하다.

50cc 스쿠터도 타본 적 없는 의사선생님이 구입한 모델은 4기통 1,300cc였다. 건조 중량만 300kg이 넘는, 1단에서 시속 120km를 달 릴 수 있는 모델을 겁도 없이 구입한 것이다. 아무런 사전지식 없이 "친구 분들이 이런 걸 타면 이 정도는 타야 같이 다니실 수 있어요" 하는 매장 직원의 말에 덜컥 사버렸다고 한다.

그 역시 구입해놓고 한 달 넘도록 바라만 보고 있다가 용기를 내서 라 이딩을 시도해봤다. 그러다 지하주차장을 빠져나오면서 바이크가 네 번 이나 넘어졌고 자신도 발목을 조금 다치고 말았다. 역시 배울 곳이 없어 결국 필자에게 개인 레슨을 신청했다.

자동차는 배기량이 800cc인 마티즈를 타다가 3,500cc인 에쿠스를 타도 크게 문제될 게 없다. 차폭을 감지하지 못해 여기저기 접촉사고가 날 수는 있지만 운전자의 신체에는 별다른 영향을 끼치지 못한다.

하지만 모터사이클은 완전히 다른 운송수단이다. 신체가 노출된 외부에서 라이더의 체중 이동으로 조종해야 하는 모터사이클을 판매하면서 완전 초보자에게 시속 0~100km까지 3초도 안 걸리는 모터사이클을 판매한다는 건 도덕성에 관한 문제이다. 필자는 이런 문제를 법적으로 제도화하는 것도 한 가지 방법이라고 생각한다.

앞에서도 말했듯이 모터사이클에는 독이 있다. 복어를 파는 장사꾼은 복어의 독이 당장은 안 보이니 별것 아니라고 말하며 사람들에게 팔곤 한다. 마찬가지로 현재 대한민국에서 모터사이클의 어느 부분에 독이 존재하는지, 어떻게 하면 그 독을 제거하고 안전하게 즐길 수 있는지를 정확히 말해주는 사람은 흔치 않다.

구체적인 모터사이클 선택 방법

냉정하게 생각해보자. 뭘 알아야 선택을 할 때 기준으로 삼을 게 아닌가. 어떤 장르가 자신에게 맞을 것인지, 엔진에는 어떤 종류가 있는지, 배기량은 어느 정도를 선택해야 하는지 등 처음 모터사이클을 접하는 라이더들은 혼란스럽기 마련이다. 그렇다고 각종 수입 메이커에서 홍보하는 대배기량 모터사이클을 사전 지식 없이 덜컥 구입할 수도 없는 일이다. 앞서 이야기한 것처럼 돈을 떠나 안전과 즐거움이 사라질 수도 있기 때문이다.

지금부터 필자의 질문에 대해 곰곰이 생각해봤으면 좋겠다. 자신이 정말 원하던 모터사이클은 어떤 것인가? 큼지막한 아메리칸에 머리에는 두건을 두른 채 팔뚝에는 해골 문신을 그리고, 만세 핸들에 무지막지하게 큰 배기음을 울리며 고스트라이더처럼 달리는 것인가? 아니면 영화 〈천장지구〉에서의 유덕화나 발렌티노 롯시(MOTO GP 레이서) 레이스 레플리카를 타는 것인가? 혹은 〈롱 웨이 다운(Long Way Down, 영국 영화배우 이완 맥그리거가 미국과 아프리카 대륙을 횡단하면서 촬영한 다큐멘터리)〉에서의 이완 맥그리거처럼 초장거리 투어를 떠나고 싶은가?

원래 꿈이라는 게 원대할수록 좋은 것이다. 하지만 지금 이 글을 읽고 있는 당신이 한 번도 모터사이클 라이딩을 해보지 않았다면 적어도 6개월 동안 공부한다고 생각하고 잠시 꿈은 잊어라. 6개월 동안 필자를 따라 안전하게 연습하고 저배기량으로 경험을 쌓은 후에 안전하게 꿈을 실현시킬 것인지, 혹은 무작정 몸빵(?)으로 위험에 노출되더라도 당장 꿈을 이룰 것인지 선택하자.

단, 필자가 단언하건대 무작정 대배기량 바이크를 구입해 당장은 폼 나는 라이더가 될 수 있지만 진짜 고급 라이딩을 하려는 욕심이 조금이라도 생긴다면 당신은 다시 저배기량으로 기초를 배워야 할 것이다. 기초가 돼 있지 않은 세상의 모든 경험은 결국 그 한계가 명확하기 때문이다.

모터사이클은 메이커 상황에 따라 품질 변동이 심하다

필자가 새로운 모델을 시승하다보면 상당한 고가임에도 간혹 어이없는 품질의 모터사이클을 볼 때가 있다. 어느 특정 메이커에 국한된 현상은 아니라고 생각한다. 그리고 필자가 이런 현상을 분석해보니 해당 메이커의 기업 내부상황에 그 원인이 많았다.

과거에도 그랬지만 현재에도 모터사이클 메이커들은 전성기를 맞이하다가도 몰락의 길로 들어서거나, 매각되거나, 합병되는 경우가 많다.

필자가 평소 해당 메이커의 기술력에 비해 실망스러운 뉴 모델을 만났을 때를 떠올려보면, 대부분 그 메이커가 매각되거나 합병되는 상황이 많았다. 그것은 기업 매각으로 경영자가 바뀌면서 인사이동이 많아지기 때문이다. 이런 상황에서는 모터사이클을 개발하는 엔지니어들의 팀워크가 깨지기 쉬우며, 구조조정으로 핵심 인력이 이탈하기도 한다. 또, 합쳐진 조직 내에서 서열 가리기가 진행되기 때문에 정작 모터사이클 개발에는 집중하지 못한다.

  예를 들어 2007년 아프릴리아(Aprilia) RXV, SXV450, 550를 보면, 아프릴리아 사가 베스파로 유명한 피아지오(Piaggio) 사에 인수합병되면서 나름 혁신적인 2기통 오프로드 머신을 출시했다. 완전히 새롭게 개발된 초경량 2기통 엔진에 550cc 배기량에서 실구동 70마력을 자랑하는 스펙으로 많은 오프로드, 수퍼모타드 마니아들을 들뜨게 했다. 그러나 막상 뚜껑을 열어보니 라이더들의 실망은 이만저만이 아니었다. 프론트 포크(Front Fork : 앞 서스펜션)는 지나치게 강성이 부족한 부품을 사용했고, 엔진 출력은 저속에서 불쑥불쑥 쓸데없는 토크(Torque)가 튀어나왔으며, 실제로 경쟁 모델보다 상당히 무거웠다.

  필자의 개인적인 생각이지만 경쟁 메이커의 스펙을 잠깐만 살펴봤어도 이런 어처구니없는 모델은 탄생하지 않았을 것이다. 아프릴리아는 오프로드 레이서와 마니아들의 혹평 속에서 1년을 보낸 후 2008년식 RXV 시리즈에서 엔진의 세팅과 프론트 포크의 변경, 배기관의 변경 등을 거쳐 정상적인 품질을 다시 유지했다. 하지만 기대감이 컸던 만큼 최초의 이미지를 극복하는 데 많은 고생을 했다. 믿을 수 있는 역사와 기술력을 가지고 있다고 생각해 1,500만 원이 넘는 모터사이클을 구입했는데, 기대 이하의 품질이라면 당연히 다시는 그 메이커를 입에 올리기도 싫을 것이다.

  한 가지 예를 더 들어보자. 우리나라에서 마성의 메이커라고 할 수 있는 BMW는 사실 자동차보다 모터사이클을 먼저 생산했다. 자동차도 그렇지만 BMW는 국내에서 정말 이해가 가지 않을 만큼 브랜드 가치를 인정받고 있는 메이커라 할 수 있다.

그러나 BMW에서 출시했던 모델 중 정말 실망 차원을 넘어서는 모델도 많았다. 모터사이클에 관심 있는 라이더라면 최근 10년 동안 BMW 모터사이클에서 출시된 모델 중 50% 이상이 조기 단종됐음을 알고 있을 것이다. 역시 BMW도 다른 메이커들과의 인수합병으로 많은 인사이동이 있었던 것으로 추정된다.

필자의 추론으로는 수평대향형 엔진에 기반한 전통적인 유럽형 독일 모델을 주장하는 세력과 일제 모터사이클처럼 다양한 모델을 개발해 일본 시장을 선점하자는 세력이 공존했던 것으로 보인다.

결과적으로는 일본 모델을 따라잡겠다고 출시된 BMW의 새로운 모델인 HP2, G450X, G650X(G650X는 전 세계 시장에서 완전히 참패했으며 몇 년 가지 못하고 단종됐다. 필자가 처음 이 모델을 실제로 봤을 때 정말 BMW에서 만든 바이크인지 의심이 들 정도였다.)는 실패했다고 볼 수 있다.

필자의 기억에 깊은 인상을 남겼던 모델은 HP2이다. 수평대향형 박서 엔진을 장착하고 본격적인 오프로드 경쟁 모델을 표방했던 HP2는 당시 오프로드 마니아들의 관심을 한 몸에 받았다. 필자가 이 모델의 시승에 더욱 신경을 썼던 것은, 당시 경쟁지에서 시승을 담당한 테스트라이더가 HP2의 높은 토크와 상대적으로 짧은 신체적 문제 때문에 시승을 포기했기 때문이었다.

필자가 이례적으로 일주일 동안 HP2 시승을 마치고(대부분 시승할 수 있는 시간은 하루 정도다.) 내린 결론은 '아직 완성되지 않은 과도기적 모델'이라는 것이었다. 당시 BMW 보도 자료에 따르면 '엔진과 탁월한 오프로드 성능을 갖춘 주문 생산 오프로드 바이크 BMW HP2 엔듀로는 1,170cc에 105마력의 2기통 박서 엔진을 장착했고, 모든 부품을 경량화해 총 중량이 195kg에 불과하다. 값은 3,050만 원'.

1,170cc 2기통에 195kg이 넘는 중량과 105마력 정도의 괴물 오프로드 모델에 프론트 포크 이너튜브 직경을 43mm로 사용했다는 건 터무니없는 소리에 가까웠다. 그런데 가격이 3,050만 원이라니 필자는 정말 이해할 수 없는 가격이었고, 이해하기 힘든 부품의 조합이었다.

개인적인 견해지만 솔직히 G650X, G450X는 외장 카울의 허접함은 그렇다 쳐도 엔진 트러블 등의 문제가 많아서 논할 가치조차 없었다. 기존의 박서 엔진이 장착된 다른 BMW 모델은 여전히 꾸준한 품질을 유지하고 있었지만 뉴 모델이라고 발표한 모델은 말 그대로 일제보다 수준이 낮으면서 가격은 더 비싼 모델이었다. 라이더들은 단지 BMW 마크가 달려 있다는 이유로 몇 백만 원이나 더 비싸게 구입해야 했고 그마저도 몇 년 뒤 단종되어 중고 바이크 값은 폭락해버렸다.

최근 BMW에서 출시된 C 시리즈의 스쿠터도 국내 출시 당시에 외장 카울의 품질과 엔진오일 누유 등의 문제로 라이더들 사이에서 말이 많았다. 또한 BMW라는 마크를 믿고 1,500만 원이 넘는 600cc급 스쿠터를 구입한 라이더들은 많은 속앓이를 했을 것이다. 중고 값이 떨어질까 봐 대놓고 모터사이클 트러블을 얘기하지 못하는 라이더도 상당히 많았을 것이다.

사실 필자는 C600 시리즈가 출시되기 전 지인들로부터 많은 문의를 받았다. 대부분 "BMW에서 나오는 새로운 스쿠터를 사고 싶은데 사도 되겠냐?" 하는 것이었다. 필자는 단호하게 말했다. "1년만 지켜보고 구입하는 게 좋을 것 같다. 지금은 초기라 품질이 좋지 않을 것으로 예상된다"

고. 출시 전부터 엔진이 BMW 본사에서 만드는 게 아닌 것으로 알고 있었고, 프레임도 단순한 스틸 프레임이었으며, 필자가 생각하기에 왜 그렇게 비싸야 하는지 도무지 알 수 없기 때문이었다.

그런데도 많은 라이더들이 BMW 스쿠터에 많은 기대를 했던 것은 화려한 디자인 때문일 것이다. 최근 디자인은 본질을 뛰어넘는 능력을 가지고 있는 게 사실이지만 모터사이클은 안전과 밀접한 관련이 있기 때문에 반드시 외장 카울 안에 들어 있는 부품의 속사정과 제원을 꼼꼼히 살펴봐야 한다.

필자가 BMW C 시리즈 스쿠터 초기 모델의 실물을 보니 지나치게 생산단가를 낮추려 했던 게 문제가 아니었을까 하는 생각이 들었다. 국내 최초로 일반 라이더들에게 공개하는 런칭쇼에 전시된 C 시리즈 스쿠터의 외장 카울의 상태가 한눈에 봐도 품질이 나빴기 때문이다.

BMW나 아프릴리아, 혼다, 야마하 등 메이커의 인지도를 믿고 1,000~2,000만 원이 넘는 모터사이클을 구입했는데 그 값어치를 못하는 수준 이하의 품질이라면 얼마나 기가 막히겠는가? 비단 아프릴리아와 BMW만의 문제가 아니다. 대부분의 메이커들이 자사의 기업 상황에 따라 품질 변화가 심할 수 있으니 꼼꼼히 살펴보자. 한 가지 팁을 말하자면 메이커에서 홍보하는 부분만 보지 말고 새로운 모델이 출시된 후 적어도 1년은 지켜보고 난 뒤 구입하는 게 좋다.

대부분의 라이더들은 필자처럼 직업적으로 모터사이클을 공부하고 분석하기는 힘들다. 그렇다면 모터사이클을 다루는 언론에서 라이더들이 판단할 수 있는 기사를 싣는 게 절실하다. 그러나 많은 라이더들은 알고 있다. 이미 국내 모터사이클 언론은 메이커의 홍보지로 전락한 상황이고, 라이더에게 필요한 정보는 거의 없다는 것을 말이다. 지금 모터사이클 전문 잡지를 구독한다는 라이더가 주변에 있는지만 확인해봐도 당장 알 수 있다. 인터넷 역시 마찬가지다. 인터넷상에서의 정보라는 게 양은 많지만 질적으로 검증된 정보는 사실상 많지 않다. 그런데 모터사이클 언론이라고 하는 매체들은 인터넷에서 제공하는 정보보다 수준이 낮다. 현재 라이더들에게 신뢰할 수 있는 정보를 전달하려고 노력하는 매체는 거의 없어 보인다. 필자는 특정 메이커를 꼬집자는 게 아니다. 누구도 나서서 얘기하지 않는 라이더의 입장에서 말하고 싶은 생각뿐이다.

초창기 BMW 모터사이클이 국내에 진출했을 때, 모터사이클 전문 잡지사 기자들에게 소위 '기자 가격'으로 자사 바이크를 팔았다. 예를 들어 2,500만 원짜리 바이크를 1,700만 원 정도에 잡지사 기자들에게 판 것이다. 항상 박봉에 시달리던 시승기자들은 너도나도 바이크를 구입했다. 단, 조건이 붙었다. 기자 가격으로 구입한 모터사이클은 1년 동안 타인에게 팔 수 없으며, 싸게 주는 대신 표지에 몇 번 실어야 하고, 그 바이크에 대한 연재기사를 몇 개월 동안 작성해준다는 것이었다. 잠깐만 생각해봐도 1년 후에 되팔면 적어도 800만 원은 남는 장사였다. 세 명의 시승기자가 기자 가격에 BMW 모터사이클을 구입했다고 치자. 1년에 두 번 표지에 실리고 6개월 이상 반드시 연재기사를 써야 한다고 했을 때 잡지의 60%가 BMW로 도배되어야 했다.

그 결과 시승기자들은 더 이상 바이크 전문 잡지에서 실제로 이런저런 테스트를 해본 라이딩 기사가 아닌, 주차장 몇 바퀴 돌아본 후 메이커 측에서 제공한 홍보자료를 더한 함량미달 정보를 써내야 했다. 이제 필자가 아무리 떠들어봐야 현재 국내 시스템을 개혁하기는 힘들 것 같다고 판단되어 라이더들에게 이렇게 책으로나마 정보를 남기고 싶다.

중고 모터사이클 구입 요령

모터사이클 구입 요령도 경력이 생겨야 한다

　초보 라이더들이 처음 라이딩을 시작하는 방법 중 접근하기 쉬운 것이 중고 모터사이클을 구입하는 일이다. 비교적 가격이 저렴하다는 장점 때문에 중고 바이크를 구입하는데, 사실 중고 바이크는 초보자보다는 경력이 많은 고수들이 골라야 실수가 없다.

　경력 있는 라이더 중에는 중고 바이크를 잘못 사서 라이딩은 제대로 못한 채 장거리 투어 가서 고생만 죽어라 하고, 같이 간 팀에게는 민폐 끼치고 수리비는 엄청나게 깨졌던, 다시는 기억하고 싶지 않은 경험이 한번쯤은 있을 것이다.

　필자 역시 초보 시절에 참으로 다양한 개고생의 기억을 가지고 있다. 엔진이 박살 난 적도 있고, 스쿠터 구동 벨트가 끊어져 (그건 대림의 빅스쿠터 신차였다. 4,000km도 못 가 벨트가 주행 중에 끊어졌다.) 오도 가도 못했던 기억, 전기

장치가 고장 나서 철조망을 잘라 배터리 점프를 하는 등 정말 파란만장한(?) 라이딩의 역사였다. 하지만 어느 정도 라이딩 경력이 쌓이니 서서히 중고 바이크를 고르는 요령이 생겨나기 시작했다.

프레임이 틀어진 모터사이클은 아무리 엔진이 좋아도 포기하라

대부분의 라이더들은 중고 모터사이클을 선택할 때 엔진 컨디션에만 집중하는 경향이 있다. 하지만 더 중요한 것은 프레임과 서스펜션이다. 그 이유는 안전과 직결된 문제이기 때문이다. 자동차 엔진과 다르게 모터사이클 엔진은 비교적 엔진을 내려 수리하기가 수월하다. 하지만 프레임은 한번 틀어지면 완벽하게 복원하기가 거의 불가능하다.

엔진에 잡소리가 들린다면 가격을 흥정할 때 수리비를 얘기하며 가격을 더 낮춰 구입하면 된다. 왜냐하면 엔진은 고치면 그만이니 말이다.

큰 사고가 있었던 중고 바이크는 잘 살펴보면 메인프레임에 용접 자국이 난 경우가 있다. 프레임에 색깔이 다른 연마 자국이 있다면 의심해봐야 한다. 속도가 빠른 네이키드나 레플리카는 프레임이 정상적이지 않을 경우 고속에서 핸들이 털릴 수 있다. 주의 깊게 살펴봐야 하는 부분이 트리플 클램프(Triple Clamp, 앞 서스펜션과 프레임이 연결되는 부위, 현장용어로 '쇼바 삼바리'라고 함)이다. 그리고 포크가 휘었는지도 살펴봐야 한다.

포크가 휘었는지 살펴보는 방법은 간단하다. 프론트 포크 맨 아래쪽에 상처가 있는지를 살펴보는 것이다. 프론트 포크는 워낙 비싼 부품이기 때문에 좀처럼 교체하기 힘들다. 따라서 전도 사고가 있었더라도 교체하지 않고 교정만 하고 라이딩하거나 그마저도 하지 않는 경우가 많다. 프론트 포크에 상처가 있더라도 포크 기본 성능에는 문제가 없는 경우도 많으니 신중히 라이딩 테스트를 해보고 결정하는 게 좋다.

모터사이클 프레임 중 가장 유심히 살펴봐야 하는 곳이 트리플 클램프의 균열이나 용접 유무이다.

특히 레플리카를 개조해 네이키드 형태로 만든 프리 스타일 바이크(일명 '쇼바이크')들은 대부분 정상적인 레플리카였다가 사고가 나서 전면 방풍 카울을 다시 장착하지 못해 울며 겨자 먹기로 네이키드화한 것이다. 이런 바이크들은 대부분 조향쪽(앞바퀴)에 타격을 받은 상태이기 때문에 철저히 살펴봐야 한다. 전문적인 프리 스타일 선수들은 레플리카를 구입하자마자 정상적인 상태에서 전문 프리 스타일 바이크로 개조해 그런 일이 거의 없다. 하지만 인터넷에서 중고매물로 돌아다니는 프리 스타일 바이크 중에는 사고 경력이 있는 경우가 대부분이라고 할 수 있다. 그러니 이 부분을 특히 꼼꼼히 체크해야 한다. 필자의 경우 중고 바이크를 시승할 때는 시속 60~70km에서 핸들을 놨을 때 어느 한쪽으로 바이크가 쏠리는지, 브레이크를 작동했을 때 꺼떡거리는 현상이 있는지 등을 살펴본다.

바이크를 살펴볼 때 핸들을 놓고 테스트하는 방법에 대해 전문가들 사이에서도 의견이 분분하다. 왜냐하면 타이어의 공기압 문제, 바이크와 맞지 않는 타이어가 장착됐을 때(이럴 때는 고속이나 코너링에서 불안정하다.), 한쪽 포크 오일이 누유나 조립 불량으로 다른 쪽과 현저히 적을 때, 분해 후 정상적으로 조립이 되지 않아서(한쪽으로 쏠릴 수 있다.) 등의 문제로 인해 사고가 나서 뒤틀어진 게 아님에도 핸들은 떨리거나 한쪽으로 쏠릴 수 있기 때문이다. 하지만 적어도 시속 60~70km에서 핸들이 심각하게 떨리거나 쏠린다면 그 바이크는 어떤 이유에서건 구입하면 안 된다.

냉간 시에 시동이 잘 걸리면 일단 OK

엔진 소리는 냉간 시(엔진이 식었을 때)와 예열이 됐을 때가 다를 수 있다. 엔진의 컨디션은 식어 있던 엔진이 일발 시동되면 일단 큰 문제는 없는 것으로 간주해도 된다. 그런데 중고 바이크를 파는 사람은 대개 엔진에 어느 정도 예열을 해놓은 상태에서 가지고 나오기 때문에 충분히 얘기를 하며 엔진 온도를 낮춘 후 테스트해봐야 한다. 특히 카브레터 4기통 엔진의 경우, 냉간 시에 시동이 잘 안 걸리는 일이 종종 있다.

요즘은 대부분 인젝션 엔진이기 때문에 반대의 경우도 많다. 냉간 시에는 시동이 잘 걸리고 엔진 소리도 좋다가 예열이 되면 엔진에서 캠체인(Cam-chain) 늘어난 소리가 촬촬거리며 나는 경우가 있다. 요즘 만들어지는 엔진은 대부분 주행거리 3만 km를 기점으로 캠체인 교체 시기가 되곤 한다. 물론 라이더의 엔진오일 관리와 라이딩 습관 등에 따라 교체 시기는 매우 많이 달라진다.

필자의 경우 모터사이클을 험하게 타서 급출발과 급정거, 윌리(Wheelie, 주행 중 앞바퀴를 들어올리는 주행방식)를 일삼는 라이더의 중고 모터사이클은 웬만해서는 쳐다보지 않는다. 전문 프리 스타일 선수들은 일반 기어가 아닌, 퍼포먼스를 위한 높은 기어로 바꾸고 주행한다. 윌리를 할 때도 바이크가 무리가 가지 않는 테크닉으로(서스펜션과 몸의 반동으로) 앞바퀴를 들어올린다. 하지만 일반 라이더들은 엔진에 무리가 가는 급출발로 어떻게든 앞바퀴를 들려 하기 때문에 엔진에 심각한 스트레스를 준다. 따라서 도로에서 윌리를 일삼는 라이더들의 중고 바이크를 사는 일은 가급적 삼가는 게 좋다.

그렇다면 정상적인 엔진 소리와 비정상적인 즉, 잡소리가 많은 엔진 소리는 무엇이 다를까? 어떻게 구분할까? 독자들에게 한 가지 팁을 얘기하자면 바이크를 사러 가기 전 거의 신차에 가까운(주행거리 2,000~3,000km 정도) 같은 모델의 엔진 소리를 유심히 듣고 가는 것이다. 모든 걸 자세히 알 수는 없어도 큰 잡소리는 구분할 수 있을 것이다.

그런데 희귀 모델이어서 컨디션 좋은 동일 모델의 엔진소리를 들어볼 수 없다면 냉간 시에 시동성을 살펴본 후, 어느 정도 열을 받았다고 생각되면 잠깐 동안(3~4초 정도) 머플러 끝을 막고 소음을 줄여 엔진 작동소리를 들어보는 것도 도움이 된다.

  그리고 이제 모터사이클 배기가스 환경검사가 시작됐으니 구입하려는 중고 바이크 머플러가 순정인지 아닌지, 순정이라면 구조 변경을 했는지 꼼꼼히 살펴봐야 한다. 그리고 요즘은 정기 검사를 언제 마쳤는지도 매우 중요한 포인트이다.

모터사이클 등록 요령과 서류 점검

서류를 잘 검토하자

사실 모터사이클을 구입해 등록하는 요령은 인터넷에서 검색하면 차고 넘치도록 나온다. 필자가 얘기하고 싶은 것은 두 가지다.

우선 구입한 모터사이클 차대 번호와 등록 서류상(폐지증명서, 자동차 제작증)의 차대 번호가 일치하는지를 꼼꼼히 살펴보라. 특히 레플리카나 네이키드는 차대 번호가 적혀 있는 곳에 프레임 균열은 없는지, 용접자국은 없는지 차대 번호를 대조해보면서 꼼꼼히 살펴야 한다. 만약 핸들과 프론트 포크가 함께 연결되어 있는, 프레임의 목 부분에 균열이나 용접자국이 있다면 아무리 엔진이 좋아도 과감히 포기하는 게 좋다.

차대 번호를 서류와 대조해보라는 것은 차대 번호와 서류가 각각 다른 경우가 종종 있기 때문이다. 이런 경우 정식 세관을 통해 수입된 제품이 아니라, 고철로 들어왔거나 도난 차량일 수가 있다.

인터넷에서 '단순 서류 분실'이라는 제목의 매물이 올라온다면 의심해 볼 만하다. 정말 서류를 단순히 분실했다면, 구청에 신분증만 가져가면 다시 서류를 발급해주는데 굳이 단순 서류 분실 어쩌고 하는 것은 상식적으로 이해가 가지 않는다.

이륜차 등록 순서

일단 구청으로 간다. 그리고 평소 알고 있던 보험회사나 적당한 보험사를 선정해 보험에 가입한다(보험사마다 가격대가 생각보다 들쑥날쑥하다).

신규 등록은 자동차 제작증 상의 부가가치세를 제외한 공급가액(단, 이륜차는 정부고시 시가 표준액과 비교하여 높은 금액 적용)을 적용한다.

이전 등록은 취득 시 매매가 또한 같은 보장 내역이라도 분기별 혹은 매달 저렴한 보험사가 달라진다. 잘 검색해보면 좀 더 저렴하게 가입할 수 있다.

먼저 전화상으로 보험에 가입한다. 그리고 해당 구청에 팩스번호를 알려주면 보험가입증명서를 팩스로 보내준다. 보험가입증명서 팩스가 오면 등록 서류와 함께 이륜차 등록 창구에 가서 등록을 하면 된다.

신차의 신규 등록은 바이크를 구입할 때 등록 서류와 보험가입증명서를 함께 제출하고 세금을 내면 된다. 새로 구입한 모터사이클은 모델별 과세 표준 금액에 의거해 취득세와 등록세를 내야 한다. 125cc 이하는 과세 표준액의 2%만 취득세를 내면 된다. 125cc 이상의 대배기량은 취득세 2%, 등록세 3%를 각각 내야 한다.

중고차의 경우에는 약간 다르다. 여기서 주목하라! 중고차의 경우 매매계약서에 매매가격을 적는 부분이 있다. 중고 모터사이클의 경우 모델별로 과세 표준액이 연수별로 다 다르게 책정된다. 이것을 잔가율이라는 것으로 표시하는데 반드시 알아두어야 한다. 이런 게 바로 돈 버는 정보다.

이륜차의 내용 연수 잔가율

사용 기간 1년 미만은 0.703

: 1년 0.562

: 2년 0.464

: 3년 0.316

: 4년 0.215

: 5년 0.147액과 정부에서 고시한 시가 표준액 중 높은 금액

: 6년 0.100

(자료 : 서울 광진구청 홈페이지 참조)

과세 표준액 적용

정부에서는 모터사이클 모델별로 '이륜차 과세 표준액(인터넷에 찾아보면 쉽게 찾을 수 있다)'을 정해 놓고 있다. 만약 이 글을 읽는 초보 라이더가 등록하려는 모델이 혼다 CBR600F Hornet이라면 정부의 과세 표준액은 1,099만 원이다.

처음 신형을 등록할 때는 과세 표준액 1,099만 원의 취·등록세로 5%(55만 원)를 내야 했다. 그런데 6년 후에 중고 바이크를 다른 사람에게 판매하고, 그 바이크를 구입한 사람이 다시 등록을 하기 위해서는 얼마의 과세 표준액을 내야 하는지 알아보았다. 1,099만 원에 6년 이상의 잔가율을 적용해봤더니 1,099×0.1=109만9천 원이었다. 과세 표준액이 109만9천 원이니 적용법상 109만9천 원의 5%인 5만5천 원 정도만 취·등록세로 내면 그뿐이었다.

그런데 '이륜차는 정부고시 시가 표준액과 비교하여 높은 금액 적용'이라는 문구가 있다. 무슨 소리인가 하니 취·등록세를 책정할 때, 매매계약서에 적혀 있는 금액이 과세 표준액보다 많으면 그 금액을 적용해 취·등록세를 적용한다는 것이다. 그리고 과세 표준액보다 매매계약서의 금액이 적으면 과세 표준액을 적용한다는 뜻이다. 6년이 지난 혼다 CBR600F Hornet의 실제 중고가격은 500만 원 선이지만 현행법상 과세 표준액은 110만 원 정도로 책정되어 있다는 것이다. 이 글을 읽는 라이더라면 매매계약서에 매매 금액을 어떻게 적어야 현명한 판단인지 알 수 있을 것이다.

모터사이클 관리하기

실력 있는 바이크 정비샵을 알아둬라

　초보들이 바이크에 입문해 한번씩 골탕을 먹는 게 바로 바이크 정비이다. 이 이야기를 하기 전에 한 가지 개탄스러운 점이 있는데 바로 이륜차의 정비 관리 현황이다. 현재 대한민국 이륜차 정비는 누구나 할 수 있고, 누구나 모터사이클 정비샵을 개업할 수 있다. 그 이유는 이륜차 정비사 자격증 같은 법적 제도가 전혀 없기 때문이다. 말 그대로 모터사이클에 전혀 지식이 없는 사람이라도 매장을 차리고, 사업자만 내면 그날부터 일반 라이더를 상대로 모터사이클을 정비할 수 있다.

　안전과 밀접한 관련이 있는 정비에 관한 부분을 그동안 정부 차원에서 아예 무시하고 있었던 것이다. 이륜차와 사륜차는 주행 특성부터 구조의 특성, 조종법의 기본까지 서로 다른 운송수단인데 건국 이래 이륜차 정비 자격증 제도가 없다는 건 정말 기가 막힐 뿐이다. 최근 배기가스 정기검사 등을 시행하는 측면도 그렇다. 이륜차를 전문으로 검사, 정비하는 전문가가 공식적으로 대한민국에는 단 한 명도 없는데 안전검사와 배기가스 검사는 하고 있다. 정말 코미디도 이런 코미디가 없다.

이런 환경이니 모터사이클 정비사들의 수준도 천차만별이다. 어느 바이크샵 사장은 세계적으로도 인정받아 마땅할 정도로 실력이 출중한 반면, 또 다른 바이크샵 주인은 기가 막힐 정도로 아무것도 모르는, 무늬만 정비사인 경우도 있다. 이런 점에 유의해서 바이크샵을 잘 골라야 한다.

최근에는 인터넷의 발달로 기본적인 정보들이 공유되면서 예전처럼 황당한 일들은 많이 없어졌지만 아직도 내연기관과 구동계의 기초이론도 모르는 정비사들이 수두룩하다. 최근에야 이륜차 정비사 자격증 제도를 만들어야 한다는 목소리도 높아지고 일부 움직임도 있지만 정작 정부 부처에서는 별다른 관심이 없어 보인다.

엔진계통 트러블

지금도 마찬가지지만 단기통엔진을 수리할 수 있는 곳은 많다. 대부분의 상용 이륜차들이 단기통이기 때문에 동네 센터에서도 웬만한 정비는 가능하다. 하지만 2, 4기통부터는 좀 까다로워진다. 바이크샵에서는 엔진 내린 김에 여기도 갈고, 저기도 갈아야 할 것 같고…… 시간은 한 달 걸릴 거라고 말할 수도 있다. 그런데 이런 경우 대부분 위탁수리를 맡기는 것이다.

스스로 수리할 공구도 없고, 자신도 없기 때문에 전문적으로 4기통 엔진을 정비하는 업자에게 다시 맡기는 것이다. 이렇게 업자 수리를 맡기면 중간에서 마진을 나눠야 하기 때문에 수리비가 많이 나올 수밖에 없다.

엔진 정비의 프로들은 엔진 헤드를 열어보지 않고 "뭔가 이상한데",

"뭐가 나갔네"라고 좀처럼 말하지 않는다. 물론 증상은 의심해볼 수 있지만 대부분 "열어봐야 정확히 알 수 있다"고 이야기한다. 또한 유능한 정비사는 엔진이 멈췄으면 왜 멈췄는지 마지막 멈추는 시점에 어떠했는지 등을 자세히 물어보고 엔진 트러블을 유추해낸다. 의사가 환자의 증상을 세밀하게 질문하는 것과 같다. 그런 다음 엔진을 분해하고 바이크 주인에게 문제점을 확인시키고 설명을 해준다. 그리고 부품의 주문과 공임 견적을 정확히 알려주고 정비 견적이 합의되면 본격적인 수리에 들어간다.

필자의 경우 몇 마디만 하면 어느 정도 실력이 있는지 대충 파악이 되지만 일반 라이더들의 경우 잘 모르기 때문에 수입 바이크의 견적 폭탄을 맞는 일이 종종 생긴다. 동서양을 막론하고 비양심적인 정비 업체는 존재한다. 현재로서는 라이더들이 공부하는 수밖에 다른 방법이 없다.

카브레터는 청소만 잘 해주면 좀처럼 망가지지 않는다

이제는 점점 보기 힘들어지는 카브레터지만 아직도 상용 이륜차의 50% 이상이 카브레터 방식이다. 종종 카브레터를 통째로 갈아야 한다고 말하는 정비사들이 있는데, 휘발유만 들락거리는 카브레터가 마모될 일도 없는데 왜 통째로 갈아야 되는지 필자로서는 이해가 가지 않는다. 20년이 지난 바이크의 카브레터도 매우 정상으로 작동하는데 말이다. 연식이 오래된 바이크라고 해도 다이아그램(Diagram : 카브레터 안에 얇은 고무재질의 부속품)이 노후되어 찢어지는 문제는 있을지언정 카브레터 본체에 문제가 발생할 확률은 낮다. 찌꺼기가 쌓이면 청소를 해주면 그뿐이다. 최근에는 단기통 중국제 카브레터가 워낙 싸기 때문에 세척하는 인건비보다 그냥 통째로 바꾸는 걸 선호하는 것으로 보인다.

전기계통 트러블

항상 타고 다니던 바이크가 어느 날 시동이 안 걸린다. 동네 센터에 끌고 가 물어보니 별다른 테스트를 해보지도 않고 무작정 "배터리를 갈아야 한다"고 말한다면 99%는 돌팔이다. 배터리를 갈고 시동이 걸렸는데 하루나 이틀 지난 후에 다시 시동이 꺼졌다면 99%는 비양심적인 돌팔이다. 그러다가 다시 한 번 속는 셈 치고 센터를 찾았는데 제너레이터 코일이 불량이라고 한다면 당신은 낚인 것이다. 다시는 그 정비샵에 가지 않는 게 좋다.

모터사이클의 전기계통은 간단하게 말해 배터리-제너레이터(Generator, 발전기)-레귤레이터(Regulator, 전압정류장치)-배터리로 순환된다. 제너레이터에서 발생한 전기는 레귤레이터에서 일정한 전압으로 정류되고 점화 코일(Ignition Coil, 12V의 배터리 전압을 25,000~35,000V로 올려주는 장치)-CDI(Capacitance(Condenser) Discharge Ignition, 점화 코일에서 생성된 고압의 전기를 점화 타이밍에 맞게 점화 플러그로 보내주는 전자 장치) 점화 플러그로 들어가 스파크를 일으킨다. 따라서 시동을 켠 상태에서 배터리를 점검하고 스로틀을 열어 rpm이 올라갈 때의 전압도 체크해야 한다. 그런 상태에서 배터리가 제대로 충전되지 않는다면 제너레이터 혹은 레귤레이터에 문제가 있을 가능성이 크다.

배터리도 특정 전압 밑으로 내려가면 데미지를 받아 제 성능을 발휘하지 못하는 것은 맞다. 대략 10.5V 정도가 마지노선이다. 하지만 정상적인 배터리가 15일 정도 세워 놨다고 해서 방전되어 다시 충전을 못하는 경우는 거의 없다. 이런 경우 어디선가 약간의 누전이 있을 가능성이 있다. 자동차 긴급출동 기사들의 경우도 그렇고, 애매하면 무조건 배터리를 교체하라고 한다. 약 3개월 정도를 시동 한 번 걸지 않고 방치하다가 시동이 걸리지 않아 정비소에 가져가 배터리를 충전하려고 했는데 충전조차 불가능할 정도로 전압이 떨어져 있을 때는 배터리의 수명이 다한 것이다. 그때는 어쩔 수 없이 배터리를 교환해야 한다.

  참고로 필자는 지금까지 소유했던 자동차나 모터사이클 배터리를 교체해본 적이 없다. 겨울철에 4개월을 그냥 세워 놓더라도 20일에 한 번씩 20분 동안 시동을 걸어준다면 방전 때문에 배터리를 교체해야 하는 상황은 좀처럼 발생하지 않는다. 이 역시 약간의 상식만 알고 있으면 무작정 배터리만 갈면서 고생은 고생대로 하지 않아도 된다.

에어 클리너의 청결은 엔진 수명을 길게 한다

  라이더들은 대부분 엔진오일에는 많은 신경을 쓰면서 에어 클리너(Air Cleaner)에는 소홀한 편이다. 그런데 에어 클리너는 직접적으로 실린더 내부에 이물질이 들어가는 것을 막아주는 매우 중요한 부품이다. 대부분 온로드에서는 건식 종이 필터를 사용하기 때문에 먼지가 많은 곳을 자주 지나다니면 에어 클리너가 막혀 공기의 흡입량이 줄어들거나 먼지, 이물질이 실린더 내부로 들어갈 수 있다. 오일 필터와 에어 클리너는 엔진오일을 두 번 교체할 때 한 번씩만 교체해도 된다고 매뉴얼에는 나와 있다. 하지만 최근에는 수도권을 중심으로 황사 또는 대기의 질이 나빠져서 될 수 있으면 엔진오일을 교체할 때마다 에어 클리너 오염 여부를 확인하고 교체해주는 게 좋다.

스쿠터 변속 벨트 교체 때 유의할 점

  스쿠터는 자동 변속이기 때문에 엔진 쪽 풀리와 후륜 쪽 바퀴를 벨트로 연결해 CVT(Continuously Variable Transmission) 방식으로 구동한다.

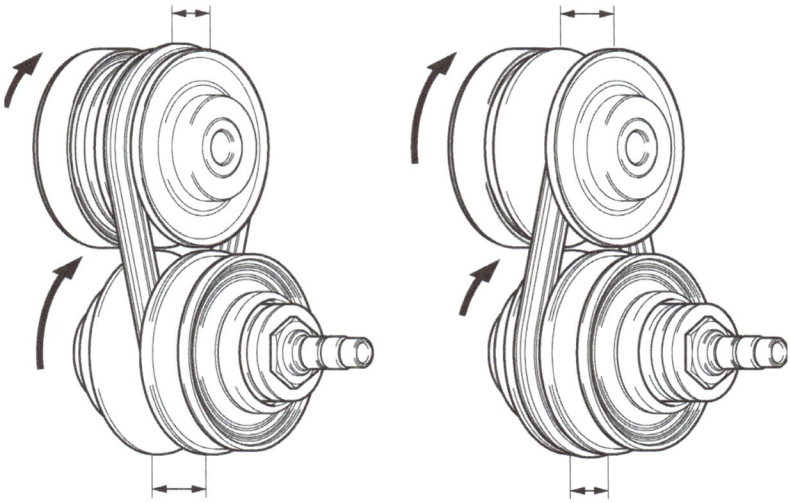

기본적인 스쿠터 CVT 벨트 자동 변속기의 구조.

3장 자신에게 맞는 모터사이클 고르기

메이커나 모델마다 조금씩 다르지만 대부분 스쿠터의 CVT 구동 벨트는 15,000~20,000km가 교환 주기이다. 스쿠터의 경우 교환 주기를 넘겨 주행 중에 벨트가 끊어지면 회전하면서 다른 풀리도 손상을 입힐 수 있다. 아까워하지 말고 교환 주기에 맞춰 교환하는 게 좋다.

그런데 교환하고 3,000km 정도에서 벨트가 끊어졌다면 앞뒤쪽 풀리에 문제가 있는 것이다. 앞쪽 풀리와 뒤쪽 풀리가 틀어져서 벨트가 똑바로 돌아가지 못하고 있을 가능성이 있다. 이럴 때는 크랭크 앞쪽 풀리와 뒤쪽의 클러치 쪽 풀리도 함께 점검해봐야 한다.

엔진오일을 관리하는 방법

과거 90년대에는 모터사이클 엔진오일을 500km마다 교체해야 한다고 메이커 측에서 이야기해왔다. 오일을 많이 팔아먹기 위해 만들어진 이야기라고 밖에는 이해할 수 없는 말이지만 그만큼 당시 오일의 품질이 좋지 않아 자주 교체해야 했던 것은 사실이다.

자동차용 엔진오일과 모터사이클 엔진오일이 다른 것은 클러치의 시스템 방식이 다르기 때문이다. 자동차는 건식 클러치를 사용하고 모터사이클은 대부분 엔진 케이스 안에 장착되어 있는 습식 클러치를 사용한다. 건식 클러치는 엔진오일과는 연관성 없이 외부에 위치해 있지만 습식 클러치는 엔진오일과 함께 클러치가 작동되기 때문에 클러치 디스크 분진(디스크가 접촉하면서 떨어지는 작은 가루)이 발생한다. 이 분진이 엔진오일을 빨리 오염시킨다.

이것 때문에 일부 메이커에서는 클러치와 엔진오일을 분리시켜 주입하는 엔진 방식도 만들어지고 있다. 어찌됐든 클러치 일체형 엔진은 모터사이클 전용 엔진오일을 사용해야 한다. 하지만 엔진과 클러치가 떨어져 있는 스쿠터의 경우 자동차용 엔진오일을 사용해도 무관하다.

엔진오일에는 합성유(Synthetic Oil), 반합성유(Semi-synthetic Oil), 광유(Mineral Oil), 광유고도정제합성유(VHVI : Very High Viscosity Index) 등이 있다. 합성유는 식물에서 추출한 성분인 에스테르(Ester) 계열과 원유에서 추출한 PAO(Polyalphaolefin) 계열로 다시 나뉜다. 에스테르 계열은 최고의 엔진 보호성과 윤활 특성을 보이지만 수명이 매우 짧고(첨가물에 따라 조금씩 달라진다), PAO 계열은 불순물이 매우 적어 엔진오일의 수명을 길게 해준다.

요즘은 대부분의 엔진오일 제조사에서 두 가지 계열을 혼합해 합성유를 만든다. 과거의 광유에 비해 2~3배의 수명을 가지고 있다. 하지만 에스테르 계열이 주류를 이루고 있는 합성 엔진오일은 레이스 같이 특수하게 고온, 고압, 고출력을 요구받는 용도로 사용하는 것에는 적당하지만 장시간 도로를 달리는 용도로는 적합하지 않다. 에스테르 계열의 합성유는 300~500km 정도의 주행 후에는 교체해야 하는, 사용주기가 매우 짧은 엔진오일이기 때문이다. 이 시기가 지난 후에는 일반 광유와 비슷하거나 그보다 못한 성능으로 급격히 저하되는 특징을 가지고 있다. 반면 PAO 계열은 일반 도로에서 장시간 사용하는 데 최적의 특성을 가지고 있다.

국내에서는 오랜 시간 동안 '에스테르 계열의 합성오일이 최고'라는 생각 때문에 일반 도로용 스쿠터나 모터사이클 라이더들이 무지막지하게 비싼 비용을 지불하면서도 사용해왔다. 에스테르 계열의 합성유는 교환 직후에 엔진 소음이 현저히 줄어드는 등 당장의 가시적인 장점은 있지만 얼마 못 가 PAO보다 현저히 윤활성이 떨어지는 특징을 가지고 있다. 합성유는 장시간 주행하면 증발한다는 일반적인 문제점이 있지만 엔진에 이상이 없는 상태에서 주행에 영향을 미칠 정도로 증발하지는 않는다. 일반도로를 달리는 모터사이클이 반드시 합성유를 사용해야 한다면 PAO 계열의 합성유를 권한다.

반합성유란 광유와 합성유를 혼합한 윤활유를 말한다. 흔히 '반합성유니까 광유와 합성유가 반반씩 들어가 있겠지' 하고 생각할 수 있다. 하지만 그렇지 않다. 합성유의 비율이 어느 정도 되는지는 제조회사만 알고 있다. 따라서 반합성유를 넣으려면 차라리 100% 합성유를 넣고 오래 사용하는 게 정신건강에 좋다는 말을 하고 싶다.

광유란 원유(경유와 벙커씨유 중간 정도)에서 추출한 기름으로, 가격은 저렴하지만 불순물이 많아 엔진오일의 수명이 짧고 고온에서 슬러지가 남는 단점 등이 있었다. 그러나 이것은 모두 말 그대로 90년대 이야기다. 최근 국내 엔진오일 제조사의 품질은 세계 최고 수준이다. VHVI 계열의 합성유는 가격도 저렴하고 불순물도 매우 적은 우수한 제품들이다. 실제로 우리가 대부분 알고 있는 세계적인 엔진오일 회사의 베이스 기유를 한국에서 만들어 수출하고 있다.

다양한 엔진오일을 경험해본 필자의 판단은 이렇다. 고출력 고회전을 반복하는 레이스가 아닌, 도로를 주행하는 모터사이클이라면 어떤 기종이든(고출력 레플리카를 포함하여) 교환주기만 잘 지켜준다면 국산 VHVI 계열의 저렴한 엔진오일을 사용해도 전혀 문제가 없다.

모터사이클 엔진오일의 점성 온도 수치는 계절에 관계없이 0W40, 5W40, 10W40을 사용하면 무난하다. 하지만 할리데이비슨의 경우 순정오일 20W50을 사용한다. 공랭식이라 워낙 열이 많이 발생하는 엔진이지만 겨울철에는 시동성이 좋지 않을 수 있다. 할리데이비슨으로 겨울에 운행할 때는 10W50 정도를 써주면 조금 도움이 될 것이다.

메이커별 모터사이클의 특성

국내 메이커

현재 대한민국에서 판매되고 있는 모터사이클은 우리나라, 일본, 미국, 유럽, 대만, 중국 등의 브랜드로 상용 시장과 레저 시장에서 각축전을 벌이고 있다. 지금부터 소개하는 메이커별 특징은 필자가 여러 가지 모델을 직업적으로 시승한 경험을 바탕으로 한, 매우 주관적인 의견임을 밝힌다.

Daelim

과거 기아혼다(Kiahonda) 시절을 거쳐 대림혼다로 변경되었다가 현재는 대림자동차로 명칭을 바꿨다. 대한민국의 모터사이클 역사와 함께한 메이커라고 해도 과언이 아닌, 명실공히 대한민국 대표 메이커이다. 처음에는 일본 혼다(Honda) 모델을 단순 조립 생산하는 것에서 출발해 현재는 자체 브랜드를 가지고 모델을 생산하고 있다.

대림은 상용스쿠터와 언더본을 주력 기종으로 만들어 판매하는 메이커이다. 물론 레저용 모델이 없는 건 아니지만 '대림' 하면 상용을 떠올릴 정도로 상용의 이미지가 강한 게 사실이다. 한때는 국내 시장 점유율이 80% 이상이었던 적도 있지만 최근엔 20~30% 정도에 그치고 있다. 대림이 국내 시장에서 높은 점유율을 유지했던 것도 혼자만의 힘으로 이뤄낸 것은 아니었다. 정부에서 수입 이륜차에 대한 높은 관세를 유지해 국내 이륜차 업계를 보호하고 있었기 때문이다. 특히 대림에서 주로 생산하는 125cc 미만의 관세는 수입업자로 봐서는 살인적인 것이었고 누구도 그 관세를 내고 소형 이륜차를 수입하려고 하지 않았다. 이런 국가의 비호 아래 대림은 혼다 모델을 카피하는 수준의 이륜차를 생산했고, 기본기가 탄탄한 혼다 모델은 워낙 내구성이 뛰어나 국내에서 큰 인기를 끌었다. 그러나 이륜차의 높은 관세가 철폐되고 저배기량 이륜차의 수입이 자율화되면서 판도가 급격히 변했다. 우선 중국에서 밀려들어 온 클래식 스쿠터에 발목을 잡히더니 뒤이어 들어온 대만제 스쿠터에 대부분의 시장을 잃었다. 대림은 베스비, 비본 등의 모델로 역전을 노렸지만 역부족이었다. 최근에 Q2, Q3, 스티저(Steezer) 등의 중급 배기량 빅스쿠터가 선전을 해주고는 있지만 대만제 스쿠터의 품질을 따라가기에는 역부족으로 보였다.

필자의 개인적인 견해를 말하자면 대림은 워낙 보수적인 조직 형태를 가지고 있다. 필자가 만나본 대림 직원들은 마치 철밥통을 옆에 낀 공무원 같은 느낌이었다. IMF 때 대량 인원 감축을 하면서 실력 있는 엔지니어들이 모두 뿔뿔이 흩어지자 관리가 제대로 이루어지지 않은 것 같았다. 또한 마진만 생각하고 사실상 어정쩡한 저질 중국제 스쿠터를 대림 마크만 달아서 판매했던 베스비의 참패는 대림 추락의 신호탄이 됐다. 추후

대림 모터사이클

출시한 비본은 어느 정도 선전을 했지만 대림의 이미지를 높이기에는 역부족이었다.

  그 후 선보인 스쿠터들도 필자의 개인적인 의견이지만 중국제와 비교해 크게 품질이 좋지 않았다. 대림은 아직도 소비자들의 눈높이를 맞추는 데 조직적인 장애가 있어 보인다. 최근에는 VJF와 Q2, Q3 등의 모델이 해외에서 어느 정도 판매된다고 한다. 좀 더 지켜볼 일이지만 기술 개발과 원천기술 확보에 신경 쓰지 않는다면 기업의 운명은 불을 보듯 뻔하다. 과거 정부가 나서서 관세로 수입 이륜차를 방어해줄 때 대림은 기술 개발에 관심이 없었던 것 같다. 그때 무한경쟁 시대로 접어드는 미래를 조금이라도 대비했더라면 이렇게 곤두박질쳤을까? 마음의 상처를 받고 어디론가 떠나버린 진짜 엔지니어들만 남아 있었더라도 이런 상황이 됐을까?

하지만 아직도 대림은 무사안일주의의 전문적이지 않은 관리들이 지배하고 있는 집단이라고 생각한다. 너무나도 애석하고 가슴 아프지만 필자는 대림에게 큰 기대를 가지고 있지 않다.

KR Motors

이제는 그 이름도 아련한 효성 스즈키(Hyosung Suzuki)가 KR Motors의 전신이다. 대림과 마찬가지로 높은 관세 덕을 많이 본 국내 메이커이다. 효성 스즈키에서 스즈키가 빠지고 효성기계공업이 됐다. 항상 대림보다 국내시장 점유율이 낮았던 것은 사실이지만 좀 더 레저형 모터사이클 쪽에 가까운 모델을 만들었던 효성은 마니아층을 형성하기도 했다.

2002년쯤 코멧125, 250, 650과 미라쥬125, 250, 650를 개발해 국내 이륜차 시장에 500cc 이상의 대배기량 모델을 처음 만들었던 메이커이기도 하다. 그러다가 국내뿐만 아니라 세계적인 헬멧 브랜드로 성장한 HJC(홍진크라운)가 효성을 인수했다. HJC는 효성을 의욕적으로 개혁시키려고 많은 노력을 기울였지만 인수 합병되면서 S&T Motors로 명칭을 바꾸게 됐다. 그리고 2013년에 다시 S&T Motors는 다른 회사에 팔리게 되면서 KR Motors로 명칭을 변경했다.

참으로 우여곡절이 많은 메이커이다. 가능성도 많았던 메이커였지만 역시나 자체 원천기술력이 부족했던 게 쇠락의 원인으로 보인다. 과거 스즈키의 생산 공장 역할을 했을 때 효성 역시 스즈키의 기술을 자신의 것으로 만들어내지 못했던 것이다. 그래도 과거 효성은 의미 있는 도전을 많이 했다. 최초의 단기통 DOHC 엔진을 탑재한 엑시브(Exiv)125의 출시는 국내 모터사이클 시장에 신선한 바람을 일으켰다. 미라쥬 시리즈와 코멧 시리즈로 많은 호평을 받기도 했다. 그 후로는 ST7이라는 아메리칸

KR Motors 모터사이클

형 모델을 출시하기도 했다. 최근에 KR Motors로 바뀌면서 네이키드 형태인 엑시브250N, 레플리카 모델인 엑시브250R이 출시되었다. 과거 효성이나 S&T Motors의 모터사이클은 당시 국내 메이커로서는 혁신적인 배기량이었으며 신선했던 것은 사실이다. 그런데 라이더들을 감동시키기엔 항상 뭔가 2% 부족했던 기억이 난다.

  스즈키의 기술력이 밑바탕이었기 때문에 효성이 만드는 엔진은 거의 스즈키 것이라고 봐도 무방할 정도이고 엔진도 전체적으로 살펴본 결과 베이스가 상당히 훌륭했다. 그리고 실제 일본 부품도 상당 수 있다.

그런데 효성과 S&T Motors 모델의 문제는 대부분 핵심부품이 아닌, 연료 펌프의 오작동, 전기트러블 등이었다. 소비자들은 전문적인 지식이 없기 때문에 일단 움직이지 않으면 신뢰가 떨어지기 마련이다. 반면 대림은 최고 출력이나 세련된 디자인 맛은 없어도 '일단 시동은 걸리고 굴러가기는 한다'는 이미지가 퍼지면서 효성의 국내시장 점유율은 점점 떨어지게 됐다.

그동안 S&T Motors는 사실상 국내 판매를 포기했다고 해도 과언이 아니다. 국내 스쿠터 시장에는 대만제 프레임과 엔진에 외장 카울만 제작해 판매했으며 대배기량 모델은 대부분 수출에만 신경을 썼다. 그도 그럴 것이 국내 대배기량 모터사이클 신차 시장은 한해에 2만 대도 되지 않았고 그중 국산 대배기량을 찾는 소비자는 더더욱 적었다. 반면 호주나 캐나다, 뉴질랜드 등에서 코멧250, 650이 가격 대비 성능이 좋다는 평을 들으며 기대 이상의 선전을 했다.

S&T Motors가 수출에 신경을 쓰는 동안 국내 시장은 더욱 악화되어 갔다. 대리점 수가 점점 줄었으며 A/S가 발생해도 처리 기간이 길고 부품 수급도 원활하지 않았다. 그런데도 모터사이클 메이커란 모델 하나에 운명이 바뀌기도 한다. 바로 한 방이 있다는 것이다.

최근 출시된 KR Motors 엑시브250을 시승해본 결과, 프레임과 서스펜션에 많은 공을 들인 듯했다. 코너에서의 품질도 나쁘지 않았다. 다만 엔진 진동만 잡아준다면 KR Motors의 한 방이 돼줄 수 있을 것으로 생각됐다.

과거 필자가 2006년 코멧650을 시승하면서 장장 10페이지에 걸쳐 특집기사를 작성했던 기억이 난다. 그때 S&T Motors 관계자들은 기사가 나간 뒤 필자를 피해 다녔다. 적어도 필자는 그렇게 느꼈다. 3년 전 인젝션으로 바뀐 신형 코멧650을 시승하고자 연락을 했지만 "스케줄을 잡아 연락해준다"고 한 게 3년이 지났다. 이것이 국내 메이커의 현실이다.

그동안의 지식을 총동원해 국내 메이커들에게 쓴소리를 하는 건 그만큼 애정을 가지고 있다는 것임을 알아주었으면 한다.

일본 메이커

일본의 모터사이클은 대부분 전쟁과 밀접한 관련이 있다. 사실상 관련 분야가 아님에도 2차 세계대전 당시 군수물품을 공급하라는 요청을 받아 분야를 바꿨다가 일본이 패망하고 모터사이클 메이커로 발전한 경우가 많다. 일본 메이커들은 아직 명품이 되기에는 20% 정도 모자란, 그러나 가격대는 명품에 근접한 모델이라고 할 수 있다. 일본 모델들은 전반적으로 유럽 메이커에 비해 서스펜션이 조금 부실한 면이 있다.

수입 모터사이클의 경우 각 메이커의 특성도 중요하지만 현지 국가에서 활동하는 수입상, 즉 딜러의 역할도 매우 중요하다. 어느 나라에서는 혼다가 강세지만 또 어느 나라에서는 가와사키가 대세가 되기도 한다. 중요한 건 현지 딜러가 얼마나 마인드를 가지고 활동하느냐에 따라 많은 차이가 난다는 것이다.

Honda

모터사이클을 잘 모르는 여성들도 혼다 정도는 알고 있을 만큼 혼다의 명성은 자자하다. 그만큼 혼다는 제품을 철저하게 관리하고 교과서적인 모델을 만들기로 유명하다.

혼다는 자전거 공장에서 시작한 회사이다. 그러다가 전쟁 때문에 모터사이클 메이커로 전환했다. 초기에는 영국제 모터사이클을 카피하는 수준이었지만 70년대 후반부터 값싸고 질 좋은 모터사이클로 인식되며 미국과 유럽 시장을 장악했다. 일본의 4대 메이커 중에서도 혼다는 아직까지 최고의 브랜드로 자리 잡고 있다.

혼다 모델을 살펴보면 하나같이 정비하기에 좋고 내구성이 좋다. 어느 모델이든 무난하게 라이더를 편하게 해주는 것이 특징이다. 하지만 오직 레이스만을 위해 출시했던 모터크로스나 레이서 모델은 상당히 과격한 출력을 자랑하기도 했다. 현재까지도 Moto GP에서 항상 상위에 랭크되고 레이스를 꾸준히 하는 메이커이며 전 세계적으로도 최첨단 기술을 보유하고 있는 메이커이다.

혼다는 1998년에 레플리카와 네이키드 시장을 야마하에게 조금씩 내주었다. 레플리카와 네이키드 시장은 판매 대수로 보자면 그리 높지 않다. 하지만 메이커가 가지고 있는 '기술력'이라는 상징성은 단순히 판매 대수로는 판단하기 힘든 면이 있다. 혼다는 최근 자동차에 많은 투자를 하고 있으며 많은 이익도 발생하고 있는 것으로 보인다. 그에 반해 모터사이클 쪽에는 개발 투자에 인색한 게 아닌가 하는 생각이 든다. 20세기만 해도 혼다 모터사이클의 기술력은 일본 내에서도 최고라 할 수 있었다. 그런데 21세기가 되면서 자동차에 주력하고 모터사이클에는 소홀한 모습이다. 최근에는 상용스쿠터, 언더본 모델과 500cc 이하 중급 배기량 모델은 대부분 태국에서 생산해 이윤을 최대화시키고 있다. 이런 이유 때문인지 과거 혼다가 보여줬던 극강의 내구성과 정비성은 최근엔 느낄 수 없는 것도 사실이다. 지금도 인지도가 좋은 브랜드인 건 사실이지만 1985~2000년까지 보여줬던 혼다의 도전정신과 기술력이 그리울 때가 많다.

HONDA
The Power of Dreams

혼다 모터사이클

Suzuki

혼다와 함께 일본뿐 아니라 전 세계 모터사이클계를 선도했던 기업이 스즈키이다. 독특하게 스즈키는 옷감을 만들던 방직공장에서 출발한 회사이다. 그러다가 전쟁을 계기로 군수납품을 하다 전쟁이 끝나고 모터사이클을 만들기 시작했다.

전통적으로 스즈키 모델에는 달리기 선수가 많다. 혼다도 그렇지만 스즈키 역시 레이스를 좋아하는 메이커였다. 스즈키 하면 떠오르는 수식어가 있다. 바로 '크레이지(Crazy)'다. 그만큼 최고속, 최고출력에 집중하는 메이커이다. 혼다와 스즈키 중 기술력이 더 뛰어난 메이커가 뭐냐고 물으면 사실 필자는 우열을 가리기 힘들다고 말하고 싶다. 혼다는 누구나 편하게 탈 수 있는 모터사이클을 만드는 메이커라면 스즈키는 잘 달릴 수 있는 모터사이클을 만드는 메이커이다. 서로 컨셉이 다르다. 공도용 양산 모터사이클로는 최초로 실측 시속 300km 이상의 GSX-1300 하야부사를 만들었던 메이커가 바로 스즈키이다.

필자가 경험한 스즈키는 엔진의 반응이 빠르고 정교했다. 엔진의 느낌만으로는 혼다가 따라올 수 없는 스즈키만의 영역이 존재한다고 생각한다. 정비성도 혼다만큼은 아니지만 그렇게까지 불편하지 않다. 그런데 스즈키가 전통적으로 약한 부분이 실린더 헤드 쪽이다. 특히 밸브 쪽에서 문제가 많이 발생한다. 회전 수를 높이자니 밸브를 가볍게 하기 위해 경량화시키고 캠도 좀 더 각도가 심한 걸 사용하기 때문에 혼다보다는 많은 신경을 써야 하는 게 스즈키 엔진이다.

압축비가 높고 회전 수가 높은 엔진은 반드시 정비를 더 자주 해줘야 한다. 하지만 일반 라이더들은 대부분 정비 주기를 넘겨 정비를 하거나 아예 하지 않는다. 심지어 엔진오일도 제때 갈지 않기 때문에 초기에 스

스즈키 모터사이클

즈키는 잔고장이 많은 엔진으로 인식되었다. 즉, 혼다 엔진을 생각하고 스즈키를 관리하면 낭패를 볼 수 있다는 말이다.

스즈키는 전통적으로 브레이크가 좀 약하다. 스즈키 모델은 대부분 브레이크에 토키코(Tokico) 제품을 사용한다. 혼다나 야마하는 닛신(Nisin) 제품을 주로 사용한다. 이 토키코 브레이크는 반응 속도도 느리고 제동 압력도 약간 모자란 듯한 느낌이다. 전 기종이 그렇다고는 할 수 없지만 스즈키 레플리카의 주력 기종인 2007년 GSX-R1000을 시승했을 때 조금 무서웠던 기억이 아직도 생생하다.

스즈키는 아주 많은 명기들을 남겼던 메이커이고 아직도 전설처럼 이어져가는 모델도 많다. 혼다가 손이 별로 가지 않는 꾸준히 일 잘하는 모델이라면 스즈키는 일은 참 잘하는데 뭔가 요구하는 게 많은, 한마디로 손이 많이 가는 모델이 많다는 특징이 있다.

Yamaha

야마하는 피아노를 만드는 공장이었다. 야마하 역시 전쟁을 계기로 모터사이클에 뛰어들었다. 하지만 아직도 주력 상품은 피아노 등의 악기이다. 야마하는 2스트로크 엔진 부문에서 상당히 강력한 경쟁력을 가지고 있는 회사였다. 90년대에 만든 야마하의 2스트로크 엔진의 출력은 정말 파워풀 그 자체였다. (그러나 당시에도 혼다의 모터사이클 2스트로크 엔진과는 경쟁 상대가 되지 못했다.) 야마하 그룹은 보트, 선박 엔진 및 카트 등의 2스트로크 엔진을 만들어 많은 수출을 했다. 하지만 80년대까지만 해도 야마하의 모터사이클은 혼다와 스즈키에 가려 그다지 주목받지 못했다.

과거 '직진 전설'이라 불리는 V형 4기통 엔진을 장착한 V-MAX1200의 인기몰이로 반짝했지만 고속 코너에서의 전도 사고가 잇따라 발생하면서 '과부 제조기'라는 오명을 쓰기도 했다. 엔진의 출력에 비해 당시 일제 모터사이클은 프레임, 스윙암(Swing Arm, 뒷바퀴를 잡아주는 프레임), 서스펜션(Suspension, 주행 완충장치) 등이 지나치게 부실했다. 이런 하체 부실 머신으로 고속 코너에 들어가거나 빠져나올 때 프론트 포크가 꼬이거나 핸들이 털리는 현상이 발생할 수 있다. 그런데도 당시 야마하가 만들었던 V형 4기통 엔진은 걸작 중에 걸작이라고 할 수 있다.

야마하가 본격적으로 주목을 받기 시작한 것은 1998년부터이다. 야마하는 98년에 신형 YZF-R6, YZF-R1을 출시하면서 레플리카 시장의 강자로 급부상하게 됐다. 이렇게 해서 야마하는 그토록 열망하던 부엉이(Honda CBR900RR, 일명 '부엉이') 사냥에 성공했다. 온로드뿐만 아니라 오프로드에서도 98년에 신형 YZ125, 250, 4스트로크 모델인 YZ400, 엔듀로 모델인 WR400 등을 선보였다. 오프로드에서도 사실상 독주하던 혼다의 모터크로스 시장과 엔듀로 시장을 뒤집으며 승승장구하기 시작했다.

필자가 경험했던 야마하 모델의 특징을 이야기하자면 혼다와 스즈키를 섞어 놓은 것 같은 성능을 지녔다는 것이다. 엔진의 느낌도 스즈키와 혼다를 섞어 놓은 것 같았다. 최근에 출시한 일제 모델 중에 엔진 출력이나 안정적인 프레임, 서스펜션을 종합적으로 판단해보면 야마하가 실질적으로 강세인 것은 사실이다.

혼다와 스즈키가 자동차에 집중적으로 투자할 때 야마하는 어마어마한 돈을 주고 발렌티노 롯시를 데려와 레이스에 투입시키면서 그 노하우를 고스란히 상용 레플리카에 적용시키고 있다. 현재 가장 진화한 일본 모터사이클이라 해도 과언은 아니다. 엔진의 고출력을 실현하는 과정에서 라이딩의 품질을 결정하는 하체 부실도 어느 정도 해결한 모습이다. 그 후로 야마하는 상당히 도전적인 모델을 연이어 출시했다. 트라이얼의 도심

야마하 모터사이클

야마하의 주력 네이키드 기종

주행용 버전이라고 할 수 있는 '트리커(Tricker)250'이라든지 고동감을 강조한 2기통 MT-01, 머슬 모터사이클 V-MAX1700의 부활 등 야심 찬 신모델들을 선보였다. 하지만 야마하는 2008년을 기점으로 성장세가 주춤하고 있다. 또한 야심차게 준비했던 신모델들이 그다지 선전하지 못하고 있다. 필자의 견해로는 야마하뿐만 아니라 혼다나 스즈키 역시 이제 화석연료를 사용하는 내연기관의 한계점에 다다른 게 아닌가 생각된다.

야마하는 전통적으로 정비하기가 좀 까다롭다. 볼트의 위치가 애매한 곳에 있다거나 복잡한 구조 때문에 정비하는 데 시간이 오래 걸리는 등의 단점이 있다.

Kawasaki

일본의 4대 모터사이클 메이커 중 처음부터 중공업으로 시작한 메이커가 가와사키이다. 일본이 전쟁 중일 때는 우리가 잘 알고 있는 가미가제 전투기를 만들었던 기업이다. 가와사키는 우리에게 모터사이클로 알려져 있지만 사실상 주 수입원은 조선업이다. 중장비 등을 만들기도 한다.

80년대 한국에서는 가와사키 '발칸(Vulcan)' 시리즈의 명성이 매우 높았다. 발칸의 품질이 높았다기보다는 당시 매우 높은 관세 때문에 500cc, 750cc 등의 수입 대배기량 모터사이클을 볼 수 없던 시절이었다. 그러다가 국내 시장에 가와사키 발칸이 대중적으로 처음 유입되면서 라이더들 사이에서 이름을 알렸던 것이다.

가와사키는 일본 메이커들 중에서도 약간 아웃사이더 같은 면모가 있다. 깔끔하고 정숙한 혼다의 엔진 소리, 날카롭고 예민하면서도 고회전, 고출력이었던 스즈키의 엔진 속에서 가와사키는 밸브 간극이 약간 틀어진, 혹은 캠체인이 약간 늘어난 듯한 특유의 걸걸거리는 엔진 소리로 유명했다. 그러다가 가와사키가 일본 TV CF에서 "남자는 Z를 탄다"는 문구가 변형되면서 "남자는 가와사키"라는 말이 국내에 퍼지게 됐다. 이 밑도 끝도 없는 카피로 가와사키의 이미지가 상승하게 됐다.

야마하가 혼다와 스즈키의 혼혈 같은 느낌이라면, 가와사키는 다른 나라에서 건너온 이방인 같은 느낌이다. 다른 메이커에 신경 쓰지 않고 자기 갈 길만 가는 메이커라고 할 수 있다. 필자 역시 가와사키 모델을 많이 타봤지만 가와사키는 가와사키만의 고집이 있다. 물론 혼다와 스즈키, 야마하에 비해 경쟁력이 높다고는 말할 수 없지만 묘한 매력이 있다. 국내에서도 가와사키 골수 팬들이 아직도 많으니 말이다. 가와사키도 1980~90년대에 좋은 모델을 많이 만들었다. 레플리카나 네이키드가

가와사키 모터사이클

선풍적인 인기를 끌었던 적은 잘 생각나지 않지만 아직도 W650 같은 OHV 단기통 모델들은 클래식 바이크 마니아 사이에서 많은 인기를 끌고 있다.

가와사키에 대한 정비사들의 전반적인 의견은 '쇠가 좀 무르다'는 것이었다. 정비성도 그다지 좋지 않고, 구조 또한 합리적이라고 말하기 힘든 경우도 많았다. 차량 중량도 그다지 가볍지 않지만 엔진의 출력은 즉, 직진에서 가속성은 쓸 만하다는 평이 많았다. 일본의 전투기들이 그렇듯 에어 덕트를 앞면에 배치해 속도가 빨라질수록 공기가 급격히 들어갈 수 있게 만든 시스템을 90년대에 적용했다. 국내에서도 명성이 높은 ZXR-400RR (Ninza400)이 이런 시스템을 도입해 출시되었다. 당시 400cc급 레플리카들 중 가장 높은 출력을 보여주었다.

필자의 개인적인 경험상 역시나 일본 바이크들 중에 고출력 모델은 하체가 부실한 것이 많았다. 일단 속도를 위주로 만들어진 레플리카가 경쟁 기종보다 중량이 많이 나가다보니 칼 같은 코너링을 원하는 베테랑보다는 초보자들이 안정감 있게 즐길 수 있는 모델이라고 할 수 있다. 2016년 현재 일제 바이크들 중 야마하와 혼다가 앞서가며 스즈키와 가와사키가 이 둘을 추격하고 있는 양상이다.

유럽 메이커

모터스포츠의 원조라고 할 수 있는 대륙이 바로 유럽이다. 우리가 알고 있는 명품 모터사이클 중에는 이탈리아제가 많다. 하지만 모터사이클의 원조국은 뭐니 뭐니 해도 영국이다. 그런데 영국은 1970년대 후반에 무너지기 시작했고 지금 남아 있는 브랜드는 트라이엄프 정도이다. 국내에도 트라이엄프가 들어왔었지만 몇 해를 넘기지 못하고 사라졌다.

초기 유럽 메이커들은 대부분 클러치가 무겁고 시트고가 높았다. 그래서 동양 사람에게는 좀 까다로운 바이크였다. 엔진도 일제 바이크에서는 볼 수 없는 구조가 많아 90년대 후반쯤 아프릴리아가 국내에 들어왔을 때 많은 어려움이 있었다. 그도 그럴 것이 국내 정비 기술은 매우 형편없었는데, 유럽 바이크들은 너무나 선진적이었기에 그걸 제대로 정비할 수 있는 정비사가 국내에 몇 명 없었다. 국내 라이더들에게는 유럽제 모터사이클의 상륙이 일본 바이크가 세계 최고라고 생각하는 틀을 깨는 계기가 되었다. 그 후로 두카티가 딜러에 의해 수입됐고 2001년쯤 BMW 모터라드 코리아가 국내에 정착했다. 그 뒤로 피아지오, 모토구찌, MV Agusta 등이 국내에 상륙했다.

유럽 메이커는 국내에 정식 딜러가 있는 게 사실이지만 무상 보증기간이 지난 후의 정비에 대해서도 충분히 고려한 후 구입을 결정해야 한다.

두카티(Ducati)

이제는 모터사이클을 아는 사람이라면 거의 모르는 사람이 없는 브랜드가 되어버린 두카티. 하지만 15년 전만 해도 국내 라이더들은 이런 메이커가 있는지도 잘 몰랐다. 8년 전 정도부터 지금까지 모터사이클 그랑프리 대회(모토 GP), 수퍼바이크 대회에 출전해 좋은 성적을 거둬온 두카티는 현재 상당한 시장 장악력을 가지고 있다. 처음부터 고급 브랜드를 콘셉트로 출발해 지금까지도 고급 모터사이클의 대명사로 자리 잡고 있다.

국내에는 2000년 정도에 들어오기 시작했다. 당시 두카티 모델들은 서양, 그것도 최장신인 북유럽 사람들의 체중에 맞게 설계되어 다리가 짧은 동양인이 라이딩하기에 조금 거북한 면이 있었다. 하지만 요즘은 동양인 체형을 고려한 설계로 위화감이 많이 사라졌다. 두카티의 라인업은 단순하다. 네이키드형 몬스터 시리즈와 레플리카 시리즈, 그리고 듀얼퍼포즈 시리즈로 나뉜다. 양산 차량은 배기량에 상관없이 모두 L자형 2기통 엔진을 사용한다.

두카티의 전설 916을 설계한 사람이 바로 모터사이클계의 모차르트인 마시모 탐부리니(Massimo Tamburini)이다. 필자 역시 탐부리니의 천재성에 감탄을 금치 못했다. 탐부리니가 위대한 건 스스로 수준급의 레이서였다는 점이다. 내연기관, 구조역학, 재료역학, 열역학을 아무리 잘 알고 있어도 그의 라이딩 실력이 수준 이하였다면 절대 916 같은 명기는 탄생하지 않았을 것이다. 필자가 두카티를 시승해본 경험을 말하자면 이렇다.

'일제가 따라올 수 없는 원조의 품격이 살아 있는 모델'. 일본 메이커들이 이 말을 듣는다면 발끈하겠지만 사실이다. 가격대가 아닌, 품질만을 놓고 본다면 일본은 아직 유럽제 모터사이클보다 한 수 아래다. 가장 중요한 건 프레임부터 차이가 난다는 점이다.

두카티의 핸들링은 필자가 경험했던 그 어떤 모터사이클보다 우위에 있었다. 물론 코너링 품질이라는 것은 말할 것도 없다. 기본기가 갖춰져 있는 라이더라면 누구나 알 수 있을 것이다. 특히 좌우 코너가 연결되어 있는 복합 코너를 주행해보면 그 진가를 알 수 있다. 지구상 어떤 모터사이클도 이처럼 경쾌하면서 튼튼히 지탱해주는 프레임을 가진 모터사이클은 없을 거라고 생각한다.

단 비싸다. 모터사이클 기본 가격도 비싸지만 각 부품도 비싸다. 특히 두카티의 트렐리스(Trellis) 프레임은 수작업으로 용접을 해야 해서 너무나도 비싸다. 이 말은 조금 세게 넘어지거나 큰 사고가 나면 '끝'이라는

두카티 모터사이클

말이다. 사실상 프레임을 완벽하게 복원하기란 불가능하기 때문이다. 만약 두카티의 이모빌라이저 키를 모두 잃어버린 후 다시 복원하려면 400만 원도 넘게 지불해야 한다.

네이키드 형태인 몬스터 시리즈의 경우 관리가 그리 까다롭지 않지만 레플리카 모델인 999의 경우, 압축비가 높아 스타트 모터의 관리도 까다롭다. 또, 경량화하다보니 통 알루미늄을 깎아 만든 절삭 제품이 대부분이며 이외의 각 부품 가격이 골고루 상당히 비싸다. 만약 관리 소홀로 엔진오일이 없어 엔진이 붙었다면 대략 1,000만 원 이상의 지출을 감수해야 할 것이다.

생각보다 품질 관리가 일제처럼 좋지 않은 점 또한 단점이라고 할 수 있다. 이탈리아 사람들의 특성이라고 말하는 사람도 있지만 처음 바이크를 구입해서 며칠 타지 않았는데 볼트가 풀려서 난감했다는 라이더도 있다. 그래서 한때 '이탈리아 바이크는 박스 조립할 때 볼트를 다시 조여봐야 한다'는 말도 있었다. 설계 자체는 세계 최고 수준이지만 조립 과정에서 품질검사가 일본 제품에 비해 조금 허술하다는 지적이 있다.

BMW

국내에서 BMW의 인지도는 그야말로 하늘을 찌른다. 2001년쯤 한국에 정식으로 입성한 BMW 모터사이클은 그동안 국내에서 얻었던 자동차의 이미지를 이어받아 데뷔 초기부터 승승장구하는 모습을 보여줬다. 그러던 중 경찰청 공식 의전차량으로 선정되어 다시 한 번 날개를 달게 됐다.

많은 사람들이 BMW 하면 자동차를 떠올린다. 하지만 BMW는 모터사

이클을 먼저 생산하던 회사이다. 그 후 자동차를 만들었고 세계대전이 발발하자 나치의 전투기 및 전폭기, 수송기를 만들어 납품했다.

BMW 모터사이클 하면 가장 먼저 떠오르는 게 수평대향형 2기통 엔진이다. 이 엔진은 수평으로 낮게 위치해 있기 때문에 중심을 낮출 수 있고 안정감을 준다. 또한 서스펜션은 텔레레버(Telelever)라는 시스템으로 일본 제품에서 많이 사용하는 텔레스코픽(Telescopic)의 개념이 아니다. 오일과 스프링이 따로 설치되어 있는 방식이다.

그렇다면 필자가 시승했던 BMW 모터사이클 모델은 어떠했을까? '기본적인 성능은 보통 수준인데 세계 최고의 언론플레이를 통해 필요 이상으로 부풀려진, 무겁고 비싼 모터사이클'이라고 할 수 있다. 초장거리 투어러 모델이라고는 하지만 생각보다 잔고장이 많은, 동양인은 무거워서 진짜 오프로드에는 들어갈 엄두가 나지 않는 무거운 엔듀로 투어러가 아닐까 한다. 특히 국내에서 BMW 모터사이클을 구입하면 몇 킬로미터마다 정기점검에 상당한 돈을 투자해야 한다. 정기점검을 받지 않으면 보증기간 자체가 날아가고, 정기점검을 받을 때는 부품의 이상 유무와 상관없이 부품을 교체해야 할지 모른다.

그런데도 초보자들이 라이딩하기에는 ABS 연동 시스템, 전자 서스펜션 컨트롤 시스템 등 첨단장비로 무장해 안전하다는 인식이 강하다. 그리고 국내에서는 정말 잘 팔린다. 현재 BMW 모터사이클은 성능보다 BMW 마크에 이끌려 구입하는 라이더들이 더 많다고 생각한다.

BMW 모터사이클

MV Agusta

탐부리니가 생존해 있을 때 마지막까지 애착을 갖고 만들던 모터사이클이 F41000이 아니었을까 생각한다. MV Agusta는 이탈리아에서만큼은 전설적인 메이커이다. 오죽하면 이탈리아 국민들이 나서서 도산했던 MV Agusta를 부활시켰겠는가? MV Agusta 부활의 선봉장은 단연 탐부리니였다. 당시 탐부리니가 MV Agusta를 부활시키기 위해 1997년에 만들었던 F41000이 모터쇼에 출품되자마자 어마어마한 고가임에도 매진되는 현상이 벌어졌으니 말이다. 병렬 4기통에 중앙 캠체인 시스템, 백파이프 오르간을 연상시키는 머플러는 당시 라이더들의 감성을 뒤흔들었던 일대 사건 중 하나였다.

국내에는 2004년쯤인가 딜러를 통해 상륙했다. 그 당시까지만 해도 MV Agusta라는 메이커는 매우 생소한 것이었다. 필자는 아직도 F41000을 시승했을 때를 잊지 못한다. 사실 필자는 이때 유럽 모터사이클을 집중적으로 공부했던 것 같다. 필자의 실력으로는 결점을 찾아볼 수 없는, 라이딩을 위해 탄생한 작품이 F41000이라고 생각했다.

일단 엔진의 세팅이 일제 바이크와는 질적으로 달랐다. 제원 역시 일제 바이크들이 엔진 다이나모데이터(엔진의 최고출력을 측정하는 계측장비. 하지만 실제 주행 구동마력보다 15~20% 높게 나온다.)를 소비자에게 제공해 일종의 꼼수를 부리던 시절에도 유럽제 모터사이클은 실측 후륜구동 마력을 제원으로 공개했다.

MV Agusta의 엔진은 저속에서 고양이 숨소리처럼 '거르릉'거리는 소리를 들을 수 있다. 토크밴드(Torque Band)도 사실상 일제 바이크와 확연히 차이가 난다. 일제 바이크는 대부분 3,000rpm부터 일정하게 토크가

MV Agusta 모터사이클

올라가는 반면, MV의 엔진은 4,000rpm 밑에서는 일제에 비해 약한 토크가 형성되다가 4,000rpm 이상이 되면 그때부터 강력한 토크가 나와 쭉쭉 뻗어나간다.

필자가 FIM(Federation Internationale du Motocyclisme, 국제모터사이클연맹) 공식 기자로 중국 상해 모토 GP를 취재하러 갔을 때 거기서 MV Agusta의 엔진 느낌을 받았다. 그리고 약 7년 후 야마하의 YZF-R1에서 이와 유사한 느낌을 받았다. MV Agusta는 프레임과 엔진, 서스펜션 등 기본적으로 모터사이클이 갖춰야 할 요소를 세계 최고 수준으로 갖추고 있는 모터사이클이었다.

F41000을 시승하면서 느낀 건 그야말로 경이로움이었다. 엄청나게 다리가 튼튼한 종마에 올라탄 느낌이었다. 그러면서도 동양인에게 너무나도 편한 포지션을 가지고 있었다. 두카티는 MV에 비해 조금 전투적인, 혹은 불편한 포지션을 가지고 있다. 하지만 현재 출시되는 2014년 MV 모델들은 각종 전자장비의 결합으로 조금 일제다운 느낌을 풍긴다. 이런 면은 좀 아쉽다. 현재 출시되는 공도버전용 양산 레플리카 모터사이클 중에 이너 튜브(Inner Tube : 프론트 포크 중 안쪽에 들어가는 관) 50mm를 처음 사용한 메이커도 MV Agusta였다. 현재는 두카티도 이너 튜브 50mm 프론트 포크를 사용하고 있다.

MV Agusta에 단점이 있다면 비싸다는 것이다. 가장 비싼 모델인 14년식 F41000RR의 공식 가격은 26,000유로 정도이다. 한화로 치면 3,500만 원이 넘는다. 물론 각 부품이 고가인 건 물론이거니와 두카티와 마찬가지로 수제 트러스트 프레임을 사용한다. 사실상 탐부리니가 만들었던 두카티 916 프레임을 MV Agusta에 적용한 것이기 때문에 기본 뼈대는 같은 곳에서 출발했다고 볼 수 있다.

미국 메이커

대부분의 라이더들이 미국 모터사이클 하면 할리데이비슨 정도만 생각날 것이다. 그리고 사실 미국에는 이렇다 할 모터사이클 메이커가 별로 없다. 국내에 들어와 있는 미국 메이커들은 할리데이비슨을 제외하고 인디안(Indian), 빅토리(Victory)이다. 인디안과 빅토리는 사실상 극소수의 마니아층만 있을 뿐 대중적인 메이커라고는 볼 수 없어 언급하지 않겠다. 그리고 국내에서 미국 모터사이클의 특징이라면 미국 소비자 가격과 국내에서 팔리는 소비자 가격이 지나치게 차이가 난다는 것이다. 부품 역시 해당 국내 딜러가 공급을 독점하면서 엄청나게 비싸게 팔고 있다.

미국 모터사이클의 특징 중 하나는 OHV 형식의 밸브를 사용한다는 것이다. 그중 빅토리는 SOHC(Single Overhead Camshaft Engine) 밸브 형식을 사용하지만 대표 메이커인 할리데이비슨은 푸시로드 방식인 OHV 형식을 사용한다. 또 대부분 장거리 투어를 목적으로 하는 덩치 큰 장거리 투어러를 만든다는 공통점도 있다. 덩치가 크다보니 상당히 무거운 모터사이클들이 주류를 이룬다. 대륙의 사방천지가 쭉쭉 뻗은 직진뿐이니 아무래도 코너보다는 장거리 직진에 적합하게 제작되는 것이다.

Harley-Davidson

할리데이비슨은 국내에서 혼다보다 더 유명한 메이커이다. 모터사이클에 대해 아무것도 모르는 여자들도 할리데이비  슨은 한번쯤 들어봤다고 하니 말이다. 110년이 넘는 역사를 가지고 있는 할리데이비슨은 대한민국의 역사와 함께 흘러왔다고 해도 과언이 아니다. 대한민국의 첫 번째 공식 의전차량이었고 지금도 할리데이비슨은 현역에서 의전, 기동차량으로 국내 도로를 누비고 있다. 한국인들에게는 그만큼 친숙한 모델이다.

할리데이비슨 역시 전쟁과 밀접한 관련이 있다. 세계대전 당시에 미국 정부에 모터사이클을 납품하는 일을 했으니 말이다. 그렇게 할리데이비슨은 미국 시장을 장악해나갔다. 하지만 안일한 운영으로 금세 나락의 길을 걷게 됐다. 1960년대 할리데이비슨의 품질은 그야말로 가관이었다. 엔진오일은 새고, 진동 때문에 볼트는 풀리고, 연료는 얼마나 많이 먹는지 주유소에 들르기 바빴다. 오죽했으면 '할리데이비슨을 타는 사람은 라이터 불빛만으로도 엔진 수리를 할 수 있어야 무사히 집에 돌아올 수 있다'는 말이 생길 정도였다.

또한 모터사이클을 타는 사람은 양아치 폭주족이라는 악동 이미지도 같이 얻게 됐다. 당시 모터사이클을 타고 강도짓을 일삼는 갱이 많았다. 이렇게 해서 품질도, 이미지도 좋지 않은 할리데이비슨 모터사이클을 자국 내 라이더들도 사용하지 않게 되었다. 더군다나 1960년대 후반부터 값싸고 질 좋은 일제 모터사이클은 할리데이비슨을 더욱 압박했다. 결국 할리데이비슨은 타 회사에 매각되었다.

당시 국내에서는 인기 외화였던 〈기동 순찰대〉라는 미국 드라마가 있었다. 그 드라마에서 기동 순찰대원들이 사용했던 모터사이클도 할리데이비슨이 아닌 일제 바이크였다. 그러다가 당시 레이건 정부가 모터사이클에 대한 수입관세를 높여 자국 기업을 보호하는 조치를 취했다. 그 사이 모터사이클을 계속 만들 것을 주장하던 할리데이비슨 이사들이 모여 개인 사비를 모아 할리데이비슨 사를 다시 일으켜 세웠다.

1984년 당시 만들어졌던 엔진이 기사회생의 시초가 되는 전설적인 에보(Evo) 엔진이었다. 말발굽 소리 같기도 하고 인간의 심장소리 같기도 했던 에보 엔진의 배기음은 전 세계적으로 흥미를 끌었다.

할리데이비슨에게 또 다른 지원군이 있었는데 다름 아닌 영화였다. 에보 엔진이 개발되어 출시된 1984년에 제임스 카메론 감독의 〈터미네이터 1〉에 할리 모터사이클이 등장했던 것이다. 〈터미네이터〉는 당시 전 세계적으로 선풍적인 인기를 끌었고, 할리데이비슨은 터미네이터가 타고 다니는 모터사이클로 각인되었다. 이후 〈터미네이터 2〉에서도 할리데이비슨은 인상적인 추격신에서 점프를 선보이며 전 세계 영화 팬들에게 다시 한 번 눈도장을 찍었다. 그럼에도 1990년대 초반까지 할리데이비슨의 품질은 사실상 그다지 좋지 않았다. 에보 엔진의 진동은 모든 볼트를 풀고도 남았고 비정상적인 점화 타이밍은 연비를 안 좋게 만들었다. 하지만 〈터미네이터〉 열풍은 그러한 단점에도 할리데이비슨을 굳건히 지켜주었다. 그러다가 할리데이비슨은 에보 엔진을 뒤로하고 1999년에 트윈캠 88 엔진을 개발했다. 필자가 생각하기에 할리데이비슨의 품질은 이때부터 좋아진 것 같다. 그리고 2007년에 트윈캠96 엔진을 새롭게 선보이며 인젝션 방식으로 변경됐다.

할리 같은 대배기량 2기통 OHV 엔진은 안 그래도 불완전 연소가 심한데 거기에 카브레터 방식이라면 강화되는 배기가스 규제에 대응을 할 수 없었다. 할리는 배기량을 늘리면서 인젝션 방식으로 전환했다. 거기에다 프레임도 신형으로 바꿔 고속 안정성을 추가했다. 최근에는 모델별로 프레임을 보강하고 변화시키거나 ABS, 유압식 클러치 등 각종 안전장비 및 편의 장치를 추가하고 있다.

필자는 예전부터 지금까지의 할리데이비슨을 다양하게 시승해봤다. 무겁고 둔한 모델을 별로 좋아하지 않는 필자의 결론은 7년쯤 전부터 할리가 탈 만해진 것 같다는 것이다. 요즘 출시되는 할리데이비슨 모터사이클

할리데이비슨 모터사이클

은 연비도 좋고 주행 안정성도 매우 향상되었다. 이제야 탈 만한 걸 만든다는 생각이 든다. 하지만 아직도 왜 국내에서만 이렇게 비싸게 판매되고 있는지 이유는 알 수 없다. 부속 가격 역시 미스터리다. 그럼에도 오직 알고 있는 모터사이클이 할리데이비슨뿐인 아저씨들의 짝사랑은 식을 줄 모른다.

할리데이비슨은 결코 달리기 성능이 뛰어난 고급 모터사이클이라고 할 수 없다. 또한 할리처럼 무거운 바이크가 좀 더 안전하다는 근거 없는 낭설 또한 인정하지 못하겠다. 그저 우리가 못살던 시절 처음 미군에 의해 봤던 대배기량 모터사이클이 할리데이비슨이었다는 것이 요즘의 대한민국에서도 할리 열풍이 식은 줄 모르는 이유가 아닐까 생각해본다.

할리데이비슨은 배기량에 비해 엔진 출력은 강하지 않다. 따라서 초보자들도 쉽게 접근할 수 있는 장점도 있다. 클래식한 디자인도 할리를 선택하는 데 큰 요소로 작용한다. 뭐니 뭐니 해도 할리를 타면 주위의 시선이 '돈 좀 있는 사람이가 보군' 하며 변한다. 어찌되었건 필자는 아직 할리데이비슨을 타기에는 몸속의 피가 너무 뜨겁다.

대만 메이커

국내 이륜차 메이커들이 앞으로 어떻게 진로를 잡아야 할지를 가르쳐주는 기업이 대만 이륜차 메이커라고 생각한다. 20년 전만 해도 한국은 대만 모터사이클을 상당히 우습게 봤다. 한마디로 우리보다 하수라고 생각했던 것이다. 그러나 지금은 완전히 판도가 바뀌었다. 그 원인은 어디에 있을까?

대만 역시 혼다와 야마하의 하청 공장으로 시작한 기업이 많다. 우리와 다를 게 없다. 그러나 그들은 일본의 기술을 자기 것으로 만들려고 노력했고 그것을 실현했다. 대만은 일본이 떠난 뒤 일본을 위협할 만큼 세계적인 스쿠터 수출국이 되었고 우리는 일본이 떠난 후 아무것도 남은 것 없이 망하기 일보직전이다.

필자가 생각하기엔 전문가를 양성하지 않았기 때문이다. 지금 대만에서 수출하는 스쿠터들은 최첨단 엔진을 장착한 모델이 결코 아니다. 기본기에 충실한 모터사이클일 뿐이다. 우리는 당장의 이익을 위해 중국제를 가져다 팔지만 대만은 중국에 하청을 준다. 아무리 하찮은 기술이라도 원천기술을 그냥 가르쳐주는 기업이나 국가는 없다.

여기서 대만의 상황을 유심히 살펴봐야 할 것은 바로 레이스이다. 대만은 프로 레이서가 있을 정도로 스쿠터 레이스와 튜닝 문화가 활성화되어 있다. 대만의 엔지니어들은 바로 여기서 레이서들과 함께 막힌 문제를 실험하고 해결했을 것이다. 레이스는 그 자체가 모터사이클 개발자들의 실험장이기 때문에 매우 중요한 의미를 갖는다.

Sym

혼다의 생산 공장으로 시작한 기업이다. 지금은 40여 개국에 수출하고 있다. 국내에서는 약 10년 전부터 판매를 시작했다. 미오(Mio)50, 100을 시작으로 GTS125, 250이 좋은 반응을 보이는가 싶더니 해마다 엄청나게 판매 대수가 늘었다. 최근에는 '와이드에보(Wide Evo)125'라는 상용 스쿠터가 인기를 끌고 있다.

Sym은 혼다의 생산 공장이었던 만큼 모터사이클의 성향이 혼다를 많이 닮아 있다. 엔진의 형식이나 정비성, 디자인까지 혼다의 과거 스쿠터들과 흡사하다. 마음 아픈 이야기지만 지인에게 스쿠터 구입에 대한 상담이 들어오면 국내 메이커보다는 대만제를 추천해준다. 그 이유는 고장이

Sym 모터사이클

좀처럼 안 나기 때문이다.

　Sym은 125cc 스쿠터와 매뉴얼 바이크로 인기를 끌다가 최근에는 300cc, 400cc 스쿠터를 개발해 빅스쿠터 시장에서도 강세를 보이고 있다. 일본은 최근 상용스쿠터나 언더본을 중국이나 베트남 등에서 만들다 보니 품질이 조금 떨어진 반면 대만은 좀 더 품질이 좋아지고 있는 추세다. 대만제 스쿠터는 매우 고가이다. 그럼에도 잘 팔린다는 건 이미 어느 정도 자리를 잡았다는 뜻이다. Sym은 Kymco와는 다르게 엔진도 판매하는 회사다. 필자가 시승을 해봤을 때도 전 모델이 극히 혼다다웠다. 언제나 묵묵히 열심히 머슴처럼 일하는 성격의 모델이 대부분이다.

Kymco

　킴코 역시 혼다의 생산 공장이었다. 하지만 전반적인 디자인이 혼다와는 사뭇 다르다. 필자 생각에는 오히려 야마하와 더 비슷하다. 동급 배기량이라고 했을 때 엔진의 출력은 Sym보다 조금 더 좋다고 볼 수 있다. 킴코는 대배기량 ATV, 스노우 모빌도 만드는 회사이다. 생각보다 엔진 만드는 기술이 수준급인 메이커이다. 최근에는 BMW 모터사이클 엔진 제작에도 관여하고 있는 것으로 알려져 있다.

　rpm의 반응도 Sym보다는 대부분 빠르게 느껴졌다. 역시 10년 전부터 국내에서 판매되기 시작했지만 Sym보다는 빨리 국내에 정착했다. 처음 딩크125가 히트를 치자 킴코의 이름이 알려졌다. 당시 딩크125는 사이드 미러가 자동으로 접히는 시스템을 처음 사용했다. 사실 모터사이클이 사이드 미러를 접었다 폈다 할 일이 얼마나 있을까 생각했지만 생각보다 반응이 좋았다. 무엇보다 스쿠터에서는 볼 수 없었던 강력하고 안정적인 프레임과 튼튼한 엔진으로 호평을 받았다. 그런데 프레임을 튼튼하게

킴코 모터사이클

만들다보니 차량 무게가 너무 많이 나가는 것이 흠이었다.

그 후로는 신형 125스쿠터들을 출시하고 단기통 250cc 모델을 선보였다. 여기까지는 좋았다. 그런데 단기통 500cc 스쿠터 모델에서 발목을 잠깐 잡혔다. '아직 대배기량 단기통이나 2기통은 무리인가?'라는 생각을 했지만 지금도 계속적인 수정 보완을 통해 생산 중이다.

필자가 겪어보니 전반적인 제품의 안정도는 Sym과 비슷한 수준이다. Sym과 라이딩 품질을 비교하자면 프레임과 서스펜션 등 하체 쪽의 안정성은 킴코가 더 좋았다. 대량 생산 스쿠터 중에서는 가장 강하고 안정적인 프레임을 유지하고 있다고 해도 과언이 아니다. 필자가 스쿠터를 약한 프레임 때문에 무서워하는데 킴코의 경우 스쿠터였음에도 매우 강한 프레임 성능을 보여줬다. 하지만 간혹 정비하기가 아주 곤란한 부위가 하나씩 있었다. 그리고 킴코의 부속은 생각보다 상당히 비싸다.

모터사이클 제원표 보는 법

제원표가 중요한 이유

필자가 아주 오랫동안 전문 시승기를 작성하면서 지긋지긋하게 했던 일 중의 하나가 제원표를 작성하는 것이었다. 제원표란 모터사이클을 어떻게 만들었는지, 크기나 엔진 형식, 엔진 출력, 제동기기 등을 표시한 일종의 표이다. 대부분 경험 있는 라이더들은 '아니 메이커에서 제원표가 나오는데 왜 또 만들어?'라고 생각할 것이다.

하지만 그렇지 않다. 정확한 정보를 전달하기 위해서는 직접 발로 뛰어서 제원표를 만들어야 하는 경우가 더 많다. 왜냐하면 모터사이클을 만드는 메이커에서는 자사에 유리한 것은 제원표에 넣고 불리한 것은 발표를 안 하는 경우가 많기 때문이다. 따라서 사실 정확한 제원만 알고 있다면 이 모터사이클이 잘 만든 건지, 그저 겉만 번지르르한지 어느 정도 감지할 수 있다.

라이더들에게 민감하게 보이는 엔진의 출력 등은 실제 후륜 구동마력이 아닌 엔진 자체 마력을 제원에 올려놓는 경우가 허다하다. 특히 일제 메이커들이 그렇다. 제원상 100ps(마력의 단위)라고 했을 때, 대부분 실제 구동마력은 80~85ps라고 생각하면 된다. 하지만 유럽 메이커들은 실제 구동마력을 제원 상에 공개하는 경우가 많다. 모터사이클의 중량도 건조 중량과 공차 중량에는 많은 차이가 있다. 건조 중량은 엔진오일 연료 등이 빠져 있는 말 그대로 바이크의 무게만을 말하는 것이고, 공차 중량은 즉시 달릴 수 있는 중량을 말한다. 통상적으로 약 10% 정도 차이가 난다. 따라서 제원상의 수치만 보고 모터사이클을 판단하는 건 약간 착오가 있기 마련이다.

모터사이클을 접하다보면 필연적으로 수치나 측정값 등에 민감해질 수밖에 없다. 앞으로 라이더가 되려 한다면 이런 수치와 친해지는 게 좋다. 물론 제원표를 보고 해당 바이크를 완벽하게 안다는 건 불가능하다. 하지만 어느 정도는 보인다. 지금부터 제원표 분석을 시작해보자.

첫 번째 모델은 2006년 두카티 몬스터695이다. 두카티 모델 중 가장 배기량이 낮은 모델이지만 철학적인 디자인과 프레임, 2기통이지만 출중한 출력, 특유의 고동감으로 전 세계 많은 팬을 확보하고 있는 모델이다. 필자가 이 바이크를 기억하고 있는 것은 두카티가 자랑하는 튜블러 스틸 트렐리스 프레임(Tubular Steel Trellis Frame)과 강력한 하체에서 비롯된 핸들링을 가지고 있기 때문이다.

네이키드의 제원표

두카티 몬스터695 제원표

엔진 형식 : 공랭 L형 2밸브 2기통

엔진을 냉각하기 위해서는 크게 수랭, 유랭, 공랭의 방법이 사용되는데 그중 몬스터695는 공랭식을 사용하고 있다. 2기통인데 2밸브를 사용한다는 것은 흡입 압축 각 하나의 밸브만 있다는 것이다. 이런 밸브 형식을 SOHC라고 한다. 밸브의 형식은 뒤에서 자세히 이야기하겠다.

두카티는 전통적으로 L형 2기통 엔진을 개발해왔다.

배기량 : 695cc

기통을 합산한 총 배기량을 말한다.

보어(Bore) × 스트로크(Stroke) : 88 × 57.2mm

많은 라이더들이 이 수치를 보고 무심히 넘어간다. 하지만 고수들은 이 수치가 굉장히 중요하다는 걸 알고 있다. 보어는 피스톤의 직경을, 스트로크는 피스톤의 길이를 말한다. 왜 이 수치가 중요하냐면 피스톤의 직경과 길이는 엔진의 성격을 결정짓는 중요한 제원이기 때문이다. 예를 들어 보어가 크고 스트로크가 짧을 경우 저속 토크는 별로지만 고속 rpm에서 강력한 토크를 보여주는 레플리카 같은 엔진 반응를 보여준다. 반면 보어는 그다지 크지 않은데 스트로크가 길다면 저속 토크에 초점을 맞춘 아메리칸 바이크 같은, 즉 통통배 엔진 같은 반응을 보여준다. 이렇게 스트로크가 길 경우 상하 왕복 운동의 관성 때문에 고속 rpm을 내기가 힘들다.

피스톤의 모습

압축비(Compression Ratio) : 10.5 : 1

이 역시 중요한 수치다. 또한 라이더들이 관심을 갖지 않는 수치이기도 하다. 하지만 전문가들에게는 매우 중요한 수치이다. 엔진의 압축비는 단순히 엔진의 기밀성을 말하는 게 아니다. 최초 개발자가 어떤 용도로 엔진을 만들었는지를 말해주는 단서가 된다. 압축비가 가지는 의미는 피스톤이 상사점에 위치해 있을 때 실린더 헤드와의 부피 공간을 말하는 것도 된다. 상사점에서 부피가 작으면 작을수록 압축비가 높아지니 말이다. 따라서 압축비가 높으면 한 번 폭발해도 강한 출력이 생긴다.

엔진의 내구성에 중점을 두어 만든 엔진은 대부분 10 : 1 이하의 압축비를 보여준다. 반면 12 : 1 이상의 압축비로 개발됐다면 같은 배기량에서 높은 출력을 내야 하는 경우다. 같은 배기량에서 높은 출력을 뽑아낸다는 건 그만큼 엔진에 스트레스를 준다는 말이다. 이 압축비만 보더라도 상당히 많은 걸 유추해낼 수 있다.

앞바퀴 축부터 뒷바퀴 축까지의 거리를 '축간거리'라 한다. 축간거리는 직진성과 코너링에 많은 영향을 미친다.

축간거리(Wheelbase) : 1,440mm

역시 중요한 제원이다. 축간거리는 앞바퀴 중심과 뒷바퀴 중심 간의 거리를 나타낸다. 이게 왜 중요하냐면 코너링에 중점을 둔 모델인지, 직진 안정성에 중점을 둔 모델인지를 판단할 수 있기 때문이다. 앞바퀴와 뒷바퀴가 멀어질수록 코너를 주행하기 어려워진다. 반면 직진 안정성은 조금 향상된다. 반대로 가까워질수록 코너링에서는 유리하지만 직진 안정성은 떨어질 수 있다. 최근에는 워낙 프레임이 발달해 짧은 휠베이스에도 불구하고 직진 안정성이 높은 모델이 많지만 기본적인 원리는 이해하고 있어야 한다.

시트고는 라이딩 포지션, 공기의 저항, 발 착지성, 장시간 라이딩의 피로도 등을 결정지을 뿐만 아니라 사실상 모터사이클 장르를 구분하는 요소이다.

시트고 : 770mm

지면에서부터 라이더가 앉는 시트까지의 길이를 말한다.

최대출력 : 73hp @ 8,500rpm

엔진의 출력을 나타내는 제원이다. 생각보다 이 수치에 연연하는 라이더들이 많은데 필자는 사실 이 제원을 별로 믿지 않는다. 왜냐하면 메이커에서 발표하는 엔진의 최대출력은 대부분 부풀려진 것이기 때문이다. 하지만 두카티는 실제 구동마력에 근거한 제원을 발표하는 경우가 많다. 73hp라는 것은 최대출력이고 8,500rpm은 최대 회전 수이다. 라이더들 중에 잘못 알고 있는 사람은 8,500rpm에서 73hp의 최대출력이 나온다고 알고 있을 수 있다. 하지만 이 엔진의 최대출력은 73hp이며 마력 수와 상관없이 8,500rpm까지 회전이 가능하다는 이야기다.

최대토크 : 6.2kgm @ 6,750rpm

이것도 중요하다. 위에서 이야기했던 엔진 최대출력과 최대토크는 사실 같은 맥락에서 이해해야 한다. 이 엔진은 6.2kgm이라는 힘을 발휘하는데 그 힘을 가장 크게 낼 수 있는 rpm수치가 6,750rpm이었다는 것이다. 즉 이 엔진은 8,500rpm까지 회전할 수 있지만 거기까지 돌려봐야 최상의 출력이 나오는 게 아니라는 말이다. 다시 말해 73hp라는 엔진 최대출력은 6,750rpm 부근에서 형성된 것이며, 그때 발생되는 토크 즉 최대 힘은 6.2kgm이었다는 말이다. 또한 순간적이지만 이 엔진에서 가장 강력하게 회전할 수 있는 힘은 6.2kgm이다. 엔진을 설계할 때 사용 목적이나 내구성을 고려해 토크를 줄이고 회전 수를 높이거나 토크를 높이고 회전 수를 줄이는 설계를 자유자재로 할 수 있다.

연료 공급 방식 : Fuel Injection, 45mm Throttle Body

실린더까지 연료를 공급하는 방식을 말한다. 과거에는 대부분 카브레터 방식의 기계식 기화기를 사용했지만 연비, 환경 등의 문제로 대부분 전자식 연료 분사 장치로 출시되고 있다. 2000년을 기점으로 모터사이클도 대부분 인젝션 시스템으로 전환되었다. 최근에는 125cc 스쿠터들도 대부분 인젝션이다. 그도 그럴 게 최근 강화된 배기가스 기준치인 유로 3을 기계식 카브레터가 맞추기 힘들기 때문이다. 위에 적혀 있는 45mm 스로틀 바디라는 건 연료가 통과하는 몸통의 직경을 말한다. 통상적으로 이 직경이 크면 연료의 공급이 원활해진다. 따라서 배기량이 높아질수록, 출력이 높을수록 스로틀 바디의 직경이 커진다. 전자식 인젝션 시스템은 컴퓨터로 온도, 습도, 경사각도 기어의 포지션 등을 고려해 고압 모터펌프로 분무기처럼 분사하기 때문에 카브레터보다 비약적으로 완전 연소한다. 따라서 연비도 좋아지고 유해 배기가스도 현저히 줄어든다.

변속기 : 6단 리턴

1단에서부터 6단까지 변속할 수 있는 시스템이다. 엔진 출력이 좋고 정밀한 변속을 요구하는 레플리카 또는 일부 네이키드, 모터크로스의 변속기가 6단을 사용하지만 통상적으로 5단 리턴식을 많이 사용한다.

서스펜션 전륜 : 마르조끼 43mm 도립포크 수축 범위 130mm

모터사이클에서 필자가 엔진만큼 중요하게 생각하는 게 프레임과 서스펜션이다. 특히 스포츠형 모터사이클일수록 프레임과 서스펜션의 중요성은 아무리 강조해도 지나치지 않다. 전륜 서스펜션의 제원에 보면 '마르조끼 43mm 도립포크'라는 부분이 있다. '마르조끼(Marzocchi)'는 유럽의 서스펜션 제조 메이커로 자전거, 모터사이클 서스펜션을 전문적으로 만드는 회사이다. 최근 모터사이클 메이커들은 각 부품 전문회사와 협조해 모터사이클을 개발하는 게 일반적인 형태이다. 국내에서는 마르조끼 사외에 올린즈(Ohlins), 화이트 파워(White Power), 파이올리(Piolie), 가야바(Kayaba), 쇼와(Showa) 등의 서스펜션이 유통되고 있다.

'43mm'란 서스펜션 이너튜브의 직경을 말한다. 대부분의 서스펜션은 큰 파이프와 작은 파이프의 조합으로 그 안에 스프링과 오일이 들어가 충격을 완화하는 구조인데, 그중 작은 파이프의 직경 두께를 나타내는 수치이다. 직경이 클수록 강성이 좋으며 충격이 강한 빠른 스피드의 모터사이클에 적용된다. 현재 상용 모터사이클에서 사용되는 서스펜션의 이너튜브 직경은 38~50mm이다. 그 뒤에 나와 있는 '130mm'라는 표시는 해당 서스펜션이 노면의 충격을 받으면 얼마나 수축할 수 있는가 하는 수축 범위를 나타낸다. 대부분 온로드 모델은 100~130mm의 수축 범위를 가지고 있다. 제원상의 수축 범위는 최대치이기 때문에 통상적으로 수축 범위의 80% 이상은 사용하지 않는다. 사실 서스펜션 하나만으로도 책 한 권을 쓸 수 있을 정도로 서스펜션은 매우 심오한 영역이다. 그리고 국내 라이더들이 잘 모르는 부분이 또한 서스펜션이다. 진짜 고급 라이더가 되기 위해서는 초기 하중 세팅, 리바운드 세팅(복원력 조절), 컴프레셔 세팅(수축력 조절)은 기본적으로 알고 있어야 한다.

서스펜션 후륜 : 링크 타입 싱글 쇽 업소버 수축 범위 148mm

'링크 타입'은 서스펜션이 모터사이클의 프레임과 직접적으로 닿아 있는 게 아닌 형식으로 중간에 두 번 정도의 삼각형 관절을 만들어 좀 더 효과적인 충격 흡수를 할 수 있는 시스템이다. 이렇게 되면 노면의 잔 진동을 효과적으로 잡아줘 라이더의 피로도를 낮춰주며 주행품질을 높일 수 있다. 최근에는 서스펜션의 발달로 링크 방식이 많이 없어졌지만 필자의 개인적인 취향은 링크 방식이 좀 더 고차원적인 서스펜션 방식이라고 생각한다. 단 링크 방식은 구조가 약간 복잡하므로 정비가 조금 까다로운 단점이 있다.

'싱글 쇽 업소버(Single Shock Absorber, Sachs-메이커 명)'란 후륜 쪽의 서스펜션이 하나만 달려 있다는 말이다. 오래된 모델들은 대부분 후륜 쇽 업소버(서스펜션)가 두 개로 되어 있다. 싱글 쇽 업소버는 하나의 서스펜션만 사용하기 때문에 전체적인 중량을 줄일 수 있고, 코너링에서 민감한 주행 정보를 라이더에게 전달해 예민한 조

최근 출시되는 바이크들은 대부분 모노 쇽 업소버를 사용한다. 가장 쉽게 판단할 수 있는 것은 서스펜션이 컴프레셔, 리바운딩을 라이더가 조절할 수 있는지를 살피는 것이다.

종을 돕는다. 괄호 안의 'Sachs'는 서스펜션 제조회사의 이름이다. 후륜 또한 수축 범위가 표시되는데 통상적으로 온로드 바이크에서는 전륜보다 약간 길다. 지금 이 모델도 전륜은 130mm인데 후륜은 148mm이다. 라이더들이 알아야 할 것은 후륜 서스펜션은 반드시 라이더의 신체에 맞춰 초기 세팅을 해야 하는데 대부분 출시된 그대로 사용한다. 대부분의 모터사이클 메이커들은 라이더의 체중이 75kg 정도라고 생각하고 서스펜션을 만들기 때문에 70~80kg의 몸무게를 가진 라이더들은 사실 그 세팅으로 라이딩해도 큰 무리는 없다. 초기 하중 세팅 방법은 매뉴얼에 상세히 기록되어 있다.

브레이크 전륜 : 300mm 더블 disc, 2-Piston Caliper
브레이크 후륜 : 245mm 싱글 disc, 2-Piston Caliper

모터사이클은 멈추는 게 달리는 것보다 중요하다. 따라서 라이더가 되고자 한다면 브레이크를 유심히 봐야 한다. 전륜, 후륜에 각각 '300mm, 245mm'라고 표기되어 있는 것은 유압 브레이크 디스크의 크기를 말한

다. 브레이킹은 전륜에 집중되기 때문에 전륜이 후륜에 비해 70% 이상 강력하다. 모든 모터사이클 메이커가 주제동을 앞바퀴에 집중해 설계한다.

통상적으로 전륜 브레이크보다 후륜 브레이크의 디스크 직경이나 성능이 작고 약하게 되어 있다.

그 뒤에 '더블 disc, 싱글 disc'라고 표시되어 있는 것은 앞서 말한 디스크 로터가 두 개인지 하나인지를 나타낸다. 최근 출시되는 레플리카의 디스크 로터는 대부분 320mm 더블을 사용한다. 후륜의 경우 브레이크의 중요도가 떨어지지만 그렇다고 우습게 볼 수도 없다. 지금 이 모델은 245mm 싱글 시스템을 사용하는데 대부분의 온로드 모델들이 이 정도 후륜 브레이크를 사용한다.

스프로킷의 세팅만으로도 많은 부분의 엔진 출력 특성을 조율할 수 있다.

'2-Piston Caliper(2피스톤 캘리퍼)'라고 표시되어 있는 것은 유압 디스크를 잡아주는 피스톤이 몇 개인가 하는 것을 나타낸다. 2피스톤이면 두 개를 말한다. 속도가 빠른 레플리카에서는 대부분 4피스톤 캘리퍼를 사용하며 최근에는 6피스톤도 사용한다. 4피스톤이나 6피스톤 등 피스톤의 숫자만 올라가면 브레이크가 강력할 거라고 생각하기 쉽다. 하지만 브레이킹 능력이란 디스크로터의 직경과 피스톤 캘리퍼, 유압 실린더, 유압 호스, 브레이크 패드, 타이어의 접지력, 라이더의 브레이킹 실력 등이 어우러져 완성되는 것이다. 브레이크 부품 중 한 가지만 교체했다고 비약적으로 성능이 좋아지진 않는다.

타이어 전륜 : 120/60 ZR 17

타이어 후륜 : 160/60 ZR 17

타이어는 매우 중요한 부분이기 때문에 따로 다루겠다. 지금 이 모델은 온로드에서 사용되는 전형적인 17인치 타이어를 사용하고 있다.

연료탱크 14리터

연료탱크의 용량이 14리터라는 뜻이다. 가끔 미국이나 영국에서는 갤런(gallon) 단위를 사용하기도 한다. 1갤런은 약 3.78리터이다.

중량 : 168kg

건조 중량을 뜻한다. 중량으로만 표시되면 대부분 건조 중량을 말하며, 공차 중량을 표시하는 메이커도 있다. 건조 중량이란 엔진오일, 연료, 비상공구 등을 뺀 무게이며, 공차 중량은 이런 것들을 모두 주입해 달릴 준비를 마쳤을 때의 무게를 말한다.

최종 감속비(스프로킷) : 전륜 15T/후륜 42T

최종 감속비란 변속기에서 변환된 엔진 출력이 마지막으로 변환되는 변속비를 말한다. 즉 모터사이클 스프로킷의 기어 수를 말한다. '전륜 15T'란 앞쪽 스프로킷의 기어 수(톱니바퀴 수)가 15개라는 뜻이다. 후륜은 42개이다. 여기서 중요한 건 앞쪽의 스프로킷의 크기가 줄어들면 뒤쪽에 3배 정도의

스프로킷의 세팅만으로도 많은 부분의 엔진 출력 특성을 조율할 수 있다.

영향을 미친다는 점이다. 그리고 뒤쪽의 스프로킷의 크기 변화는 좀 더 작은 영향을 미친다. 특히 레이스에서는 레이서의 라이딩 실력에 따라 최종 감속비를 바꾸기 때문에 전후 스프로킷을 어떻게 세팅했느냐는 매우 중요한 문제다. 따라서 최종 감속비를 보면 어느 정도 출력을 가지고 있는지도 어림짐작할 수 있다.

레플리카의 제원표

앞에서 설명한 내용과 중복되는 것은 넘어가겠다.

'06 YZF-R6 제원표

전장 2,040mm × 전폭 700mm × 전고 1,100mm

통상적으로 제원표에는 모터사이클의 크기가 표시되는데, 전장 : 총길이 × 전폭 : 바이크의 폭 × 전고 : 바이크의 높이가 표시된다.

엔진형식 : 수랭 4스트로크 병렬 4기통 DOHC 4밸브

시트고 : 850mm

배기량 : 599cm³

축간거리 : 1,380mm

최소 회전 반경 : 3,600mm

보어×스트로크 : 67.0×42.5mm

압축비 12.8 : 1

앞에서 이야기했지만 공도 주행용으로 개발된 네이키드형 엔진의 압축비가 10:1인데 비해 공격적인 속도를 중점에 두는 엔진의 압축비는

높게 세팅된다. 12.8 : 1은 상용 모터사
이클로서는 최상위 압축비라고 할 수
있다.

최고 출력 : 93.4kw(127ps)/13,000r/min

최대토크 : 66.0Nm(6.7kgf-m)/11,000r/min

전형적인 레플리카의 모습.

건조 중량 : 162kg

연료 펌프 : EFI 인젝션

연료 탱크 : 17.5리터

엔진오일 : 3.4리터

엔진오일의 양은 같은 배기량이라도 약간 차이가 있다. 600cc에서 엔진오일을 5리터 정도 사용한다면 물론 장거리 주행에 좋겠지만 무게가 많이 나간다. 그렇다고 해서 이런 고출력 바이크에 지나치게 작은 양의 엔진오일을 사용한다면 교환 주기가 너무 짧아질 것이다.

냉각수 : 2.3리터

클러치 형식 : 습식 다판 코일 스프링

대부분의 온로드, 오프로드 모터사이클의 클러치 시스템은 습식 다판 코일을 사용한다. 자동차의 경우 엔진 케이스 밖에 따로 작동하는 건식 클러치를 사용하지만 모터사이클은 클러치와 변속기가 대부분 엔진 안에 들어가 있다. 여기서 습식이라는 건 엔진 케이스 안에 클러치 디스크가 들어가 있어 엔진오일에 늘 젖어 있기 때문에 '습식'이라는 용어를 사용한다. 클러치 디스크가 엔진 속에서 '붙었다 떨어졌다'를 반복하며 일

대부분의 모터사이클에서 사용되는 엔진 일체형 습식 클러치의 모습.

종의 분진이 발생하는데 이것 때문에 엔진오일의 오염도가 높아져 모터사이클의 엔진오일 주기가 짧아지는 것이며 습식 클러치를 사용하는 엔진은 반드시 모터사이클 전용 엔진오일을 사용해야 한다.

변속기 : 리턴 6단

감속비 : 16/45 (2.813)

서스펜션 전륜 : 41mm 도립포크

후륜 : 싱글 쇽 업소버 링크 방식 스윙 암

브레이크 전륜 : 277mm 더블 디스크

후륜 : 186mm 유압 싱글 디스크

타이어 전륜 : 120/70 ZR 17 58W

후륜 : 180/55 ZR 17 73W

듀얼퍼포즈의 제원표

R1200GS Adventure 제원표

전장 : 2,210mm 전폭 : 915mm

엔진 형식 : 유, 공랭 4스트로크 DOHC 4밸브 수평대향 2기통 박서 엔진

대부분의 듀얼퍼포즈 모델은 단기통 혹은 2기통 엔진을 사용한다. 이 모델의 경우 수평대향 엔진을 사용한다. 실린더가 옆으로 누워 있는 형태의 엔진으로 무게중심이 낮게 형성돼 안정적인 주행을 보여준다. 하지만 정지 상태에서 스로틀을 열면 약간 좌우로 흔들리는 현상이 있다.

배기량 : 1,170cc

보어 × 스트로크 : 101×73mm

최고출력 : 72KW(100ps)/7,000rpm

최대토크 : 115Nm/5,500rpm

압축비 : 11.0:1

연료 공급 방식 : EFI(전자제어 연료 분사 방식)

클러치 : 건식 단판 180mm

대부분의 모터사이클은 습식 클러치를 사용한다. 하지만 이 모델은 건식 단판 클러치를 사용한다. 2013년부터 이 모델도 습식 클러치로 변경되었다. 180mm는 클러치 직경의 크기를 표시한 수치이다.

변속기 : 6단 리턴

축간거리(공차 상태) : 1,519mm

BMW의 상징이라고 할 수 있는 수평대향형 2기통 엔진의 모습.

시트고 : 915mm

가속성능 3.4초(0~100km/h)

가속성능은 정지 상태에서 시속 100km까지 도달하는 시간을 표시한 것이다. 통상적으로 모터사이클은 자동차에 비해 무게가 가벼우면서도 출력이 높아 매우 빠른 기록을 보여준다. 우리가 알고 있는 대부분의 수퍼카들보다 600cc 레플리카 모델이 시속 0~100km는 더 빠르다.

연비(90km/h 정속 주행) 23.25km/L, (120km/h 정속 주행) 14.7km/L

이제 많은 사람들이 연비를 중시하기 때문에 특별히 설명할 건 없지만, 메이커 측에서 밝힌 연비는 실제 도로주행에서의 차이가 생각보다 크다는 것을 염두에 둬야 한다.

전륜현가 장치 : BMW 텔레레버 수축범위 210mm

후륜현가 장치 : BMW 페럴레버 수축범위 220mm

텔레레버, 페럴레버는 거의 BMW에서만 사용하는 서스펜션 시스템이다. 스프링과 오일포크를 분리해 장시간의 라이딩에도 안정적이고 변함

없는 수축 능력을 보여주며 고속에서의 직진 안정성을 추구한 시스템이다. 하지만, 지나치게 차량 중량을 늘리는 결과를 초래하며 정비할 곳도 많아졌다.

BMW에 장착되어 있는 텔레레버 서스펜션의 모습. 고속주행에서 안정감이 있다고 홍보하고 있으나 무겁고 가격이 비싸다.

대부분의 듀얼퍼포즈 모델에서는 오일과 스프링을 일체화시킨 텔레스코픽 포크를 사용한다. 그리고 이 제원에서 봐야 할 것은 수축 범위다. 전후 수축 범위가 210mm, 220mm로 온로드형 서스펜션에 비해 상당히 크다는 것을 알 수 있다.

구동방식 : Shaft Drive

'Shaft Drive'란 엔진의 구동력이 스프로킷과 체인에 의해 구동하는 게 아닌 쇠막대기에 기어를 달아 '구동축' 형식으로 뒷바퀴에 동력을 전달하는 시스템이다. 이 또한 차량 중량을 늘리고 생산단가를 높이는 시스템이지만 체인처럼 트러블이 나는 경우가 거의 없다. 체인의 경우 라이더에 따라 명백한 수명이 존재하지만 샤프트 드라이브 방식은 사실상 관리만 잘 해준다면 폐차할 때까지 사용이 가능하기 때문에 장거리 투어러나 아메리칸 바이크에 적용하는 경우가 많다.

- 연료 탱크 용량 : (예비 포함) 39리터
- 건조 중량 : 223kg
- 브레이크 : 유압식 연동 ABS
- 전륜 : 더블 디스크/305mm

체인 방식과 달리 샤프트 드라이브 방식은 장거리 운행 시 고장 부담이 현저히 낮다. 하지만 무게가 많이 증가하는 단점도 있다.

후륜 : 싱글 디스크/265mm

최근에는 고급 기종의 바이크들이 대부분 ABS(Anti-rook Break System)를 사용한다. 여기서 연동이란 앞브레이크를 잡으면 뒷브레이크까지 같이 연동되어 작동한다는 뜻이다. 이 모델의 경우 중량이 상당히 많이 나가는 관계로 브레이크의 직경이 305mm 더블, 265mm 싱글로 매우 크다는 걸 알 수 있다. 듀얼퍼포즈는 일반 도로를 많이 달려야 하기 때문에 온로드 브레이킹에 중점을 두어 설계한다.

타이어 전륜 : 110/80 – 19
　　　후륜 : 150/70 – 17

듀얼퍼포즈에서 타이어의 사이즈가 많이 다르다는 걸 알 수 있다. 특히 휠의 사이즈가 전륜이 19, 후륜이 17인치인 것을 알 수 있다. 전륜의 휠 사이즈가 커진 것은 장애물을 주파할 때 좀 더 원활히 넘어가기 위해서이다. 본격적인 오프로드 모델이라고 할 수 있는 엔듀로나 모터크로스의 앞바퀴 휠 사이즈는 이것보다 더 큰 21인치다.

장거리 오프로드를 달려야 하는 타이어의 트레드 패턴은 블록형으로 이뤄져 있다.

오프로드 모터사이클의 제원표

야마하 WR250

전장×전폭×전고 : 2,165×827×1,303mm

축간거리 : 1,475mm

시트고 : 998mm

건조 중량 : 102kg

엔듀로 모델의 경우 건조 중량이 100~110kg 선이며 모터크로스는 85~100kg의 중량을 보여준다. 앞에서 봤던 네이키드나 레플리카에 비해 현저히 가벼운 중량을 보여준다. 오프로드는 험한 지형을 달려야 하는 특성상 차량 중량에 매우 민감하다.

엔듀로 모터사이클의 전형적인 모습.

엔듀로 모터사이클의 서스펜션은 울퉁불퉁한 길을 빠르게 주파해야 하기 때문에 온로드에 비해 수축 범위가 두 배 이상 크다.

엔진형식 : 수랭 4스트로크 DOHC 티타늄
           5밸브 단기통

배기량 : 249cc

보어×스트로크 : 77.0×53.6mm

최대출력 : 38.2ps/10,500rpm

최대토크 : 2.65kgm/9,000rpm

변속기 : 5단리턴

연료탱크 : 8리터

현가장치 전륜 : 46mm Kayaba 도립포크.
           수축 범위 300mm

후륜 : 링크 타입 Kayaba 싱글
           쇽 업소버 수축 범위 295mm

엔듀로는 오프로드 고속주행, 점프 등을 하는 과정에서 앞바퀴에 큰 충격이 많이 온다. 그렇기 때문에 전륜 서스펜션도 이너튜브 46mm 정도의 매우 강한 대비책을 세워놓은 것이다. 최근에는 50mm 사이즈의 서스펜션을 장착한 모델도 있다. 또한 수축 범위가 온로드에 비해 2.5배 정도인 전후 300mm, 295mm의 수축 범위를 보여주고 있다.

브레이크 전륜 : 250mm 디스크 더블
피스톤 캘리퍼

후륜 : 245mm 디스크 싱글
피스톤 캘리퍼

타이어 전륜 : 90/90-21 54R

후륜 : 130/90-18 69R

오프로드 전용 머신의 경우 앞타이어는 21인치, 후륜은 18인치를 사용한다. 여기서 뒷타이어가 18인치인 것은 엔듀로의 경우이고, 모터크로스의 뒷타이어는 19인치를 사용하는 것이 일반적이다. 오프로드 바이크의 타이어도 머드용(늪), 샌드용(모래), 엔듀로 투어링용, 모터크로스 레이싱용 등 다양하다.

엔듀로 타이어는 부드러운 길, 딱딱한 길, 온로드 등 다양한 노면에 대응하도록 설계되어 있다.

엔진의 특성을 구별하는 방법

4스트로크 엔진

모터사이클을 구입할 때 사실 라이더들이 엔진을 선택할 수 있는 건 아니다. 메이커에서 선택한 엔진을 장착한 모델을 구입하는 것이다. 하지만 어느 정도 엔진을 보는 눈은 있어야 모터사이클을 판단하는 근거가 된다.

그렇다면 엔진에는 어떤 종류가 있을까? 기통으로 따지자면 단기통부터 6기통까지, 배기량으로 보자면 50~2,000cc까지 정말 다양하다. 또한 연료 공급 방식에 따라 인젝션 타입인지 카브레터 방식인지로 나뉜다.

그런데 이런 것보다 더 중요한 게 있다. 바로 밸브의 형식이다. 대략 SOHC, DOHC, OHV, SOHC 4밸브, DOHC 5밸브 정도로 나뉠 수 있다. 일단 DOHC 같은 전문용어가 나오면 어렵다고 생각하는데 전혀 그렇지 않다. 밸브의 형식은 그 개념만 알고 있다면 어떤 용도로 엔진을 만들었는지를 추측할 수 있다.

1990년대만 하더라도 스포츠형 모터사이클 엔진의 주류는 단연 2스트로크(2행정) 엔진이었다. 하지만 2스트로크 엔진은 엔진을 연료와 함께 연소시키는 특징 때문에 환경오염의 주범으로 인식되어 거의 모든 메이커에서 더 이상 개발하지 않거나 단종시켰다. 그동안 2스트로크 엔진은 가벼운 중량과 신속한 엔진 반응으로 스포츠 모터사이클 마니아들에게 많은 찬사를 받았던 게 사실이다. 최근 기술 발달로 4스트로크의 오일윤활 방식과 2스트로크의 행정 방식을 혼합한 엔진이 개발되었지만 상용화하기에는 조금 더 시간이 걸릴 것으로 보인다. 따라서 2스트로크 엔진에 대해서는 기회가 허락된다면 다음에 얘기하고 우선 4스트로크 엔진에 대해 이야기해보자.

SOHC(Single Overhead Camshaft)

배기량, 기통 수를 떠나 지구상에 돌아다니는 4스트로크 엔진 중에 가장 많이 사용하는 엔진 형식이다. 특히 상용스쿠터나 언더본, 네이키드에 사용된다. 실린더 블록(Cylinder Block) 위에 하나의 캠축으로 만들어진 엔진이라는 뜻이다. 하나의 캠축이 흡기 밸브, 배기 밸브를 돌려주는 시스템이다. 이 밸브 형식은 저속부터 고속 rpm까지 꾸준한 토크가 발생하고 내구성이나 연비가 좋은 장점이 있다. 하지만 SOHC는 동급 배기량이라는 조건에서 DOHC보다 최고 출력을 뽑아내기에는 불리하다.

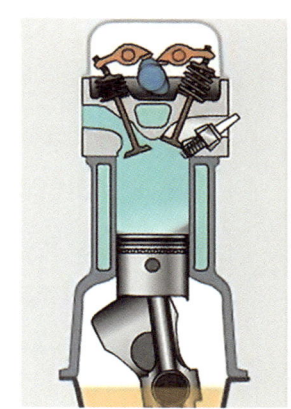

SOHC 엔진의 기본 구조

고속 세팅이 어렵다는 문제점을 보완하기 위해 하나의 캠에 두 개의 흡기 밸브와 배기 밸브를 달아 중저속 rpm 영역대 토크도 살리면서 고속

rpm도 실현한 SOHC 4밸브가 개발되어 DOHC와 경합을 벌이고 있다. DOHC에 비해 캠축 하나가 덜 들어가기 때문에 엔진 무게가 줄어들고 부피를 줄일 수 있는 장점이 있지만 역시나 최고 출력만을 놓고 볼 때 DOHC를 능가하기는 어렵다. 주로 단기통 엔진에 많이 사용된다.

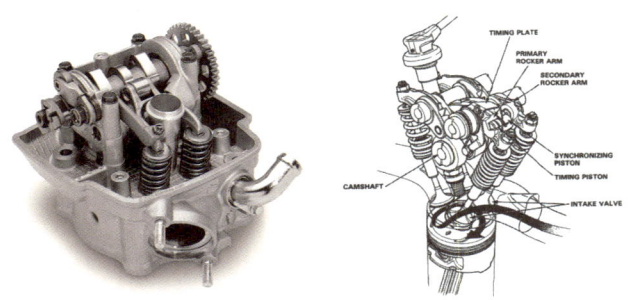

SOHC 2밸브에서 출력 증강을 위해 개발된 SOHC 4밸브의 모습.

DOHC(Double Overhead Camshaft)

두 개의 캠축으로 두 개의 흡기와 배기 밸브(Exhaust Valve)를 작동해 강력한 파워를 자랑하는 엔진이다. 흡기 밸브(Intake Valve)와 배기 밸브가 많으면 그만큼 많은 연료를 주입했다가 배출할 수 있기 때문에 같은 시간에 좀 더 빠른 rpm을 실현시킬 수 있다. 즉 같은 시간에 일을 더 많이 할 수 있다는 뜻이다.

같은 배기량으로 엔진을 회전시켰을 때 DOHC 형식의 최고출력은 다른 밸브 방식 중 최고를 자랑한다. 하지만 엔진의 무게가 조금 무거워지며 내구성이 떨어지는 게 단점이다. 밸브가 많아지면 그만큼 관리해야 하는 부분도 많아진다. 또한 저속 rpm에서의 토크가 SOHC, OHV처럼 좋지 않다. 따라서 최대토크 rpm도 높아지며 그만큼 연료 소모도 많다. 대

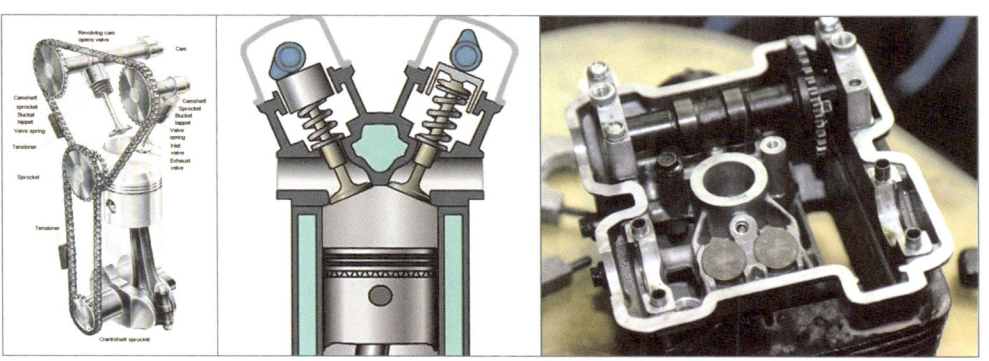

DOHC의 기본적인 구조

부분 스포츠, 레이싱 등 엔진 출력을 높여야 하는 모터사이클에 사용되며 최근에는 각종 스쿠터, 네이키드, 레플리카 할 것 없이 많이 사용되는 밸브 형식이다.

일본 메이커에서 엔진의 출력을 더 높여보겠다고 DOHC 5밸브를 만들기도 했지만 실질적인 최대출력에서는 별반 차이가 없어 다시 4밸브로 만들었다. 요즘 출시되는 DOHC 엔진은 엔진오일의 발전 등과 더불어 내구성에서도 좋은 평가를 받고 있다.

OHV(Overhead Valve)

이런 밸브 형식의 엔진을 '푸시로드 엔진(Pushrod Engine)'이라고도 부른다. 밸브가 실린더 위에 있는 것은 SOHC, DOHC와 같지만, 캠축이 밑에 장착되어서 크랭크와 기어로 맞물려 돌아가며 푸시로드라는 막대기로 위쪽 밸브를 밀

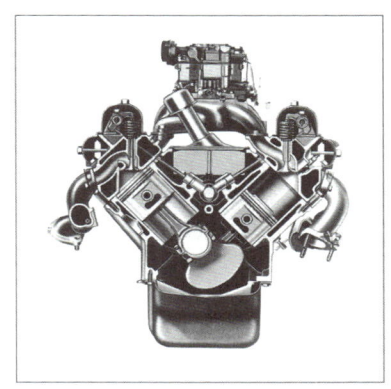

할리데이비슨 등에 사용되는 OHV의 기본 구조.

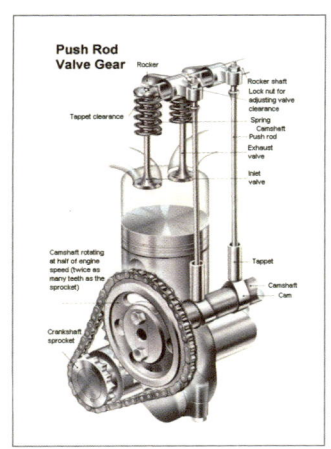

단기통 OHV의 구조.

어 여는 방식의 엔진이다.

우리가 잘 알고 있는 할리데이비슨 엔진이 이 OHV 형식이다. 이 엔진은 사실 개발된 지 100년 가까이 되는 것으로 살아 있는 화석이라고 해도 과언이 아니다. 같은 배기량이라 하더라도 출력이 현저히 낮으며 중량, 부피 또한 커질 수밖에 없다. 1,000cc 4기통 DOHC 엔진이 190~200마력의 최고출력을 보여줄 때 2기통 OHV 1,800cc의 엔진에서는 120마력의 최고출력 정도가 고작이다. rpm을 높이기 부적절한 구조 때문에 최고출력이 나오지 않는 것이다.

그런데 왜 이런 무겁고 오래된 형식의 엔진을 아직도 고수하고 있는 걸까? 그것은 높은 신뢰성과 내구성 때문이다. DOHC, SOHC 엔진은 순간적인 최고출력이나 경량화에는 성공했지만 캠 체인이라는 부분에서 내구성을 깎아 먹는다. 물론 어떻게 관리하느냐에 따라 다르지만 캠 체인은 엄연한 소모품이다. 하지만 OHV가 사용하는 푸시로드는 수명이 매우 길다. 따라서 초장거리 여행을 하기 위해서는 엔진의 출력보다 내구성이 우선시되어야 한다. 아직 OHV를 버리지 못하는 이유는 거기에 있다. 모토구찌, 할리데이비슨도 이런 장점을 포기하지 못하는 것이다.

기통에 따른 엔진의 특성

모터사이클 엔진의 실린더 수는 1~6개 정도이다. 오프로드용 모터사이클이나 저배기량, 상용스쿠터, 언더본 등에서 단기통 엔진을 많이 사용한다. 주로 50~250cc의 배기량일 때 단기통을 많이 사용한다. 단기통은

650cc 모델도 상당수 있다. 하지만 그 이상의 배기량으로 단기통 엔진을 만들면 피스톤의 무게 때문에 비효율적인 엔진이 되기 때문에 650cc 이상의 단기통 엔진은 좀처럼 만들지 않는다. 90년대에 일본에서는 250cc 4기통 엔진도 많이 사용했지만 최근에는 비효율적인 무게 때문에 단기통이나 2기통 정도만 만들고 있다.

단기통은 당연히 실린더가 하나다. 2기통이면 실린더가 두 개이며 피스톤도 두 개이다. 당연히 밸브도 많아지고 배기관도 많아진다. 따라서 그만큼 무거워진다. 같은 배기량이라도 기통수가 많아지면 고회전에 유리하다. 하지만 엔진의 무게가 늘어나고 가격이 높아진다. 지금은 단종된 지 오래됐지만 90년대 4스트로크 4기통 혼다 CBR250RR의 최대 rpm은 당시에도 13,000 정도였다. 필자는 지금도 참으로 잘 만든 엔진이라고 생각하지만 생산 단가와 효율성 등의 문제로 단종되고 최근에 출시된 CBR250은 단기통으로 개발돼 판매되고 있다.

단기통의 장점이라면 중저속 토크가 좋아 폭넓은 rpm을 주로 사용하는 오프로드에서 많이 사용되며 연비도 비교적 좋다는 것이다. 또한 정비성이 좋고 무게가 가볍다. 하지만 필연적으로 단기통은 엔진 진동에서 자유롭지 못하다. 최근 출시되는 단기통 엔진은 대부분 크랭크축에 밸런서를 설치해 엔진 진동에 대비하고 있다.

다기통 엔진은 대부분 2, 4, 6기통 등 짝수 기통을 사용한다. 이유는 밸런스를 맞추기 쉽기 때문이다. 3기통이나 5기통을 사용하는 모터사이클 엔진도 물론 있다. 대표적인 메이커가 트라이엄프 같은 3기통 엔진과 모토 GP 레이서로 개발된 혼다 RC-211V의 5기통 엔진이다. 하지만 이런 엔진들은 상당히 제한적인 모델에서만 볼 수 있다.

기통 수가 많아지면 그만큼 엔진의 정숙성, 즉 진동이 줄어들게 된다.

단기통 엔진

2기통 병렬엔진

4기통 병렬엔진

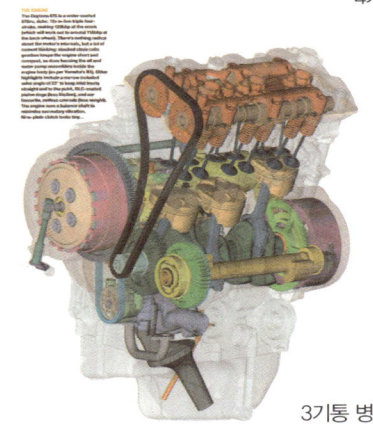
3기통 병렬엔진

6기통 수평대향엔진

기통별로 엔진 진동이나 출력 특성, 엔진의 냉각방식 등에 영향을 받는다.

한 번의 크랭크 회전 동안 다른 피스톤과 크랭크 웨이트가 서로 진동을 줄여주는 역할을 하기 때문이다. 4스트로크에서 가장 효율적인 엔진 기통은 4기통이라고 할 수 있다. 4스트로크의 흡입-압축-폭발-배기의 행정을 각기 하나의 기통이 담당하면 되기 때문이다. 또한 고회전 영역에서 고출력 세팅에도 매우 유리한 엔진 기통이다. 그렇기 때문에 대부분의 600, 1,000cc 레플리카들이 4기통을 사용하는 것이다.

모터사이클에 있어 가장 많은 기통 수를 자랑하는 엔진은 6기통이다. 대부분 럭셔리 투어러 기종에 많이 장착된다. 최근에는 혼다 골드윙(Goldwing)에 이어 BMW도 6기통 엔진을 개발해 판매 중이다. 엔진의 고회전과 정숙성에 있어서는 단연 6기통 엔진이 뛰어나다. 하지만 그만큼 정비하기가 어렵고 관리해줘야 하는 부분도 많다. 대배기량에 6기통이라면 당연히 엔진은 무거워진다. 따라서 이런 엔진의 경우 스포츠성보다는 투어러 개념의 모델로 개발하는 게 일반적이다.

대부분의 라이더들은 메이커들이 내놓은 새로운 모델에서 왜 이런 엔진을 사용했는지를 추리하기 힘들다. 하지만 앞에서 이야기한 것을 천천히 생각해보면 이해가 갈 것이다. 아주 가끔은 생각보다 엉뚱한 엔진을 조합해 뉴모델이라고 선전하는 메이커도 종종 있다. 그리고 새로운 모델이 나올 때마다 엔진을 개발한 것 같지만 실제로는 세팅을 조금씩 바꿔 50~60년 동안 사용하는 엔진도 상당히 많다. 오래전에 개발된 엔진이라 해서 나쁜 엔진이라고 할 수만은 없다. 그만큼 현재 화석연료를 사용하는 내연기관의 기술적 완성도가 한계치에 다다르고 있다는 것이다.

냉각 방식에 따른 엔진의 특성

냉각 방식에는 어떤 것이 있나

화석연료를 사용하는 모터사이클 내연기관 엔진은 연료를 폭발시켜서 동력을 얻는다. 따라서 매우 많은 열이 발생한다. 냉각 방식에는 공랭식, 수랭식, 유랭식 등의 방법이 있는데 최근에는 수랭+공랭, 유랭+공랭 등 한 가지 이상의 냉각 방식을 혼합해서 사용하는 경우도 많다. 그리고 냉각팬을 달아 강제 공랭을 사용하는 모델도 있다.

냉각의 효율은 에너지의 효율이라고도 볼 수 있다. 따라서 지나치게 낮거나 높은 온도에서 회전하는 것은 좋지 않다. 냉각 시스템이 무너져서 너무 높은 온도가 되면 피스톤과 실린더가 녹아내려 붙어버리는 현상이 발생하기 때문이다. 또한 지나치게 높은 온도에서 엔진이 가동되면 엔진오일의 품질이 좋은 제품을 사용하는 게 바람직하다.

공랭식

공랭식

자연적인 바람으로 엔진의 열을 식히는 방식을 공랭식이라고 한다. 실린더 헤드(Cylinder Head)와 실린더 블록(Cylinder Block)에 냉각 핀(Air Cooling Fin)이라는 걸 만들어 면적을 넓혀줌으로써 자연적인 주행풍만으로 엔진의 열을 식힐 수 있게 만든 것이다.

주로 저배기량 단기통 엔진에서 이런 냉각 방식을 많이 볼 수 있다. 할리데이비슨 같은 대배기량 2기통에도 공랭식 엔진을 사용하는 경우가 있지만 회전 수가 낮고 출력이 떨어지는 엔진이기에 가능하다. 고출력 엔진에는 주로 수랭식을 사용한다.

공랭식 엔진은 엔진의 온도가 높이 올라가기 때문에 엔진오일의 점검과 사용에 관심을 가져야 한다. 불순물이 비교적 많은 엔진오일은 높은 온도에서 슬러지(Sludgy, 엔진오일 찌꺼기)가 생겨 점차 부품에 들러붙기 때문에 시간이 지나면 문제가 발생할 수 있다. 따라서 불순물이 적은, 정제가 잘된 엔진오일의 사용을 권하고 싶다.

최근 저렴하게 출시되는 국산 VHVI 계열의 광유정제합성유도 불순도가 상당히 적기 때문에 공랭식 엔진이라고 해도 특별히 100% 합성유를 반드시 집어넣어야 할 필요는 없다. 공랭식 엔진은 구조가 단순하고 주물 주조 방식으로 만들어지는 게 대부분이라서 비교적 제작비가 저렴해 상용 모터사이클에 주로 사용된다.

수랭식

최근에는 레저용 스쿠터, 단기통, 다기통, 고성능 엔진을 막론하고 수랭식을 많이 사용한다. 수랭식이란 말 그대로 물(냉각수)로 엔진의 열을 식히는 시스템이다. 과거에는 물을 사용했지만 엔진 내부가 얼거나 녹이 생기는 단점이 있어 어는 것과 녹을 방지할 수 있는 냉각수를 대부분 사용한다.

수랭식은 엔진의 회전 수가 높아져도 일정한 엔진 온도를 유지할 수 있고 고회전에서 안정적인 출력을 얻을 수 있다는 장점이 있다. 하지만 실린더 내부에 냉각수가 지나갈 수 있는 물재킷이 있어야 하고 뜨거워진 냉각수를 식힐 수 있는 라디에이터가 있어야 하며, 냉각수를 순환시켜줄 물펌프가 있어야 한다.

따라서 엔진을 만들 때 구조가 복잡해지고 제작 비용이 많이 들어간다. 그런데도 최근 출시되는 모터사이클 엔진이 대부분 수랭식인 이유는 엔진의 출력과 내구성에 일정한 온도를 유지시켜주는 게 상당히 중요하기 때문이다.

냉각수는 대략 1년에 한 번 정도 오염 여부를 확인한 후 교체해주면 된

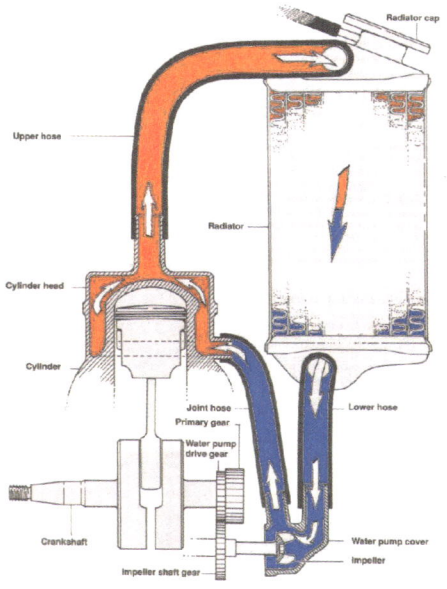
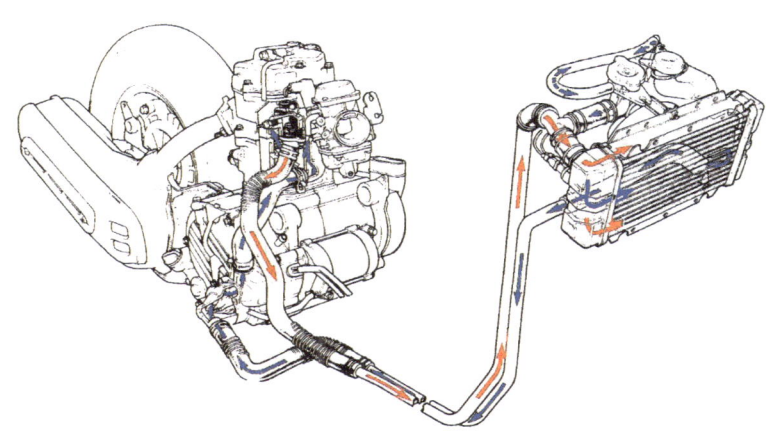

수랭식

유랭식

다. 매뉴얼에는 물과 냉각수를 50 : 50으로 섞어 사용하라고 되어 있지만 대부분 100% 냉각수를 사용한다. 혹시라도 투어 도중 냉각수가 끓어올라 오버히트했는데 주변에 정비소가 없어 물로 보충해야 한다면 생수보다는 수돗물이 좋다. 생수는 미네랄이 많이 들어 있어 수돗물보다 훨씬 빨리 녹이 발생하는 특징이 있기 때문이다. 모터사이클이나 자동차 엔진에 사용되는 냉각수는 환경오염 물질이기 때문에 절대 함부로 버려서는 안 된다.

유랭식

유랭식 엔진은 대부분 공랭식과 병행하는 경우가 많다. 사실상 지구상의 모든 내연기관은 유랭을 겸하고 있다고 할 수 있다. 오일이 돌아다니면서 어느 정도는 냉각을 해주기 때문이다. 하지만 오일쿨러(Oil-radiator 오일 라디에이터)를 장착해 엔진오일을 적극적으로 냉각에 활용하는 시스템을 유랭식 엔진으로 분류한다.

엔진오일은 크랭크와 밸브, 오일팬 등 엔진의 각 부위에서 회전하기 때문에 오일쿨러의 크기에 따라 수랭식과 같은 효과를 볼 수도 있지만 수랭처럼 냉각효율이 좋지는 않다. 아무래도 기름보다는 물이 같은 용량의 쿨러(Radiator 라디에이터)에서 쉽게 식기 때문이다.

유랭식은 공랭식보다는 구조가 복잡하지만 수랭식보다는 비교적 구조가 간단하고 따로 냉각수를 관리할 필요 없이 엔진오일만 관리해주면 된다는 장점이 있다. 또한 정비도 수랭식에 비해 용이하다.

유랭식은 공랭과 수랭의 중간 형태로 단기통, 2기통, 4기통에 이르기까지 많은 형태의 엔진이 존재한다. 특히 과거 스즈키 엔진들이 유랭식을 많이 사용했다. 하지만 레이스 베이스 머신이나 레플리카 등 고성능 엔진에는 냉각효율 때문에 좀처럼 사용하지 않는다.

프레임에 대하여

프레임의 중요성

모터사이클을 구입하려는 라이더들은 엔진이 어떻고, 출력이 어떻고, 디자인이 어떻다는 이야기는 많이 하지만 프레임에 대해서는 별로 말하지 않는다. 하지만 라이딩 경력이 오래된, 많은 모터사이클을 경험해본 베테랑 라이더들은 프레임의 중요성을 뼈저리게 알고 있을 것이다.

필자 역시 가장 먼저 살펴보는 게 프레임이다. 모터사이클에서 프레임은 인간의 DNA와 같다고 할 수 있다. 선천적인 뼈대와 골수의 근간을 이루는 게 바로 프레임이기 때문이다. 프레임은 서스펜션과 연결되는 골격이며 동시에 심폐 기능을 담당하는 에어덕트 구조이고, 각종 신경계라고 할 수 있는 전기공급 장치의 통로이다. 그중 가장 중요한 것은 튼튼하면서도 유연한, 기본적인 프레임의 강성이다.

그렇다면 프레임은 강하기만 하면 될까? 그렇지 않다. 어느 정도의 유연성이 있어야 한다. 과거 혼다에서 지나치게 강한 프레임을 만들었다가 코너링에서 선회하지 않고 버티는 성질 때문에 많은 라이더들이 실망한 경우도 있었다. 이처럼 프레임이란 보기에는 대충 쇠막대기로 골격만 갖추면 되는 것 같지만 사실 그 속에는 아주 오묘한 공학적 노하우가 숨어 있다.

과거에는 더블 크레이들(Double Cradle), 싱글 크레이들(Single Cradle), 다이어몬드, 트렐리스, 백본형 등의 프레임이 대부분을 차지했다. 하지만 현대 모터사이클 프레임은 알루미늄 트윈 스파 프레임, 트렐리스 구조지만 다이어몬드형, 트윈 스파 프레임이지만 하부는 더블 크레이들형 같이 두 가지 요소를 혼합해 사용하는 게 일반적이다.

더블 크레이들 프레임

과거 일제 네이키드와 할리데이비슨에 주로 사용된 프레임 형식이다. 위쪽에 연료 탱크를 지지해주는 파이프가 주축을 이루고, 밑으로 내려오며 두 개의 파이프가 엔진을 감싸 안는 형식이다. '크레이들(아기를 눕혀 놓는 요람을 뜻함)'이라는 의미와 같이 엔진을 둘러싸고 있다.

이 프레임은 생산단가가 비교적 낮고 제작이 쉬우며 프레임의 강성 또한 나쁘지 않다. 전도 시에도 프레임이 엔진을 감싸고 있는 형태이기 때문에 엔진의 손상을 어느 정도 막아주는 역할을 한다. 그런 이유로 1997년까지 거의 모든 오프로드 모델은 더블 크레이들 프레임을 사용했다. 최근까지도 유럽의 명문 오프로드 메이커에서 이 프레임 형식을 사용했을 정도다. 모터사이클 역사에서 가장 오래, 많이 사용된 프레임이라고 할 수 있다. 하지만 프레임 위에 엔진이 올라가기 때문에 모터사이클의 무게 중심이 전반적으로 올라간다는 단점이 있다.

더블 크레이들 프레임을 사용한 모터사이클.

최근 출시되는 일제 네이키드들은 대부분 알루미늄 트윈 스파 다이어 몬드형을 사용하고 있지만 할리데이비슨은 최근 출시하는 뉴모델에도 변함없이 더블 크레이들 형식을 고집하고 있다.

트윈 스파 튜브 프레임

90년대 중반에 등장해 지금은 레플리카나 네이키드, 고속 투어러의 주력 프레임으로 자리를 잡았다. 두툼한 알루미늄 튜브가 좌우로 엔진을 감싸듯 내려와 비틀림 강성이 강력한 프레임이다. 대부분 다이어몬드형으로 만들어지며 최근에는 많은 오프로드 모델에도 적용되고 있다. 일명 '델타 박스 프레임'이라고도 불리며 주로 고속형 스포츠 모델에 장

최근 출시되는 모터사이클에 대부분 적용되고 있는 트윈 스파 프레임.

착된다.

  더블 크레이들보다 프레임의 부피가 크기 때문에 재질을 알루미늄으로 제작하다보니 가격대가 비싸고 만들기가 어렵다. 고속형 레플리카나 네이키드 중 현재 트윈 스파 프레임 형식을 사용하지 않는 메이커가 거의 없을 정도다. 단 두카티, MV, 비모타 등의 유럽 메이커들은 트렐리스 프레임 구조를 고집하고 있다.

트렐리스 파이프 프레임

일단 구조가 복잡하게 생겼다. 대표적인 적용 모델이 두카티와 MV라고 할 수 있다. 앞 서스펜션과 연결되는 스티어링 튜브(Steering Tube)와 엔진을 감싸고 내려오는 부분이 파이프의 교차로 이루어져 복잡하지만 디자인적으로 우수한 형상을 보여준다.

일제 바이크가 시각적으로 튼튼히 보이는 알루미늄 트윈 스파 프레임을 개발해 전 세계시장을 석권할 때도 유럽 메이커들은 꿋꿋하게 이 트렐리스 프레임을 고집했다. 왜일까? 그 이유는 만들기가 어려워서 그렇지 제대로만 만들어 놓으면 정말 기가 막힌 핸들링과 안정성을 가지고 있기 때문이다. 사실상 이 프레임의 창시자라고 할 수 있는 모터사이클 디자이너 티모시 탐부리니의 천재성이 그대로 드러나는 부분이 바로 이 트렐리스형 프레임이다.

두 개의 메인 튜브가 구조학적으로 비틀림 강성에 효과적으로 용접되어 붙어 있고 앞 서스펜션이 연결되는 부위는 최대한 넓게 벌려 서스펜션을 효과적으로 고정시킨다. 따라서 같은 직경의 프론트 포크라도 노면에서 전달하는 충격을 좀 더 효과적으로 흡수해준다. 프레임이 일종의 서스펜션 역할도 할 뿐만 아니라 적당히 비틀리며 코너링에도 도움을 주고 있는 것이 바로 이 트렐리스 파이프형 프레임이다.

그런데 이 프레임은 기계로 찍어낼 수가 없고, 말 그대로 장인들이 한 땀 한 땀 용접을 해서 수제작으로 만들어야 한다. 당연히 프레임 가격이 매우 비싸다. 또한 한 번 넘어져서 뒤틀린 트렐리스 프레임은 완벽한 복원이 사실상 거의 불가능하다. 제작 과정도 까다롭고, 비싸지만 모터사이클 주행을, 특히 코너링의 주행을 이렇게 완벽하게 이해하고 있는 프레임은 아직 보지 못했다.

트렐리스 파이프 프레임은 제작과정이 어렵고 대량생산이 힘들지만 강성과 유연성을 동시에 만족시키는 고급 프레임이다.

필자가 실제로 테스트해봤을 때도 시속 270km의 고속에서도 직진 안정성이 뛰어났고 코너에서는 그야말로 날아다니는 듯한 핸들링과 선회력을 보여주었다. 타면 탈수록 명품이라는 생각이 들었지만 당시 필자의 경제 사정으로는 어림도 없는 고가의 바이크였던 기억이 떠오른다.

신형 대배기량 스쿠터 프레임(Big Scooter Twin Spar)

최근 출시되는 대형 스쿠터 프레임 이야기를 꼭 하고 싶었다. 버그만, 실버윙, 티맥스 등 대배기량 스쿠터들이 강세를 보이고 있다. 여기에

대배기량 스쿠터 프레임과 대배기량 스쿠터 모델.

BMW까지 합세하면서 더욱 치열한 경쟁을 하고 있는 장르가 대배기량 스쿠터 모델이다. 대부분 500cc 이상의 2기통 엔진을 장착하고 출시되었다.

일반적인 저배기량 스쿠터의 프레임은 언더본 형식이다. 최근에는 저배기량 스쿠터도 언더본을 보강한 신형 프레임을 사용하기도 하지만 아직까지 대부분 언더본 프레임을 사용하고 있다. 하지만 대배기량 스쿠터의 경우 무게도 만만치 않고 속도도 빠르기 때문에 기본적인 프레임 강성이 필수적으로 요구된다. 그런데 빅 스쿠터의 형태상 프레임의 강성 확보가 쉬운 것은 아니다.

언더본 프레임 모델.

스쿠터의 최대 장점인 수납공간을 확보하자니 탑튜브(Top Tube, 앞쪽 프레임) 쪽이 내려가야 하는데 그렇게 되면 비틀림 강성이 문제고 탑튜브를 올리자니 스쿠터가 아닌 네이키드처럼 되어버린다.

물론 메이커에서 많은 고심을 하고 만들어냈겠지만 필자가 보기에 매우 실망스러운 대배기량 스쿠터도 있는 게 사실이다. 스쿠터는 외부가 거의 모두 외장 카울로 덮여 있어 프레임을 식별하기 어렵다. 일부 메이커에서는 이런 점을 이용해 프레임은 사실상 수준이 낮은데 디자인만 화려하게 만들어 출시하는 경향이 있다. 국내에서 아무리 이미지가 좋은 해외 메이커라 해도 라이더들이 좀 더 꼼꼼하게 살펴볼 필요가 있다. 특히 속살이 가려져 있는 스쿠터의 프레임은 더욱 그렇다.

언더본 프레임

주로 음식점에서 배달용으로 사용하는 상용 모터사이클과 스쿠터에 사용하는 프레임이다. 프레임의 제작단가가 낮아 대량 생산하기에 좋고 간편하다. 늘 그렇듯 제작하기가 간편하면 강성이 좋지 않다. 길거리에서 흔히 볼 수 있는 음식점 배달용 모터사이클이나 저배기량 스쿠터는 거의 모두 언더본 프레임을 사용하거나 약간 변형시킨 프레임을 사용했다고 봐도 무방하다. 이 프레임의 단점은 넘어졌을 때 쉽게 손상되며 고속 주행에서 안정감이 떨어진다는 점이다. 또한 메인 튜브가 없기 때문에 전방 충돌 시 쉽게 프레임이 휘어지는 단점이 있다. 그런데도 많은 사람들이 사용하는 이유는 가볍고 저렴하며 작고 간편한 모터사이클을 만들 수 있기 때문이다.

서스펜션의 종류

서스펜션을 보는 안목을 키우자

　모터사이클의 서스펜션은 전륜과 후륜 쪽이 상당히 다르다. 바이크가 주행 중에 발생하는 충격은 앞쪽에서 더 크게 받는다. 따라서 대부분의 모터사이클 서스펜션은 앞쪽에 더 큰 비중을 두어 설계하기 마련이다. 독자들도 이 점을 잘 알고 바이크를 선택해야 할 것이다.

　앞에서도 얘기했지만 프레임과 엔진만큼 중요한 기초 시스템이 서스펜션이다. 빠른 속도를 낼 수 있게 하는 건 엔진이 아니라 서스펜션이다. 아무리 엔진의 힘이 좋더라도 그에 걸맞는 서스펜션이 없고 프레임에 휠을 직접 연결해 달린다면 시속 30km도 달리지 못하고 라이더를 내동댕이쳐버릴 것이기 때문이다. 모터사이클의 역사와 함께 서스펜션도 많은 진보를 거쳐왔다. 그만큼 그 종류도 많고 복잡하다. 우선 최근 출시되는 모델들이 가장 많이 사용하는 서스펜션을 구분하는 눈을 길러보자.

전륜 서스펜션의 종류

텔레스코픽 포크

우선 '텔레스코픽(Telescopic)'이란 망원경을 뜻하는 말이다. 한쪽은 직경이 크고 다른 쪽은 직경이 작은 두 개의 파이프 안에 오일과 스프링을 넣어 충격을 완화시켜주는 작용을 하는데, 마치 망원경처럼 생겼다고 해서 붙여진 이름이다. '포크(Fork)'란 음식을 먹을 때 사용하는 포크를 말한다. 텔레스코픽 막대기 두 개가 나란히 있는 게 마치 음식 먹을 때 사용하는 포크 같다고 해서 붙여진 이름이다.

텔레스코픽 포크는 대표적으로 도립식(Up-down, 업다운), 정립식(Down-up, 다운업)이 있다. 우선 선배격인 정립식 포크는 밑에 큰 파이프가, 위에 작은 파이프가 결합되어 수축하면서 노면의 충격을 흡수한다.

인터넷에서 돌아다니는 정보에서는 정립식은 저가형이며 수명이 길고 도립식에 비해 강성이 낮다는 잘못된 정보가 매우 많다. 하지만 이것은 어디까지나 비전문적인 견해이며 정립식 프론트 포크도 제품마다 매우 다른 특성을 보여준다. 따라서 정립식은 수준이 낮고 도립식은 수준이 높다는 편견은 갖지 않는 게 좋다. 물론 같은 가격으로 전륜 서스펜션을 만들어야 한다면 구조가 비교적 간단한 정립식이 유리한 건 사실이지만 단순히 '정립식 포크는 강성이 약하고 저가의 수준 낮은 포크'라는 판단은 옳지 않다.

정립식 포크의 장점은 부드럽고 편안한 주행 성능이다. 특히 잔 진동에 강한 면을 보여준다. 아주 빠른 라이딩이 아닌 시속 150km 이하의 투어 수준이라면 정립식의 강성으로도 충분한 라이딩을 즐길 수 있다. 물론 이너튜브의 직경이 얼마나 되는지, 조절식인지 아니면 프리밸브(Free Valve,

정립식 텔레스코픽 포크는 현재까지도 네이키드, 스쿠터 등에 많이 사용되고 있다. 도립포크에 비해 강한 충격에는 불리하지만 안정적이고 부드러운 주행 느낌을 지니고 있다.

라이더가 임의로 조절할 수 없는) 방식인지에 따라 다르며 그 가격대도 천차만별이다.

이너튜브 직경이 같은 상황이라면 물론 강성 면에서는 도립식이 강할지도 모른다. 하지만 위아래만 바꿔 어설프게 도립식을 흉내 낸 포크보다 차라리 잘 만들어진 정립식이 좀 더 우수한 주행 품질을 보여줄 수 있다.

특히 정립식은 강성 보조 장치인 스테빌라이저를 장착하기에 유리한 점도 있다.

도립식 포크

도립식은 정립식을 거꾸로 뒤집어 놓은 형상이라고 생각하면 이해가 빠를 것이다. 도립식 포크는 정립식 포크의 강성 미흡과 충격 흡수 강화를 위해 개발된 포크라고 생각하면 된다. 정립식에 비해 통상적으로 구조가 복잡하며 그만큼 만들기가 어려워 가격대가 높은 건 사실이다.

반드시 그런 건 아니지만 동일한 조건이라면 정립식에 비해 강성이 우수하다. 그 이유는 두꺼운 튜브를 위쪽에 배치해 고정 부위를 넓고 단단하게 고정시키는 구조이기 때문이다. 고정이 잘 되어 강성이 좋아지는 것이다. 따라서 코너에서 포크가 비틀리며 꼬이는 현상을 줄여준다. 노면의 충격을 처음에 큰 파이프에서 받고 작은 파이프를 통해 프레임에 전달되는가, 아니면 작은 파이프에서 충격을 받은 후 큰 파이프로 전달되어 프레임에 전달되는가 하는 측면을 따져봐도 후자의 경우가 구조상 유리한 충격 흡수력을 가지게 된다. 또한 도립식 포크는 큰 직경의 파이프가 트리플 클램프에 결합되는데, 이때 같은 강성의 트리플 클램프라면 도립식이 좀 더 진동을 흡수하기 좋은 구조이다.

도립식이건 정립식이건 포크 안에는 오일이 들어간다. 정립식은 충격 받을 때마다 자연스럽게 피스톤을 밀어내는 형식을 취하면 되지만 도립식은 대부분 거꾸로 밀어내야 하는 방식이라서 좀 더 구조가 복잡해진다. 도립식 포크는 제조회사마다 상당히 다른 구조를 가지고 있기 때문에 세세한 메커니즘을 얘기하자면 그것만으로도 책 한 권을 써야 할 정도다.

최근 대륙 제품들이 도립식 포크의 탈을 쓰고 유통되고 있지만 사실 정

도립식 포크는 강한 충격에 용이하기 때문에 주로 스포츠형 모델에 많이 사용한다.

텔레스코픽 서스펜션은 지금까지도 그래왔지만 당분간은 모터사이클에서 대세를 이룰 것이다.

립식보다 못한 도립식 포크도 허다하다. 단순히 정립식이냐 도립식이냐를 따지기 전에 모터사이클의 중량과 배기량에 걸맞는 강성(재질, 이너튜브 직경)의 서스펜션을 장착했는지부터 살펴봐야 할 것이다. 최근 10년 동안 출시된 모터사이클의 프론트 포크 종류는 텔레레버를 사용하는 BMW만 제외하고 거의 텔레스코픽 포크를 사용하고 있다.

여기서 한 가지 팁을 주자면 포크의 품질도 중요하지만 포크를 고정하고 있는 트리플 클램프((Triple Clamp, 앞 서스펜션과 프레임이 연결되는 부위, 현장용어로는 '쇼바 삼바리')의 강성과 구조도 라이딩 안정성을 결정짓는 매우 중요한 요소이다.

조향과 충격 흡수의 분리형 서스펜션

텔레스코픽 포크는 BMW에서 개발한 기술이다. 하지만 BMW는 텔레스코픽 포크의 단점을 보완하기 위해서 텔레레버라는 조향 기능과 충격 흡수 기능이 별도로 이루어지는 시스템을 사용하고 있다. 거의 유일하게 BMW만 사용하고 있는 이 시스템은 충격 흡수와 조향이 같이 이루어지다 보니 고속 주행에서 발생하는 핸들의 불안정성을 혁신적으로 개선했다고 홍보하고 있다.

최근에는 '듀오레버(Duolever)'라는 시스템도 개발해 뉴모델에 적용해 출시했다. BMW 측은 텔레스코픽 포크에서 보이는 '핸들 털림'과 브레이킹 시 차체가 전방으로 쏠리는 현상이 현저히 줄어들어 라이더의 안전과

BMW에 장착되어 있는 텔레레버 서스펜션의 모습. 고속주행에서 안정감 있다고 홍보되고 있으나 무겁고 가격이 비싸다.

라이딩 품질이 향상되고 있다고 한다.

그런데 이 시스템에는 몇 가지 치명적인 단점이 있다. 바로 구조의 복잡함과 무게의 증가이다. 텔레스코픽 포크는 포크오일과 스프링이 일체형으로 되어 있어 비교적 가볍게 만들 수 있지만 텔레레버는 오일과 스프링이 독립되어 있어 서로 각각의 고정 부품들이 따로 존재해야 한다. 막대기 두 개면 해결되는 텔레스코픽 구조에 비해 텔레레버는 매우 복잡한 구조를 가지고 있다. 충격을 강하게 자주 받는 부위인지라 강성 또한 확보해야 하니 당연히 무거워질 수밖에 없다. 새로 개발된 듀오레버는 텔레레버에 비해 중량 측면에서는 가벼워 보이지만 조향 쪽의 관절 부위가 많아 시간이 흐르면 정비하기가 만만치 않겠다는 필자의 개인적인 의견이다.

그렇다면 과연 라이딩 품질이 텔레스코픽에 비해 월등히 안정적인가를 놓고 봤을 때 필자는 부정적이다. 다양한 텔레스코픽 서스펜션을 경험한 필자로서 '과연 텔레레버나 듀오레버가 월등한 서스펜션인가'에 대해서는 솔직히 고개가 갸우뚱해진다. 텔레스코픽 서스펜션도 진화를 거

듭하고 있기 때문에 굳이 무거운 시스템을 장착하는 게 최선인가 하는 생각이 지배적이다.

필자는 개인적으로 주행 안정성을 확보하는 최고의 방법은 안전한 라이딩 테크닉을 체계적으로 배우는 게 아닐까 생각한다. 비용 면이나 모터사이클 라이딩의 재미 측면에서도 말이다.

전륜 링크형 서스펜션

텔레스코픽 포크가 개발되기 전 주로 사용하던 보텀 링크(Bottom Link) 방식은 최근에는 거의 사용하지 않는다. 일부 아메리칸 클래식 모터사이클 마니아들 사이에서 스프링거 스타일을 좋아하는 라이더들을 위해 소량 제작되고는 있지만 최근 출시되는 양산 모터사이클에는 거의 사용하지 않고 있다. 1980년대 중반에 개발된 스쿠터에서 이런 서스펜션 형태를 많이 볼 수 있다.

중량이 100~130kg인 가벼운 스쿠터에 적용되는 서스펜션으로 당시에는 제작 단가가 낮아 대량생산하기가 쉬웠다. 하지만 최근에는 텔레스코픽 포크의 가격이 하락하면서 대부분 텔레스코픽으로 바뀌고 있다. 또한 링크 스타일은 대부분 오일 뎀퍼가 없어 리바운드에 취약한 측면이 있고 강한 충격에 약하다는 단점이 있으며 관절 부위가 많아 시간이 지나면 관리가 귀찮아진다는 단점도 있다.

여기서 한 가지 짚고 넘어갈 것은 많은 사람들이 알고 있는 이탈리아 명품 스쿠터인 베스파(Vespa)이다. 이 모델은 디자인상 앞바퀴가 모노 암(Mono Arm) 링크 방식의 서스펜션을 사용한다. 디자인적으로는 매우 독창적이고 아름답다. 하지만 노면의 충격을 직격으로 받는 앞 서스펜션 고정 부위가 한쪽만 있다 보니 강한 충격을 받았을 때, 특히 수직이 아닌 수

전륜 링크형 서스펜션은 비록 텔레스코픽에 자리를 내주기는 했지만 아직 클래식한 멋을 좋아하는 마니아들에게 사랑받고 있다.

평 충격을 받았을 때(넘어져서, 혹은 사고가 나서) 조향이 불안정해질 수 있다는 치명적인 약점이 있다. 이럴 때 육안으로 손상이 없어 보인다고 그냥 주행하면 낭패를 볼 수 있다. 조향은 눈으로는 알 수 없는, 약간만 틀어져도 속도가 올라가면 핸들이 털리는 현상이 발생할 수 있다. 고속주행 중에 이런 현상을 겪어본 라이더들은 알 것이다. 직진 고속에서 핸들 털림으로 전도되면 얼마나 무서운지 말이다.

텔레스코픽의 경우에도 조향에 강한 충격을 받았다면 점검을 받고 주행해야 한다. 필자가 당부하는 것은 특히 베스파의 앞바퀴 모노 암 링크 서스펜션의 경우 약한 충격을 받더라도 반드시 조향 쪽의 점검을 받고 주행하라는 것이다. 디자인상 아름답지만 필자의 주행 경험상 그다지 안정적인 서스펜션 시스템은 아니라고 생각한다. 또한 나름의 사정은 있겠지만 아무리 이탈리아에서 수입됐다고 해도 이렇게까지 고가의 가격대를 형성할 수 있는지도 궁금하다.

타이어를 보면 모터사이클의 특성이 보인다

좋은 타이어를 고르는 기준

타이어는 주행 노면과 직접적으로 닿는 부분이면서 라이더의 안전과 직접적인 관계가 있는 부분이다. 또한 일정 기간마다 교체해야 하는 소모품이다. 하지만 라이더 중에는 타이어의 중요성에 대해 심각하게 생각하지 않는 사람도 많다.

타이어에도 매우 정교하고 심오한 과학 원리들이 숨어 있으며 각 메이커마다 제조 비법을 노출시키지 않기 위해 치열한 특허 전쟁과 보안 시스템을 가동하고 있다. 너무 깊게 들어가면 지나치게 복잡해지기 때문에 초보적인 관점에서 자신에게 필요한 타이어를 고르는 요령 정도만 설명하겠다. 필자가 타이어에 많은 지면을 할애하는 것은 생각보다 타이어로 인해 발생하는 안전사고가 많기 때문이다.

모터사이클 타이어의 종류는 장르와 쓰임새에 따라 수백 가지가 있다.

복잡하고 어렵다. 하지만 자신에게 맞는 타이어를 판단하는 건 그리 어렵지 않다. 왜? 처음 바이크를 구입할 때 달려 있던 순정 타이어로만 계속 바꾸면 되니 말이다. 하지만 좀 더 접지력이 좋은 타이어로 바꾸고 싶을 때, 좀 더 수명이 긴 타이어로 바꾸고 싶을 땐 무얼 기준으로 선택해야 할까? 바로 타이어 옆에 나타나 있는 표식들로 판별할 수 있다. 지금부터 이 표시들이 무얼 의미하는지 함께 알아보자.

먼저 큰 글씨부터 알아보자

120/70 –ZR 17 M/C

타이어 옆면을 유심히 살펴보면 큰 글씨로 120/70-17 같은 숫자를 볼 수 있다. 맨 앞의 120, 150 같은 큰 숫자는 타이어의 두께 즉, 폭을 말한다. 숫자가 올라갈수록 타이어가 두꺼워지는 것을 알 수 있다.

그 옆에 70, 60 같은 숫자는 타이어의 옆면 두께를 표시해 놓은 것이다. 많은 라이더들이 '60'이라고 쓰여 있으면 60mm라고 생각하기 쉽지만 그렇지 않다. 150에 60이라는 숫자가 적혀 있다면 타이어 두께인 150mm의 60%가 타이어 사이드 폭의 길이라는 것이다. 폭 150mm인 타이어의 60%면 90mm가 된다. 이것을 편평률이라 한다. 모터사이클 타이어는 자동차와 달라서 트레드가 둥그렇게 되어 있다. 이 둥그런 정도를 나타내는 게 편평률이다. 또한 편평률은 타이어의 운동 성능을 나타내는 지수이기도 하다. 얼마나 더 둥그렇게 말려 있는지는 얼마나 더 기울일 수 있느냐를 나타내기 때문이다. 원심력이 작용하는 와중에 많이 기울일 수 있는 타이어란 레이싱용에 가까운 타이어를 말한다.

그리고 그 옆에 16 또는 17이라고 표시되어 있는 것은 휠의 크기 즉, 직경을 뜻한다. 휠은 10인치부터 30인치까지 다양하게 사용된다.

휠의 직경 표시 앞에 R이나 B, 혹은 - 표시는 무엇일까? R은 래디얼 타이어를, B는 바이어스 타이어를 말하는 것이다. - 표시 또한 바이어스 타이어를 뜻한다. 즉, R이라는 표식이 없다면 바이어스 타이어라는 뜻이다.

타이어가 버틸 수 있는 무게인지 정확히 알아야 한다

생각보다 타이어에서 중요하게 생각할 것 중 하나가 하중지수이다. 주로 속도 기호 표시 앞에 숫자로 43부터 75 정도까지 표시되어 있거나 타이어에 '250kg' 등으로 표기되어 있다.

타이어를 고를 때 자신의 체중과 바이크의 무게를 합해 타이어의 하중지수를 생각해야 한다. 만약 240kg에서 정상적인 주행이 가능한 레이싱 타이어를 접지력이 좋다는 이유만으로 울트라 클래식(Harley-Davidson Ultra Classic) 같은, 바이크 중량만 360kg이 넘는 모터사이클에 장착한다면 코너에서 타이어가 찌그러지거나 주행 중에 핸들이 털리는 현상이 나타난다. 물론 이렇게 극단적인 선택을 하는 라이더나 정비사는 거의 없을 것이다. 이런 선택은 매우 위험하다.

하중지수를 꼭 고려하여 타이어를 선택해야 한다. 앞서 말했던 것처럼 극단적인 경우는 많지 않지만 이런 경우는 흔히 있다. 예를 들어 같은 13년식의 야마하 FJR1300과 야마하 YZF-R6의 앞바퀴는 모두 120-70-17이다. 그런데 FJR1300은 건조 중량이 290kg 정도이고, YZF-R6의 경우 190kg 정도이다. 이 경우 약 100kg의 무게 차이를 보이고 있다.

이럴 경우 타이어가 버틸 수 있는 한계 중량 표시를 잘 보고 장착해야 한다.

내하중 지수	표시 하중(kg)	내하중 지수	표시 하중(kg)
42	150	59	243
43	155	60	250
44	160	61	257
45	165	62	265
46	170	63	272
47	175	64	280
48	180	65	290
49	185	66	300
50	190	67	307
51	195	68	315
52	200	69	325
53	206	60	335
54	212	71	345
55	218	72	355
56	224	73	365
57	230	74	375
58	236	75	387

타이어가 주행 시 버틸 수 있는 무게와 자신의 바이크+라이더의 무게가 맞는지 잘 살펴 봐야 한다.

휠 직경 표시 뒤에 M/C라는 표시는 모터사이클 타이어임을 말하는 것이다. 속도가 빠른 레플리카나 네이키드의 경우 래디얼을 뜻하는 R 앞에

Z나 V 등의 알파벳이 붙는 경우가 있다. 이것은 이 타이어의 성능상 문제가 없는 상황에서 얼마나 빨리 달릴 수 있는지 속도 지수를 표시한 것이다. V 등급이면 시속 240km까지, Z면 시속 240km 이상의 속력에도 잘 견딜 수 있는 타이어인 것이다.

속도 표시	기호 속도(km/h)
P	150
S	180
H	210
V	240
Z	240 초과
ZR··W	270
ZR··(W)	270 초과

속도 기호에 따라 최대 가능 속도가 달라지는 것은 맞지만 타이어가 버틸 수 있는 한계속도가 시속 270km라고 해서 타이어의 재질이나 접지력이 반드시 좋은 것은 아니니 꼼꼼히 살펴봐야 한다.

작은 글씨도 살펴보자

타이어에 적혀 있는 작은 글씨 중에 잘 살펴보면 41psi 같은 표시를 찾아볼 수 있다. 이것은 타이어에 최대하중이 작용하면 이 공기압을 넣어야 한다는 뜻이다. 즉 타이어 공기압의 최대 허용치라는 말이다.

많은 라이더들이 41psi라고 적혀 있는 걸 보고 적정 공기압이라 생각하고 41psi까지 넣는데, 잘못 알고 있는 것이다. 통상적으로 최대 공기압에서 70~80% 수준의 공기압이 적당하다.

마지막으로 유심히 봐야 할 것 중 한 가지는 제조일자이다. 만약 제조일자가 중간 글씨 정도로 3801라고 적혀 있다면, 이것은 2001년 38주차에 공장에서 생산된 제품임을 표기하고 있는 것이다. 이 표시를 잘 알아두면 너무 오래된 재고 타이어를 고를 일이 없을 것이다.

타이어는 직사광선에 매우 약하다. 새 타이어라 할지라도 직사광선에 1개월만 노출되면 수명이 급격히 단축되고 접지력이 현저히 떨어진다. 타이어는 실내에서 보관해야 하며 건조한 곳보다는 약간 습한 곳이 더 좋다.

래디얼 타이어와 바이어스 타이어의 차이점

자동차, 모터사이클을 막론하고 이제 거의 대부분이 래디얼 타이어를 사용하고 있다. 많은 라이더들이 래디얼 타이어에 대해 알고 있다. 하지만 래디얼 타이어의 장점과 단점, 바이어스 타이어에 대해서는 충분한 정보가 없는 것 같다. 그렇다면 모터사이클에 있어서 래디얼 타이어와 바이어스 타이어는 무엇이 다른 걸까?

바이어스 타이어

바이어스 타이어(Bias Tire)란 쉽게 말해 타이어를 처음 만들 때부터 사용되어오던 방식의 타이어이다. 옛날에는 주르 타이어 안에 튜브를 넣는 방식이 많았다.

여기서 한 가지, 타이어의 발전은 휠의 발전과 밀접한 관련이 있다. 대부분 바이어스 타이어를 사용하던 시절에는 휠도 스포크 휠(Spoke Wheel, 쇠막대 살을 연결해 만든 바퀴)을 사용했다. 스포크 휠은 튜브리스 타이어

(Tubeless Tire)를 장착하기에 부적합한 구조를 지니고 있었다. 그리고 당시의 스포크 휠은 무거운 하중을 잘 버티는 편이 아니었다. 그렇기 때문에 타이어의 사이드 월 (Side Wall, 타이어의 옆면)을 두껍고 강하게 만들어 하중을 지탱하게 한 것이다. 하지만 캐스팅 휠(Casting Wheel, 주물로 찍어내 가공한 바퀴)의 개발로 튜브리스 타이어의 장착이 대중화되었고 그 후 래디얼 타이어의 대중화가 이루어졌다.

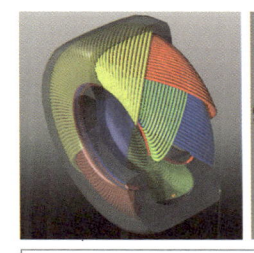

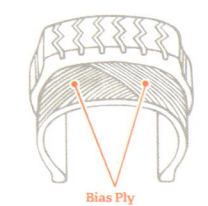
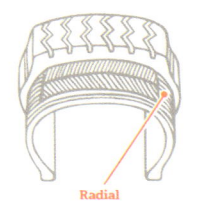

결국 바이어스 타이어와 래디얼 타이어의 차이점은 사이드 월에 있다.

그러나 지금은 반드시 튜브 타입의 타이어가 바이어스 타이어는 아니며, 래디얼 타이어도 흔치 않지만 튜브를 사용하기도 한다. 튜브리스와 튜브 타입이 래디얼과 바이어스를 구분 짓는 기준이 되는 건 아니라는 말이다.

바이어스 타이어는 옛날 방식이라서 단점만 있을까? 아니다. 장점도 있다. 최근 생산되는 바이어스 타이어는 대부분 튜브리스가 가능한 타이어이고 모터사이클, 특히 중량이 많이 나가는 아메리칸 투어링 모델에 기본 장착되는 경우가 많다. 그 이유는 타이어의 측면, 즉 사이드 월이 강력하기 때문이다. 사이드 월이 강하면 무거운 하중을 버티기에 유리하다. 또한 직진 안정성이 높다.

반면 타이어가 무거워진다. 같은 사이즈의 래디얼 타이어와는 3~4kg까지 차이가 날 수 있다. 100g이라도 줄여보려고 엄청난 투자를 하는

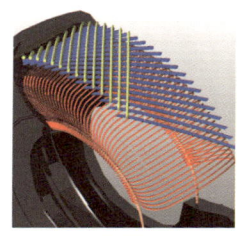

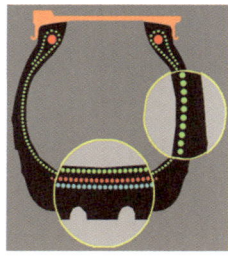

바이어스 타이어는 주로 무거운 하중을 싣고 운반하는 화물 자동차, 오프로드용 자동차에 사용되고, 래디얼 타이어는 승용차나 스포츠카 등 코너링에 중점을 둔 자동차에 사용된다. 이는 모터사이클에서도 마찬가지다.

레이싱 머신에 바이어스 타이어를 장착하지 않는 건 바로 이런 이유 때문이다.

래디얼 타이어

래디얼 타이어란 스포츠성이 강한, 즉 레이스 같은 환경에 좀 더 맞는 타이어를 말한다. 그래서 레플리카나 스포츠성 모터사이클에 사용된다. 최근에 사용되는 자동차 타이어는 대부분 래디얼 타이어이다. 하지만 이것은 승용차의 이야기이고, 무거운 화물을 싣는 화물차에서는 아직도 바이어스 타이어를 많이 사용한다. 무거운 중량을 싣고 다니는 화물차에게는 사이드 월이 강력한 바이어스 타이어가 효과적이기 때문이다.

래디얼 타이어는 카카스(Carcass, 타이어의 골격이 되는 안쪽 부위)를 감쌀 때 대각선 방향으로 엇갈리게 감싸면서 만들어진다. 이렇게 제작하면 바이어스 타이어에 비해 가볍고 유연한 타이어를 만들 수 있다. 최근에는 눈부신 기술의 발전으로 타이어 제조사마다 독특한 래디얼 타이어를 만들고 있다. 반면 바이어스 타이어는 수직이나 수평으로 감싸게 된다. 즉 바이어스 타이어는 위에서 누르는 힘은 잘 버티는 반면 원심력을 받을 때 사이드 월이 너무 강해 접지력이 래디얼만큼 좋지 못하다.

래디얼 타이어는 코너에서 부드러운 사이드 월이 약간 변형되면서 노면과의 접지력을 최대한 확보할 수 있지만, 바이어스 타이어는 정직하게 뱅킹 각도에 위치한 타이어만 접지하게 된다. 따라서 코너에서의 접지력은 래디얼 타이어가 우수할 수밖에 없는 구조를 가지고 있다. 래디얼 타

래디얼 타이어와 바이어스 타이어의 차이점.

이어와 바이어스 타이어의 가장 큰 특징은 사이드 월의 강성 차이라고 생각하면 이해가 빠를 것이다. 물론 약간 비싼 건 인정하지만 필자의 개인적인 생각으로는 몇 년 정도만 지나면 이제 바이어스와 래디얼의 구분은 의미가 없어질 것이다.

아직까지는 무거운 아메리칸 크루저의 휠은 스포크가 많다. 따라서 튜브를 사용하는 모델도 아직은 많다. 같은 직경의 캐스팅 휠을 못 만들어서가 아니라 스포크 휠이 멋지기 때문에 라이더들은 그것을 고집한다. 따라서 바이어스 타이어는 당분간 많이 사용될 것이다. 반면 레플리카나 네이키드 바이크들은 거의 100% 래디얼 타이어를 사용하고 있다.

이제 바이어스 타이어와 래디얼 타이어에 대한 이해가 되는가? '래디얼과 바이어스 중 어떤 게 더 좋은 타이어이다'가 아니다. 라이더 스스로 자신의 바이크에 맞는 타이어가 무엇인지를 알고 사용하라는 게 필자가 말하려고 하는 요지이다.

Part 4

실전 라이딩을 위한
테크닉과 안전 포인트

안전장비 고르기와 정확하게 착용하기

헬멧의 종류

풀 페이스 : 얼굴 전체를 감싸준다고 해서 풀 페이스(Full Face)라고 부른다. 보호 성능이 가장 뛰어나다. 필자는 개인적으로 50cc 스쿠터를 탄다고 해도 가급적 풀 페이스 헬멧을 쓸 것을 권한다.

하프 페이스 : 턱 부위가 오픈되어 있는 헬멧을 '하프 페이스(Half Face)'라고 한다. 헬멧을 착용한 채로 쉴드(Shield, 헬멧 앞에 바람을 막아주는 투명 보호창)만 올려 사용할 수 있기 때문에 실용성이 뛰어나지만 보호 성능이 떨어진다. 실제 도로에서 헬멧으로서의 기능을 할 수 있는 형태는 하프 페이스까지라 할 수 있다.

오픈 페이스 : 머리 부위만 보호되는 것으로 일명 '바가지 헬멧'이라고 불리는 헬멧을 오픈 페이스(Open Face)라고 한다. 필자는 오픈 페이스를 헬멧으로 인정하지 않는다. 사실상 경찰 단속을 피하기 위한 헬멧일 뿐

풀 페이스   하프 페이스   오픈 페이스

보호 기능은 거의 없다고 봐도 과언이 아니다. 특히 2차 충격 시 턱 끈을 단단히 해도 헬멧이 벗겨나갈 수 있어 위험하다. 실제로 필자가 겪었던 일이다. 개인적으로 모터사이클용 헬멧은 오픈 페이스를 못 만들게 해야 한다고 생각한다.

헬멧 턱 끈의 중요성 : 풀 페이스나 하프 페이스 헬멧을 사용하는 라이더들 중에 턱 끈을 정확히 매지 않고 라이딩하는 사람이 종종 있다. 사고 시 턱 끈을 매지 않으면 1차 충격으로 헬멧이 날아가고, 2차 충격으로 머리에 큰 부상을 입는 경우가 매우 많다.

헬멧은 모터사이클의 안전벨트다. 하지만 안전벨트는 '딸깍' 소리가 날 때까지 정확히 잠가야 제 기능을 한다. 모터사이클 헬멧은 턱 끈이 정확히 목에 매여야 안전벨트를 맬 때와 같이 '딸깍' 소리가 난다.

라이딩을 시작하고자 하는 사람이라면 처음 습관을 올바르게 유지하는 게 좋다. 많은 라이더들이 덥다고, 헤어스타일이 망가진다고, 잠깐 가까운 데 다녀올 거라고 헬멧을 착용하지 않는다. 모터사이클의 특징 중 하나는 사고 시 상대방에게 피해를 주기보다 스스로 입는 피해가 엄청나다는 것이다. 모든 책임은 라이더의 선택에 달려 있다.

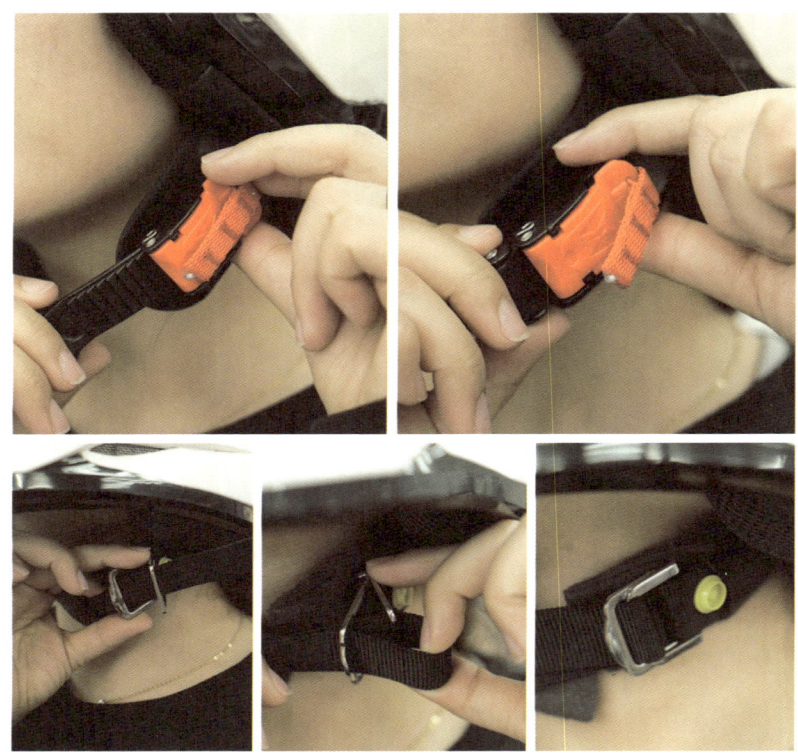

헬멧 턱 끈 매는 순서

    어느 검도를 잘하는 연예인이 모터사이클을 아주 좋아했다. 그 연예인은 헬멧을 쓰지 않고 두건만 두르고 다녔는데, 어느 날 기자들에게 이런 말을 했다.

    "검도도 7단 정도 되면 진검으로 수련한다. 모터사이클도 15년쯤 타면 헬멧 정도는 생략할 수 있는 것 아닌가?"

    만약 모터사이클 라이딩에서 생략되어야 할 게 있다면 그건 헬멧이 아니라 바지에 주렁주렁 매달고 다니는 장식용 체인 같은 게 아닐까?

아메리칸 라이더들은 스타일을 상당히 중요시한다. 그래서 장식과 디자인에는 정말 많은 투자를 하지만 정작 자신의 안전에는 그다지 관심이 없는 것 같다. 실제로 인증받지 않은, 모터사이클용으로는 부적절한 오픈 페이스 헬멧을 매우 많이 착용하고 다닌다. 보호 성능은 거의 없는, 말 그대로 단속 피하기용 헬멧이다. 필자가 떠들어봐야 쉽게 고쳐지지 않는 문화인 건 사실이지만 지금 시작하는 라이더들은 부디 안전장비를 꼭 착용하길 바란다.

각종 보호대와 라이딩 의류

모터사이클은 신체가 외부에 노출되어 있다보니 헬멧뿐만 아니라 각종 보호 장비가 필수이다. 단품으로는 팔꿈치 보호대와 무릎 보호대, 척추 보호대가 있고 전문적인 라이딩 바지나 재킷에는 보호대가 내장되어 있다.

무릎 보호대나 팔꿈치 보호대가 외부로 노출되도록 착용하는 건 바람직하지 않다. 이 또한 사고 시 2차 충격 때 미끄러지며 보호 기능을 상실할 가능성이 있기 때문이다. 될 수 있으면 일체형 라이딩 바지나 점퍼를 사용하길 권한다.

전문적인 스포츠 라이딩을 하려면 일상적인 보호장비보다 좀 더 업그레이드된 게 필요하다. 레플리카를 즐기고자 한다면 레이싱 슈트와 부츠가 필수적이고, 오프로드나 모터크로스를 즐기고 싶다면 오프로드용 부

각종 라이딩용 보호장비.

츠와 보호대는 필수이다. 이 밖에도 목 보호대, 척추 보호대, 관절 보호대, 허리 보호대 같은 전문적인 보호장비도 많다.

부츠

모터사이클 전도 혹은 사고 시 가장 많이 다치는 부위가 발과 발꿈치, 복사뼈 부근이다. 라이딩 부츠는 될 수 있는 한 가죽 소재로 발목까지 보호되는 것을 사용하는 게 좋다.

가장 좋은 건 전문적인 라이딩 부츠를 착용하는 것이지만 기존에 출시된 라이딩 부츠는 지나치게 비싼 경우가 많다. 필자의 경우 국내 메이커에서 제작한 천연 소가죽 안전화를 사용한다.

안전화는 앞꿈치 부위에 쇠로 된 보호대가 내장되어 있고 복사뼈 부위도 어느 정도 보호를 해준다. 최근 출시된 안전화는 디자인도 훌륭하고 품질도 뛰어나지만 가격대는 5~6만 원선으로 시내 주행에서는 최적의 아이템이라 할 수 있다. 구체적으로는 조선소 또는 철공소용 안전화를 구입하는 게 요령이다. 8인치 안전화로 검색해도 된다. 모터사이클 라이딩을 하면서 헬멧 다음으로 중요한 안정장비가 있다면 바로 부츠이다.

발을 보호하기 위한 오프로드용 부츠.

모터사이클을 타는 데 테크닉이 필요해?

모터사이클은 운전을 하는 사람이 중심을 잡고 달려야 하는 운송수단이다. 따라서 매우 높은 수준의 운전기술이 필요하다. 물론 스로틀(Throttle, 액셀레이터와 같은 가속 손잡이)을 열면 달릴 수는 있다. 하지만 안전하게 달리는 것과는 다른 문제이다.

자동차는 총 중량이 대부분 1~2톤 정도이다. 운전자의 체중이 자동차의 드라이빙에 미치는 영향은 매우 미비하다. 반면 모터사이클은 아무리 무거운 모델이라 해도 400kg을 넘지 않으며 대부분 100~250kg의 중량을 가지고 있다. 따라서 운전자의 체중이 앞으로 갔는지 뒤로 갔는지에 따라 앞바퀴와 뒷바퀴 타이어의 접지력이 달라진다. 특히 코너에서는 '운전자가 중심을 어디에 두고 있느냐'에 따라 안전도에 많은 변화가 생긴다.

통상적으로 모터사이클 라이딩은 자동차 운전보다 약 4배가량 어려운 조종 기술이다. 노면의 상태와 변화, 위험 요소를 예측하고 기기를 조작하는 행위를 신속하면서도 동시에 진행해야 하는 게 모터사이클 라이딩이다. 물론 현재 많은 라이더들이 별다른 교육을 받지 않고 도로를 달리고 있다. 그렇기 때문에 위험이라는 독을 품고 달리는 것이다. 복잡해 보이는가? 하지만 어렵지 않다. 필자와 함께 하나하나 풀어가면 금세 진짜 라이더가 되어 있을 것이다.

자동차와 모터사이클의 접지력 차이

먼저 접지력의 차이를 이해해야 한다. 자동차 타이어의 경우 폭 20cm 정도의 타이어 4개가 노면에 접지해 달린다. 그렇다면 총 80cm의 타이어 트레드가 노면에 접지해 있는 것이다. 따라서 비가 오는 날에도 운전자는 큰 부담이 없다.

하지만 모터사이클의 경우 아무리 광폭 타이어를 장착한다 해도 앞, 뒷바퀴의 접지 면적은 5cm도 되지 않다. 더욱이 모터사이클 라이딩의 특

폭 20cm 정도의 자동차 타이어 4개 전체 폭은 80cm 정도이다

앞뒷바퀴의 폭이 5cm도 되지 않는 모터사이클 타이어.

머리와 몸통이 헤드라이트와 일치하며 앞쪽에 위치해 있다. 따라서 앞바퀴 쪽에 접지력이 몰리는 하중 분포이다.

엉덩이가 뒤로 빠져서 시트의 뒤쪽에 위치해 있다. 이런 경우 뒷바퀴에 하중이 몰리게 된다.

시트 중앙에 엉덩이와 머리가 위치해 있다. 이런 경우 앞뒷바퀴 모두에 하중이 전달돼 접지력도 고르게 분포된다.

다양한 우리나라 도로의 노면 상태.

성상 코너에서 기울어져야 주행을 할 수 있기 때문에 타이어의 형상이 둥그렇다. 그래서 노면과 닿아 있는 접지 면적이 매우 협소하다. 이런 이유로 라이더의 체중 이동이나 노면의 상태와 굴곡 등을 빨리 파악해 라이딩에 적용해야 한다.

우리나라 도로의 노면 상태와 라이딩 테크닉의 상관관계

국내 도로는 코너, 언덕길이 많고 과속 방지턱과 공사구간 등 장애물과 위험 요소들이 비교적 많은 조건을 갖고 있다. 대부분의 라이더들은 모토 GP에 나오는 온로드 레이서들처럼 도로를 달리려고 하지만 사실 그런 자세는 로드레이스 전용 경기장에나 어울리는 자세이다.

예를 들어 시속 10km 정도로 출퇴근길을 달린다 해도 언덕이나 공사구간이 있을 것이다. 또한 과속 방지턱을 넘기도 해야 하며 비나 눈이 내리기도 한다. 이런 굴곡이 많은 도로에서의 모터사이클 라이딩은 앞바퀴와 핸들의 흔들림이 많기 때문에 오프로드 테크닉을 접목하면 좀 더 많은 효과를 볼 수 있다.

  필자가 오프로드 테크닉을 중요하게 여기는 건 모든 모터사이클 테크닉이 오프로드에서 발전했으며, 오프로드 테크닉은 어떠한 경우의 돌발 사태에서도 머신을 컨트롤하고 위기 상황에 대처할 수 있는 테크닉이기 때문이다. 그도 그럴 것이 오프로드 테크닉을 연마한 라이더들은 바로 온로드 라이딩에 적응할 수 있지만 온로드 경험만 있는 라이더들은 오프로드에서 완전히 초보자인 경우가 대부분이다. 이제부터 우리 현실에 맞는 라이딩 테크닉을 하나하나 살펴보자.

기본자세는 승마 자세와 유사하다

  우리가 모터사이클을 '애마'로 부르는 건 모터사이클을 타는 게 실질적으로 말을 타는 것과 흡사하기 때문이다. 경마장에서 기수들이 말을 타는 장면을 유심히 관찰한 라이더는 알겠지만 기수들은 말을 타는 동안 격한 운동을 한다. 허리와 엉덩이, 팔을 격하게 움직인다. 하지만 머리는 움직이지 않고 일정하게 전방을 주시하면서 달린다.

  모터사이클도 마찬가지다. 머리가 흔들려 시야가 흔들리는 건 매우 좋지 않다. 말을 타고 달릴 때는 기수가 일어선 자세로 자신의 무릎을 서스펜션 삼아 충격을 흡수하지만 모터사이클은 자체 서스펜션이 충격을 흡수한다는 차이 정도가 있다.

승마와 모터사이클 모두 주행 중에 머리가 흔들려서는 안 된다.

실전 라이딩 테크닉

주차장에서 넘어트리지 않고 바이크 끌고 나오기

라이딩 경력이 없음에도 자신에게 버거운 모터사이클을 구입하는 라이더들이 있다. 그런 라이더들이 가장 힘들어하는 것 중 하나가 주차장에서 바이크를 끌고 나오거나 시동을 켜지 않고 끌고 가는 일이다.

필자도 전 세계 다양한 모델을 시승할 때 몸에 맞는 모터사이클만 타보는 건 아니다. 무거운 모터사이클도 많이 다루게 된다. 그렇다면 작은 체형의 라이더가 무거운 모터사이클을 안전하게 끌고 가는 방법은 무엇일까? 다음의 사진을 보면서 이해해보자.

1. 사이드 스탠드를 젖히고 오른쪽 측면 엉덩이를 시트에 밀착시킨다.

2. 몸 쪽으로 바이크를 약간 기울여 몸으로 지탱한다. 바이크와 라이더의 몸이 안정적으로 중심을 잡으면 예각 삼각형 모양이 될 것이다.

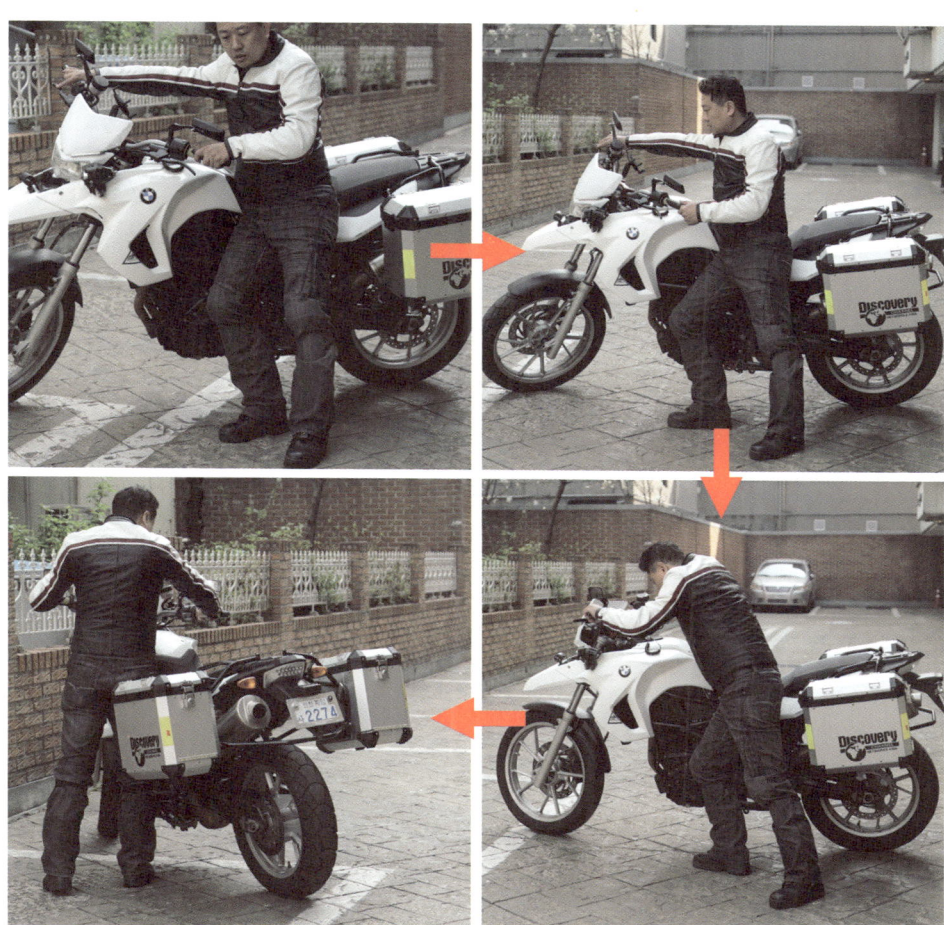

3. 안정적으로 중심을 잡았다면 원하는 방향으로 핸들을 조종해 전진이나 후진을 하면 된다.

　　모터사이클을 주차장에서 끌고 나올 때 중요한 건 모터사이클의 중심이 반대쪽으로 넘어가지 않게 각도를 잘 유지시키는 것이다. 모터사이클의 무게중심이 라이더의 몸 쪽이 아닌, 반대쪽으로 넘어가버리면 제대로 힘을 써보지도 못하고 모터사이클이 넘어진다. 이 점에 주의해야 한다.

중심에서 바깥쪽으로 조금만 넘어가면 아무리 힘이 좋아도 바이크가 넘어가버리니 조심해야 한다.

왼쪽은 작은 바이크지만 어려워하는 초보, 오른쪽은 무거운 바이크지만 여유 있는 고수

모터사이클 끌고 8자 돌기

처음 모터사이클을 타본다면 자신의 모터사이클 무게와 중심을 파악하기 위해 시동을 켜지 않은 상태로 연습해야 한다. 특히 180kg 이상의 무거운 모델이라면 반드시 이 연습을 해야 한다. 물론 가벼운 모델이라도 연습은 필요하다.

시동을 켜지 않고 끌기 연습은 통상적으로 자신에게 적합한 모델을 고르는 데 필요한 연습이다. 자신의 신체 사이즈나 완력에 비해 지나치게 무거운 모터사이클은 8자 돌기를 하다가 끌고 가지 못하고 넘어뜨린다거나 지나치게 금방 체력이 소모된다. 물론 많은 라이딩 경험을 가진 라이더들은 자신보다 무거운 바이크도 잘 끌 수 있다. 그것은 무게중심을 알고 있기 때문이다.

경제적인 여유가 있더라도 초보가 처음부터 250cc 이상을 라이딩하는 것은 매우 위험하다.

반면 체격이 지나치게 큰 라이더가 가벼운 50cc 스쿠터를 사용한다면 모터사이클을 쉽게 생각할 수 있다. 또한 금방 질릴 수도 있다. 아무리 체격이 큰 사람이라도 최초 50cc부터 시작해 점차 배기량을 늘리는 게 정답이지만 자신에게 적당한 모터사이클을 고르는 게 더 중요하다. 단, 아무리 체격 조건이 좋다 하더라도 처음부터 250cc 이상의 모터사이클을 타는 건 무리임을 알아둬야 한다.

그럼 라이더의 힘만으로 8자 돌기를 해보자. 우선 앞에서 이야기했던 주차장에서 안전하게 바이크 끌고 나오는 요령을 기억하면서 엉덩이를

모터사이클을 끌고 8자 돌기 순서

시트에 붙이고 출발한다. 핸들을 돌려 좌회전한다. 좌측에서 밀 때 좌 코너는 비교적 쉽지만 우 코너는 반대쪽으로 넘어가지 않도록 중심을 잘 잡아야 한다. 잠깐 실수하면 소중한 모터사이클이 제자리에서 쿵 할 수도 있다.

모터사이클 8자 끌기를 하면서 '이게 뭐 하는 짓이지? 엔진 달린 물건을 왜 끌고 다녀야 하는 거야?' 하고 생각할 수 있다. 하지만 이 과정은 모터사이클의 무게중심과 자신의 체력이나 체격을 파악할 수 있을 뿐만 아니라 모터사이클과 친밀감을 가질 수 있는 기회이다.

8자 돌기는 통상적으로 익숙해질 때까지 하는 게 좋다. 자연스럽게 큰 힘 들이지 않고 8자 모양으로 돌 수 있다면, 즉 자전거와 비슷하게 8자를 돌 수 있다면 비로소 시동을 걸 수 있는 단계가 된 것이다.

시동 걸고 출발하기

이제 시동을 걸고 실질적으로 출발해보는 과정이다. 많은 종류의 모터사이클이 있지만 가장 대중적이고 모터사이클의 표준이라고 할 수 있는 125cc 매뉴얼 모델로 설명해보겠다.

클러치의 정교한 조작은 라이딩 스킬뿐만 아니라 바이크의 내구성, 안전한 라이딩에도 많은 도움이 된다.

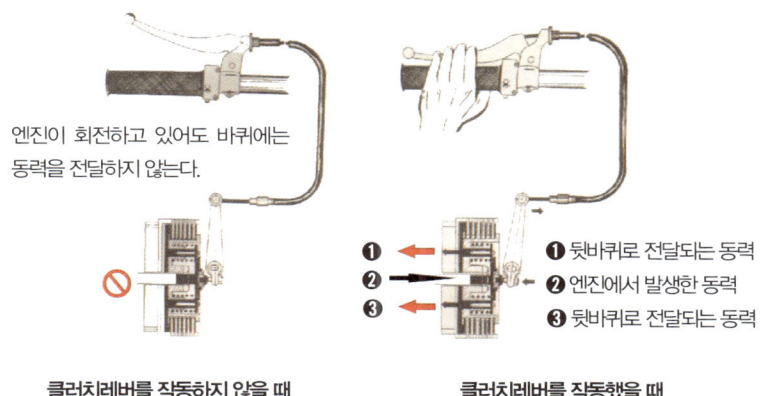

클러치레버를 작동하지 않을 때 / 클러치레버를 작동했을 때

 매뉴얼 바이크는 양손과 양발을 모두 사용한다. 오른손은 스로틀 레버와 앞 브레이크를 조작하고 왼손은 클러치를 담당한다. 오른발은 뒷 브레이크를 조작하고 왼발은 변속기어를 조작한다.

출발에 앞서 클러치와 기어를 알아보자

 클러치는 엔진의 힘을 바퀴로 차단하기도 하고 전달하기도 한다. 혹은 라이더가 원하는 만큼 약간만 전달할 수도 있는 매우 중요한 부위이다. 클러치 레버를 통해 자신이 원하는 기어에서 원하는 양만큼 동력을 전달하는 역할을 한다. 출발할 때 클러치의 적절하고 섬세한 조작은 엔진을 꺼트리지 않고 부드럽게 스타트할 수 있는 키포인트이다.

 출발할 때 엔진의 회전 수에 비해 클러치를 통해 전달하는 동력의 양을 적게 해 부드럽게 출발하는 것을 '반클러치'라고 하는데 이 반클러치를 자주 사용하게 되면 클러치의 한 부속인 클러치 디스크의 마모가 빨리 오게 된다. 따라서 충분한 연습을 통해 적정한 반클러치의 감각을 찾는 게 중요하다.

변속페달이 '중립(N)'에 위치해 있다고 가정했을 때

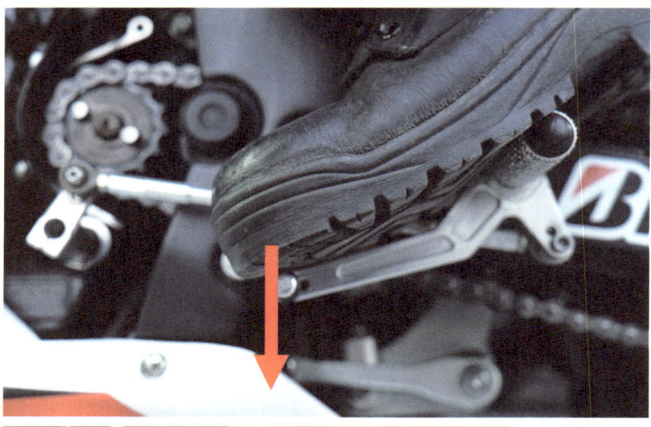

한 번 강하게 밑으로 내리면 1단으로 들어간다.

1단에서 위로 살짝 들어올리면 중립(N)으로 변속된다. 그리고 강하게 들어올리면 2단으로 변속된다. 2단에서 한 번씩 올리면 3-4-5단으로 변속된다. 모터사이클은 자동차와는 다르게 1단에서 3단, 5단에서 2단으로 한 번에 변속할 수 없고 점차적으로 변속을 해야 한다.

기어를 살펴보자

대부분의 매뉴얼 모터사이클의 변속기는 5단으로 되어 있고 맨 밑으로 내리면 1단이다. 알아두어야 할 것은 기어를 조작할 때 클러치 레버를 잡고 변속해야 한다는 것이다. 1단에서 살짝 기어를 올리면 중립이다. 그리고 다시 올리면 2단, 한 번씩 더 올릴수록 3-4-5단으로 올라간다. 기어를 내릴 때는 반대로 기어 변속 레버를 밑으로 누른다. 그러면 5-4-3-2-1로 한 단씩 순차적으로 내려간다.

하지만 모터사이클의 변속기어는 자동차의 수동기어처럼 1단에서 바로 3단으로 변속할 수 없다. 순차적으로 올라가고 내려가는 방식이 국제적인 룰로 자리 잡고 있다.

브레이크에 대해 알아보자

모터사이클에는 앞브레이크와 뒷브레이크, 그리고 엔진 브레이크가 있다. 엔진 브레이크는 좀 복잡한 문제이기 때문에 따로 중점적으로 다루기로 하고, 일단 초보 라이더들의 관점에서 앞뒤 브레이크만 설명하겠다.

앞브레이크는 대부분 유압식 디스크로 구성되어 강력한 제동력을 가지고 있다. 일반 도로를 주행하는 모터사이클은 주로 앞브레이크를 많이 사용하지만 조작을 부드럽게 해주어야 한다는 걸 알고 있어야 한다.

뒷브레이크는 앞브레이크의 보조적인 역할로 사용되며 최근에는 디스크 유압장치로 되어 있는 경우가 많다. 하지만 일부 국산 모터사이클의 경우 기계식 드럼 브레이크가 아직 남아 있기도 하다. 뒷브레이크 또한 부드럽게 조작해야 하는 건 맞지만 잘못하면 뒷바퀴가 잠기거나 미끄러질 수 있어 많이 사용을 안 하는 라이더들도 있다. 필자의 경우에도 거의

앞바퀴 브레이크는 주로 유압식 디스크로터 방식의 강력한 제동력을 갖춘 방법을 사용한다.

후륜 브레이크이다. 죄측은 최근 모델에 적용된 유압식 디스크 브레이크이고 우측은 과거에 사용했던 기계식 드럼 브레이크이다. 기계식 드럼 브레이크는 제동 능력이 유압식에 비해 떨어진다.

사용을 안 하지만 특정 테크닉이나 저속에서의 활용 등 꼭 필요한 부분인 건 사실이다.

스로틀 레버의 정교한 조작이 중요하다

모터사이클에서 스로틀 레버란 자동차의 액셀레이터와 같다고 했다. 스로틀 레버를 감으면 엔진 rpm이 올라가고 놓으면 내려간다. 스로틀 레버를 조작할 때는 매우 섬세하게 해야 한다. 배기량이 높으면 높을수록, 마력 수가 높으면 높을수록 더 섬세한 스로틀 조작 감각을 요구한다.

스로틀 조작은 매우 중요하다. 초보자가 실수해서 발생하는 사고 중 스로틀 조작을 잘못해서 일어난 사고가 매우 많음을 잊지 말자. 방향 지시등이나 전조등, 하이빔, 로우빔 같은 건 따로 설명하지 않겠다. 인터넷 검색을 활용하길 바란다.

배기량과 출력이 높을수록 스로틀 조작을 정교하게 할 수 있어야 한다.

그럼 출발해보자!

초보자가 연습할 장소로는 당연히 평평한 공간이 유리하다. 그리고 처음 시동을 켜고 연습할 때는 절대 혼자 해서는 안 된다.

먼저 시동키를 ON 한다. 그리고 기어를 중립에 놓는다. 대부분 기어가 중립에 들어갔다고 파란불이 들어올 것이다. 스타트 버튼을 눌러 엔진 시동을 건다. 시동이 걸렸다면 클러치를 잡고 있는 상태로 기어를 1단으로 내린다. 그리고 클러치를 아주 천천히 놓아본다. 이때 스로틀은 건드리지 말고 클러치만 천천히 놓아보자. 그러면 모터사이클이 천천히 앞으로 나아가려고 할 것이다. 그러다가 어느 순간 엔진이 정지할 것이다.

당황하지 말자. 원래 이런 게 정상이다. 이런 현상은 엔진의 공회전 rpm이 가지고 있는 동력이 바이크의 중량과 라이더의 중량을 이기지 못

연습 시 바이크의 엔진 시동이 꺼졌다고 크게 당황할 필요는 없으며 바이크에도 큰 무리가 가진 않는다.

하고 정지해버린 것이다. 이 과정은 라이더가 클러치의 유격과 동력 전달의 특성을 파악하기 위한 연습이다.

몇 번 더 연습한다고 모터사이클에 무리가 가거나 하지는 않는다. 그러니 다시 도전해보라.(600cc 이상의 모델에서는 공회전에서 엔진이 정지하지 않고 천천히 전진되는 모델도 있다.)

이번엔 다시 기어를 중립에 놓고 시동을 걸어, 아주 조금만 스로틀을 열어보자. 계기반상 2,000rpm 부근에 스로틀을 고정해보자. 2,000rpm 부근에 정확히 맞추는 건 생각보다 힘든 일이다. 이렇게 스로틀을 열고 닫으며 조작하는 걸 '스로틀 웍'이라고 한다.

2,000rpm 부근에서 1단을 넣고 클러치를 아주 살짝 풀어 천천히 전진해보자. 약 2~3m를 주행했다면 다시 스로틀을 놓는다. 그런데 스로틀을 놓으면서 클러치를 잡아 동력을 차단해주지 않으면 시동이 꺼진다.

미들급 600cc 이상의 바이크는 클러치를 서서히 놓아도 시동이 꺼지지 않는 모델도 있다.

대부분 초보자들이 실수하는 게 이 부분이다. 요즘은 자동차가 거의 모두 자동변속기이기 때문에 수동변속기의 기본적인 구조의 이해가 어렵다고 하는 라이더들이 많다. 매뉴얼 모터사이클에서 정지할 때 클러치를 잡아 엔진의 시동을 유지시키는 건 매우 기본적인 사항이니 반드시 숙달될 때까지 반복해서 연습해야 한다.

2~3미터를 주행했다면 같은 방법으로 조금씩 거리를 늘려보라. 우선은 1단으로 주행하면서 주행거리를 늘리고 반드시 정지할 때 클러치를 잡아 엔진의 시동을 유지할 수 있어야 한다. 그렇게 되면 자연스럽게 주행 중 변속이 가능해진다. 이 정도 연습이 진행됐다면 이제 모터사이클의 클러치 유격과 동력 전달에 대한 느낌을 어느 정도 파악했을 것이다.

여기까지가 출발 요령이다. 이제 여러분은 모터사이클 라이딩의 세계에 첫발을 내디딘 것이다. 이제 출발에 자신감이 어느 정도 붙었는가? 출발해서 운동장 몇 바퀴는 거뜬히 돌고 기어를 올리기도, 내리기도 하고 변속도 잘할 수 있으며 엔진 시동도 잘 유지시키는가?

앞에서 말한 것 중 한 가지라도 미숙한 게 있다면 다음 과정으로 넘어갈 수 없다. 또한 넘어가선 안 된다. 이 과정을 충분히 연습해서 숙달되어야 한다.

여기까지는 모터사이클을 좀 타봤다 하는 사람들에게도 얼마든지 들을 수 있는 상식적인 내용이라 할 수 있다. 하지만 앞으로는 주행 중 모터사이클 조작을 정확히 할 수 있다는 전제 하에 설명하겠다.

모터사이클 라이딩 테크닉 2과

모터사이클 코너링의 기본

모든 육상 운송수단에게 코너란 불안 요소이자 스릴의 근원이며 머신의 기술을 발전시키는 원동력이다. 결국 레이스의 승자는 코너에서 결정되며 코너란 아주 많은 의미를 가지고 있는 곳이다.

그렇다면 모터사이클에 있어 코너는 4바퀴 달린 탈 것과 어떤 차이가 있을까? 코너에서 중력과 원심력, 관성력은 4바퀴 달린 자동차와 모두 동일한 조건이다. 하지만 모터사이클은 앞에서 말한 라이더의 체중이 어디에 더 실리느냐에 따라 많은 차이를 보인다.

팔의 자세

국내 라이더들 중에는 로드레이서의 자세가 표준인 줄 알고 있는 사람이 매우 많다. 하지만 그렇지 않다. 로드레이스는 매우 한정적인 공간에

필자의 팔 자세처럼 팔꿈치를 들어올려 노면의 진동에 대비하는 자세가 일반도로에서는 더 효과적이다.

서 반복적인 트랙을 고속으로 주행하기 위해 만들어진 라이딩 테크닉이다. 반면 일반도로는 매우 많은 변수를 가지고 있는, 포장은 되어 있으나 울퉁불퉁한 도로라고 말할 수 있다.

그렇다면 일반도로에서 팔의 자세는 어떻게 하는 게 좋을까? 울퉁불퉁한 노면을 주행하는 오프로드 테크닉이 정답이다. 오프로드는 말 그대로 흙길이다. 날씨에 따라 굴곡이 생기고 울퉁불퉁하다. 바이크가 요동치는데 가장 적합한 팔의 자세는 팔굽혀 펴기 자세다.

최근 로드레이스 경기 장면을 보면 직선구간을 달릴 때는 팔을 최대한 움츠려 공기저항을 줄이지만 코너에서 급격한 감속을 할 때는 팔꿈치를 마치 오프로드 머신을 탈 때처럼 들어 올린다. 이것은 브레이킹에 효과적으로 대처하기 위함이다. 급격한 브레이킹을 할 때 관성 때문에 체중이 앞으로 쏠리는 건 매우 당연한 일이다. 이때 팔꿈치가 접혀 있는 것보다 위로 펼쳐서 체중을 버티는 게 좀 더 유리하다. 이 자세는 팔굽혀 펴기 자세와 거의 동일하다.

또한 이 자세는 유사 시 있을 수 있는 핸들의 떨림에도 대처할 수 있는 자세라 할 수 있다. 최근에 생산된 바이크들은 프레임 강성의 발전으로 좀처럼 핸들 떨림이 없지만 심한 연속 요철구간을 고속으로 주행해야 할 때의 팔 자세에도 적합하다. 팔굽혀 펴기는 체중을 버티는 것뿐만 아니라 핸들의 흔들림도 효과적으로 제어할 수 있는 자세이다.

팔 자세에 이렇게 많은 지면을 활용하는 건 그만큼 중요하기 때문이다. 팔 자세 하나만으로 라이더의 실력이 한 단계 상승한다. 또한 긴박한 상황에서도 많은 도움이 된다. 세 살 버릇이 여든까지 간다는 속담도 있지 않은가. 특히 팔 자세는 매우 중요한 사안이기 때문에 반드시 처음부터 올바른 습관을 가지는 게 좋다.

다리의 자세

모터사이클에서 다리가 가지는 의미는 매우 크다. 왜냐하면 결국 모터사이클은 머리와 다리로 조종하는 물체이기 때문이다. 본격적인 문제를 이야기하기 전에 우선 발의 위치에 대해 알아보자.

스텝과 발 위치의 원칙은 '가장 신속하게 조작할 수 있는 위치'에 발을 둔다는 것이다. 도로 여건에서 뒷브레이크 조작이든 기어 올리고 내리기든 최대한 유사 시 신속하게 조작할 수 있는 위치에 있어야 한다.

왼발과 오른발 모두 기본적인 위치는 동일하다. 간혹 레플리카 마니아들 중에 스텝에 앞꿈치를 올려놔야 한다고 하는 라이더들이 있다. 이것은

도로주행에서 발은 언제든지 가장 빠르게 조작할 수 있는 위치에 있는 게 원칙이다.

레이스에서 코너에 들어갈 때 안쪽 발이나 모터크로스 레이스에서의 경우이고, 일반도로에서는 언제나 발의 중앙이 스텝에 자리를 잡고 있어야 한다.

그 이유는 브레이크 페달과 변속기(Shift Lever, 시프트 레버)를 최대한 빨리 작동하기 위함이다. 발의 앞꿈치가 스텝을 밟고 있으면 발을 한 번 더 전진해 레버를 조작해야 한다. 그렇게 되면 유사 시 빠르게 레버나 페달을 조작하기 어렵다. 따라서 가장 가까운 거리에서 조작하려면 발이 스텝의 중앙에 위치해 언제든지 앞꿈치로 레버나 페달을 조작할 수 있도록 해야 한다.

앞서 이야기했듯 모터사이클을 조작하기 위한 손과 발의 자세는 최대

브레이크 페달뿐만 아니라 모터사이클의 조작 레버는 언제 일어날지 모를 돌발 상황에 대비해 당장 조작 가능한 위치에 있어야 한다.

한 안정적이면서 조작 기구들을 빨리 조작할 수 있어야 한다. 일정한 공간을 반복해서 주행하는 레이스에서는 발의 위치가 일반도로의 위치와는 다를 수 있다. 무조건적인 레이스 테크닉은 일반도로에서 위험을 초래할 수도 있다.

머리와 허리의 자세

모든 것을 판단하고 조작 명령을 내리는 곳인 머리는 신체 중에서 가장 무거운 기관이다. 따라서 사고 시 가장 많이 다치는 곳이기도 하다. 머리는 다른 신체기관에 비해 상대적으로 무겁다. 따라서 충격을 받으면 관성을 많이 받는다.

또한 머리는 모터사이클의 중심을 결정짓는 중요한 조작기구이기도 하다. 모터사이클이란 두 바퀴로 중심을 잡아 달리는 운송수단이다. 라이더의 무게가 어디에 치중되어 있느냐에 따라 핸들을 조작하지 않았음에도 모터사이클은 그 방향을 향해 선회한다. 따라서 안정적인 라이딩을 하는데 머리의 이동은 매우 중요하다고 할 수 있다.

흔히들 모터사이클이란 '시선이 가는 대로 움직이는 물건'이라는 말을 한다. 틀린 말은 아니지만 과학적으로 '머리의 무게중심이 이동하는 대로 움직이는 물건'이라고 표현하는 게 더욱 정확할 것이다. 예를 들어 머리의 무게중심은 왼쪽이지만 눈동자는 오른쪽을 보고 있다고 해서 모터사이클이 오른쪽으로 기우는 건 아니기 때문이다. 원리를 이해하는 것이 중요하다.

통상적으로 허리의 자세는 일직선으로 펴면 안 된다. 허리에 힘이 들어가 라이딩 시 일직선이 됐다는 건 팔에 힘이 들어가 있고 다리에 힘이 빠져 있다는 말이 된다. 반대로 다리에 일정한 힘이 들어가 있고 팔에 힘이 빠져 있다면 허리에는 힘이 들어가지 않으며 자연스럽게 굽어지게 된다. 즉, 힘이 빠지게 되는 것이다.

라이딩을 하다보면 항상 다리에 힘을 주고 라이딩하기도 힘들고 상체를 팔로 지탱하기도 한다. 하지만 처음 연습할 때 발로 니그립하며 팔에 힘을 빼는 정확한 기본자세를 유지하면 장시간의 라이딩에도 쉽게 피로하지 않고 전신운동에도 도움이 된다. 물론 안정적인 라이딩에 매우 큰 도움이 된다. 또한 허리에 힘을 빼면 노면에서 오는 충격이 허리로 바로 전달되지 않아 불필요한 부상도 막아준다. 생각보다 요철구간에서 빠른 속도로 주행하다 허리 부상을 당하는 경우가 많다.

모터사이클 라이딩은 장르에 따라서 매우 격한 운동이 될 수 있다. 엔진 달린 물건을 조작하는 데 무슨 운동이 되겠나 하는 사람도 있겠지만 왜 레이스를 '모터스포츠'라고 부르는지를 생각하면 이유를 알 수 있을 것이다. 예를 들어 모터크로스의 경우 요즘 유행하는 이종격투기 선수만

팔에 힘을 빼고 다리로 연료탱크를 조여 하체에 힘이 실리게 되면 자연스럽게 허리가 굽는다. 이 때 머리를 움직이면 머리의 중심이동대로 바이크가 선회한다.

큼의 체력이 필요하다.

린 위드, 린 인, 린 아웃이란 무엇이며 언제 사용하는가?

여기서 짚고 넘어가야 할 게 있다. 린 위드나 린 인, 린 아웃이라는 테크닉을 무엇 때문에 만들었을까? 바로 코너링 때문이다. 직선구간을 주행하는 데에는 굳이 이런 자세들이 필요하지 않다.

모터사이클을 새로 구입하면 매뉴얼에서 린 위드, 린 인, 린 아웃을 볼 수 있다. 하지만 그걸 유심히 살펴보는 라이더들은 많지 않을 것이다. 그 이유는 라이딩 테크닉을 설명할 때 '코끼리를 냉장고에 집어넣는 방법'처럼 무성의하게 설명되어 있기 때문이다. 하지만 우리가 정말 알아두어야 할 것은 모터사이클 코너링에서 린 위드, 린 인, 린 아웃만 정확히 알고 있어도 중급 이상의 라이더라는 사실. 그만큼 이 기본기는 매우 중요하다.

린 위드

린 위드(Lean With)란 모터사이클과 라이더의 몸이 함께한다 해서 붙여진 이름이다. 린 위드는 대부분의 라이더들이 사용하는 방식인데 도로를 지나는 거의 모든 라이더들이 린 위드로 라이딩을 한다. 코너에서도 바이크와 동일선상에 몸이 위치하는 테크닉이다. 많은 사람들이 사용하는 테크닉이지만 적극적인 라이딩 자세는 아니며 적극적인 코너 진입과 탈출에도 적합한 자세는 아니다.

린 인

린 인(Lean In)이란 모터사이클보다 라이더의 몸을 더 안쪽으로 기울여

린 위드는 머리와 몸통, 바퀴의 위치가 코너임에도 일직선상에 있음을 알 수 있다.

적극적인 선회를 유도하는 방식을 말한다. 이 방식은 필자가 강력하게 추천하는 것으로 온로드 코너에서 아주 유용하게 사용할 수 있는 코너 테크닉이다. 하지만 라이더들이 많이 사용하는 것 같지는 않다.

그 이유는 레이스에서나 필요한 행 오프 자세를 어설프게 따라하는 라이더들이 린 인 자세를 거치지 않고 무작정 행 오프 자세를 흉내 내려 하기 때문이다. 행 오프 자세는 린 인의 변형된 레이스 테크닉 형태일 뿐이다. 또한 훈련된 정도에 따라 다르지만 행 오프보다 신속하게 선회 변경을 할 수 있으며 도심 주행에도 많은 이점이 있다.

린 인은 라이더의 중심이 모터사이클보다 안쪽에 들어가 있기 때문에 똑같은 속도의 코너에서 린 위드보다 모터사이클을 덜 기울여도 코너를 주행할 수 있다. 이 말은 좀 더 빠르게 코너에 진입하고 탈출할 수 있다는 말이다. 코너를 빠르게 주행하기 위해서는 행 오프 테크닉이 더 적합할 수 있지만 일반도로에서 행 오프 자세를 취해야 할 곳은 거의 없다. 적극적인 린 인의 활용은 라이더의 스킬을 한 단계 업그레이드시켜줄 수 있다.

린 아웃

대부분의 사람들이 본능적으로 가지고 있는 테크닉이지만 정확히 언제 사용하는 기술인지 모르는 게 바로 린 아웃이 아닌가 한다. 린 아웃은 주로 오프로드 모터사이클 테크닉으로 알려져 있다.

린 아웃은 모터사이클보다 라이더의 몸이 밖으로 나가 있다 해서 '아웃'이란 용어를 사용한다. '린 인'과는 반대되는 개념이다. 같은 속도에서 린 위드보다 바이크를 더 눕혀야 코너를 돌 수 있으므로 빠르게 코너를 주행하는 테크닉은 아니다.

린 인은 머리와 몸통이 바이크보다 코너 안쪽에 위치해 같은 속도지만 뱅킹은 덜하면서 안정적으로 주행할 수 있는 가장 많이 사용되는 코너 테크닉이다.

초보자들이 처음 코너에서 바이크를 기울일 때 자신도 모르게 린 아웃 형태로 코너를 돌아나간다. 이것은 바이크가 기울어질 때 무섭기 때문에 본능적으로 그 반대 방향으로 몸을 이동시키는 것이다. 이런 본능적인 몸의 움직임은 처음 텐덤한(모터사이클 뒷자리에 타는) 사람이 코너에서 본능적으로 기울어진 반대편으로 몸을 이동시키려 하는 것과 같다. 그럼 이 린 아웃은 언제 사용하는 게 좋을까? 바로 노면 상태가 좋지 않거나 저속에서 급선회나 유턴을 할 때이다. 린 아웃이 코너링 테크닉과 상반되는 이유는 원심력을 크게 받기 때문이다. 하지만 린 아웃은 비가 와서 노면이 미끄러운 상황이나 비포장의 코너링에서 진가를 발휘한다.

린 아웃의 특성상 몸이 바깥으로 나와 있기 때문에 코너 바깥쪽 발에 중심을 이동하기 쉬우며, 안쪽 다리를 들어 유사 시 발생할 수 있는 미끄러짐에는 안쪽 다리로 노면을 짚어 슬립을 방지할 수 있는 장점이 있다. 이런 이유 때문에 노면의 접지력이 떨어지는 오프로드 코너 테크닉으로 많이 사용되는 것이다. 린 아웃을 연습해서 비 오는 날 아스콘이 깔려 있는 지하주차장을 안전하게 주행하는 데 사용해보면 어떨까.

행 오프

사실 행 오프(Hang Off)는 굳이 초보자들이 알아야 할 이유가 없는 테크닉이다. 왜냐하면 일반도로에서는 그다지 쓸모 있는 테크닉이 아니기 때문이다. 하지만 많은 레플리카 마니아들이 주변 와인딩 코너에서 행 오프를 열심히 연습한다. 필자는 레이스를 하는 동안 행 오프 테크닉을 서킷에서 사용했을 뿐 일반도로에서는 거의 사용하지 않았으며 대부분의 코너는 린 인으로 주행한다.

행 오프란 모터사이클의 중심에서 라이더의 중심이 이탈했다는 뜻이

린 아웃에서 중요한 것 또한 머리와 앞바퀴의 위치이다. 머리가 확실하게 바깥으로 나가 있고 안쪽 다리는 유사 시에 대비해 힘을 빼고 살며시 앞으로 뻗어준다. 이 자세는 노면 상태가 좋지 않을 때 매우 유용하다. 하지만 빠른 코너링 테크닉으로는 적합하지 않다.

다. 즉 엉덩이가 시트를 벗어나 코너의 안쪽으로 더 들어가 몸이 이탈했다 해서 오프(Off)라는 용어를 사용한다. 행 오프는 매우 불편한 자세이며 로드레이스 전용 머신에 적합한 테크닉이다. 또한 정확한 자세를 잡으면 매우 체력을 요하는 힘든 자세이다.

행 오프는 린 인이 변형된 레이스 코너 테크닉이다. 따라서 라이더의 체중을 린 인보다 더 적극적으로 안쪽에 위치하게 만들어 선회력을 극대화시키는 테크닉이다. 이때 바깥쪽 다리에 라이더의 무게중심을 실어야 하기 때문에 하체 근력도 좋아야 한다. 팔은 힘을 빼고 팔목은 꺾이면 안 되며, 허리에 힘이 들어가면 안 된다. 따라서 쉽게 피로해진다. 특히 장시간 주행하면 필연적으로 다리와 목, 허리가 아파온다.

스피드를 즐기는 자칭 베테랑 라이더들이 행 오프 자세를 취하며 무릎이 노면에 닿는 게(Knee Slide, 니 슬라이드) 마치 라이딩 스킬과 비례하는 것처럼 생각하는 경우가 있다. 혹은 코너에서 일부러 무릎을 노면에 붙이고 주행하는 웃지 못할 일도 많이 있다. 무릎이 노면에 닿는 것은 라이딩 스킬과 전혀 무관한 이야기이다. 또한 무릎이 닿아야 잘 타는 것으로 인식된다는 생각 때문에 전반적인 라이딩 자세를 삐뚤어지게 만들어버리는 경우도 매우 많이 봐왔다.

레이싱 슈트에 니 슬라이드가 있는 건 레이서 자신이 현재 얼마나 기울어져 있는가를 측정하기 위한 일종의 센서 역할을 위해서이다. 예를 들어 코너에서 자신은 최대한 기울였다고 생각했는데 생각보다 덜 기울어져 있는지, 혹은 생각보다 너무 많이 기울어져 있는지를 잠깐씩 노면에 마찰시켜 측정하는 도구인 것이다.

레이스는 최대한 빨리 달리는 게 목적인 경주이다. 몸과 노면이 마찰되면 그만큼의 저항이 생긴다. 당연히 니 슬라이드와 노면의 접촉이 많아지

일반도로에서는 행 오프 자세가 전혀 필요없다.

면 랩타임에 좋을 게 없다. 그런데 왜 이런 테크닉이 개발됐을까? 그건 바로 로드레이스에서 가장 빠른 자세이기 때문이다. 일반도로에서는 안전이 우선이지만 레이스에서는 빠른 게 우선이기 때문에 이런 테크닉이 생겨난 것이다. 행 오프 자세에 대한 좀 더 자세한 설명은 다음 책에서 다루기로 하겠다.

모터사이클 라이딩 테크닉 3과

달리는 것보다 멈추는 게 더 중요하다

우리는 흔히 '브레이크 없는 벤츠'라는 말을 많이 한다. 아무리 배기량이 크고 럭셔리한 운송수단이라도 멈출 수 없다면 쓸모가 없을 때를 일컫는 말이다. 최근에는 모터사이클도 브레이크 성능이 진일보해 ABS 시스템이 기본 장착되어 있는 모델이 많아지고 있다. 하지만 아직도 일반 브레이크를 장착하고 있는 모델이 훨씬 많다.

일반 브레이크로 설명하겠다

모터사이클의 브레이크는 계속 주행하려는 관성에너지를 마찰열로 변환시켜 결국 멈추게 만드는 장치이다. 일반적으로 모터사이클 브레이크에는 3가지가 있다. 그건 바로 앞브레이크, 뒷브레이크, 엔진 브레이크이다. 기본적인 것은 앞에서 설명했기 때문에 테크닉 위주로 이야기하겠다.

자동차와 다르게 모터사이클은 앞바퀴가 잠겨버리면 넘어질 확률이 높다. 이에 대비한 정교한 브레이크 컨트롤 연습이 반드시 필요하다.

우선 자신의 손 크기에 맞춰 레버를 적절히 조절해야 한다. 초보자의 경우 부드럽게 세팅하는 게 좋다. 브레이크를 작동하는 요령은 매우 간단하다. 신속하지만 급작스럽지 않게 조작하는 것이다. 좀 아이러니한 표현이지만 설명을 들어보면 이해가 될 것이다. 물론 브레이킹 시에 스로틀은 절대 가속하지 않는다.

멈춰야 하는 상황이 발생하면 최초의 브레이킹이 신속할수록 좋다. 그러나 급하다고 레버를 급조작하면 바퀴만 정지해 멈출 뿐 모터사이클은 바퀴가 미끄러지며 계속 전진하게 된다. 이것을 바퀴가 잠겼다는 표현으로 '락(Lock)' 현상이라고 한다. 이렇게 바퀴가 잠기면 정지 거리가 더 늘어난다는 건 모두 알 것이다. 자동차는 대부분 앞으로 밀려나가지만 바이크의 경우 앞바퀴가 잠기면 대부분 넘어지게 된다.

바퀴가 잠기는 현상은 타이어의 재질과 공기압, 브레이크의 성능과 많

극저속이라면 상관없지만 돌발 상황이라고 해서 전륜 브레이크 레버를 한순간에 '콱' 잡으면 안 된다. 이럴 경우 조향을 담당하는 앞바퀴가 잠기며 컨트롤이 불가능해진다.

은 관련이 있다. 하지만 기본적인 브레이킹 테크닉이란 레버를 조작할 때 급하더라도 한 번에 '콱' 잡는 경우가 없어야 하며, 레버를 최초로 잡아당길 때 부드럽게 잡아 점점 힘의 강도를 늘리며 브레이크를 작동시키는 게 원칙이다. 앞에서 말한 대로 '콱' 하고 잡으면 바퀴가 잠길 가능성이 크며 모터사이클도 중심이 갑자기 흐트러져버린다. 브레이크는 '꾸~욱' 조작한다는 생각으로 처음부터 연습을 하는 게 좋다. 이렇게 연습하면 나중에 급하게 레버를 잡는다 해도 처음에는 부드럽지만 점점 더 강하게 조작하는 요령을 터득할 수 있다.

시속 20km 이하에서는 어떻게 브레이크를 작동해도 정지할 수 있지만 그 이상의 속도에서는 브레이크를 정교하게 조작해야 매우 많은 안전을 확보할 수 있다. '꾸~욱'이라는 표현이 매우 느리게 느껴질 수도 있지만 브레이킹의 효과적 사용면에서는 최선의 방법이다. 연습 방법은 일단 직선상에서 필자가 이야기한 '꾸~욱' 잡는 요령을 연습하고, 반대로 '콱' 잡는 방법도 실험해보면 어떤 게 안정적이며 브레이크의 성능을 올바로

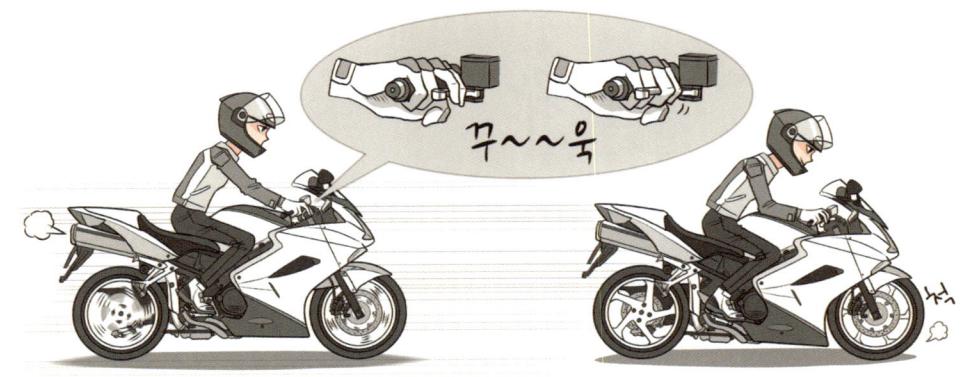

위급한 상황에서 바이크의 안정성과 효과적인 브레이킹을 위해 '꾸~~욱' 잡는 연습이 반드시 필요하다.

사용하는 것인지 알 수 있을 것이다.

처음에는 천천히 '꾸~~욱'을 연습하다가 레버의 유격이 적응되면 브레이킹이 실질적으로 시작되는 부분부터 스피드 있게 '꾸~욱' 조작하는 방법으로 연습해야 한다. 이 브레이킹 테크닉 또한 다음 레벨로 업그레이드되기 위해 매우 중요한 연습이며 안전과 직결되어 있는 것이다. 반드시 반복 연습을 통해 몸에 완벽히 익혀야 한다.

앞에서 이야기한 팔의 자세를 다시 생각해보자. 팔의 자세에서 팔꿈치를 벌려 팔굽혀 펴기 자세로 잡아야 안정적이라고 했다. 이 자세는 브레이킹 시에 라이더의 체중이 앞으로 쏠리는 것을 효과적으로 제어할 수 있다. 브레이킹 연습을 하면서 정지할 때 자신의 팔 자세가 정확한지 생각하면서 연습해본다면 많은 도움이 될 것이다.

모터사이클 라이딩 테크닉 4과

체중의 이동과 선회의 시작

코너를 설명할 때 가장 중요한 것은 원심력이다. 코너를 돌아나갈 때 원심력뿐만 아니라 중력과 관성력도 동시에 작용한다. 이 세 가지 자연법칙을 잘 이해해야만 효과적으로 코너에 대처할 수 있다. 너무 거창하게 설명해서 복잡하고 어려워 보이지만 방법만 알면 생각보다 그리 어렵진 않다.

우선 모터사이클이 땅에 붙어 있는 이유는 중력 때문이다. 무게에 따라 중력이 작용해 타이어와 노면의 접지력을 유지한다. 그리고 출발과 동시에 멈추지 않으려고 하는 관성이 발생한다. 그리고 코너에 들어가면 이때부터 원심력이라는 것을 받는다. 원심력이란 물체가 회전할 때 그 무게에 따라 중력을 거스르고 바깥으로 빠져나가려고 하는 자연법칙을 말한다.

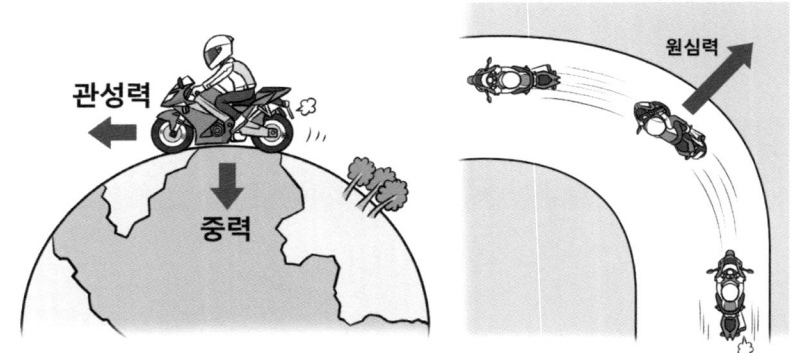

코너링이란 결국 물리학의 기본 원칙인 중력, 관성력, 원심력을 이해하는 것이다.

자, 그럼 이제 코너에 들어가보자. 이제부터 필자가 설명하는 것은 매우 중요한 이야기이다. 이해가 가지 않는다면 반복해서 읽고 연습해야 기본기가 잡히고 다음 단계로 넘어갈 수 있다.

먼저 장소는 공터이다. 안전이 확보된 공간에서 처음 출발 연습을 했을 때와 같이 연습을 하는 게 좋다. 초보자들의 경우 모터사이클의 조작이 능숙하지 않으면 클러치 레버나 브레이크를 조작하느라 시선이 넓어지지 않는다. 자신이 충분히 모터사이클을 자연스럽게 조작할 수 있다고 생각했을 때 코너 연습을 해야 한다.

모터사이클을 자연스럽게 조작할 수 있다면 일정 목표 지점까지 최대한 느리게 주행하는 연습을 꾸준히 해야 한다. 이것은 중심을 잡는 기본 테크닉이며 모터사이클 핸들의 움직임 원리를 파악하는 연습도 된다. 천천히 주행하면 모터사이클이 넘어지려고 할 때가 있다. 이때 핸들을 넘어지려는 방향으로 틀면서 스로틀을 가볍게 열어주면 다시 바이크가 일어서는 것을 경험할 수 있다. 이 원리는 자전거를 처음 배울 때와 같다. 자

저속에서 컨트롤하는 연습을 꾸준히 하면 실제 주행에 많은 자신감이 생긴다.

전거도 두 바퀴라는 틀을 벗어날 수는 없기 때문이다.

바이크가 한 방향으로 넘어지려 할 때 핸들을 넘어지려고 하는 방향으로 틀면 일직선인 모터사이클이 ㄱ자에 가깝게 되면서 넘어지는 걸 막을 수 있다. 종이를 일직선으로 세우기는 힘들어도 ㄱ자 형태로 접어서 세우면 쉽게 세워지는 이치와 같다.

이때 앞으로 전진하려는 엔진 출력이 더해지면 넘어지려고 하던 모터사이클이 일어서게 된다. 그러다가 다시 속도가 줄어들면 직진 관성이 없어지고 중심을 잡기가 힘들어진다. 그리고 다시 조금 속도를 내어 달리면서 바이크를 안정적으로 복원시키기를 반복적으로 연습하면 라이딩 테크닉에 많은 자신감을 가질 수 있을 것이다. 즉, 아주 천천히 가다가 넘어질 것 같으면 조금 속력을 올리고, 다시 브레이킹으로 천천히 가다가 속도를 조금 높이기를 반복하며 연습해보라는 것이다.

저속에서 연습할 때 스로틀을 조금씩 열어주면 넘어지려는 바이크가 일어선다.

　이 연습은 초보 라이딩에 있어 아주 중요한 것이다. 클러치의 감과 브레이킹, 핸들 조작 능력을 모두 연습할 수 있는 훈련이므로 능숙해질 때까지 반복해야 한다. 특히 2종소형 면허를 취득하고자 하는 라이더라면 면허시험에서 상당한 도움이 될 것이다. 10m를 20초 이상의 기록으로 천천히 주행할 수 있다면 기본적인 조작 테크닉은 어느 정도 숙련됐다고 할 수 있다.

원 돌기

　천천히 주행 연습을 해 10m를 20초 이상 버티며 주행했다면 이제 코너를 그려보자. 처음에는 무리하지 말고 원을 크게 그리며 원 돌기를 해보자. 처음에는 크게 돌며 주행하다가 점점 원의 크기를 줄여보자. 속도와 바이크의 기울기는 별로 중요하지 않다.

　원 돌기 연습을 하면 처음부터 무릎을 노면에 마찰시키고 싶어 하는 라이더들이 있는데, 다시 한 번 말하지만 쓸데없이 노면을 무릎으로 긁고

적응이 될수록 짧게 안으로 파고들며 연습해보자.

다니는 건 정말 촌스러운 짓이다. 원 돌기를 하는 중요한 목적은 원심력과 라이더의 체중이 중심 변화에 미치는 영향이 어떠한가를 파악하기 위해서이다. 10번 돌며 연습했다면 반드시 오른쪽으로도 10번 연습을 하는 게 좋다. 점점 숙련이 됐다고 생각되면 약간씩 속도를 올리며 바이크의 기울기를 조금 더 기울여가면서 연습해보라.

또한 주행 중에 천천히 원을 돌며 스로틀을 감아 가속했을 때와 감속했을 때의 선회 특성을 빨리 파악하는 게 포인트이다. 원 돌기를 할 때 엉덩이와 허벅지에 전해져오는 뒷바퀴의 노면 정보를 빨리, 정확하게 느끼는 것도 알아두어야 할 사항이다. 뒷바퀴의 주행 느낌을 알고 그것을 라이딩에 반영할 수 있는 수준의 라이딩을 구사하기 위해서는 필연적으로 경력이 상당히 쌓여야 한다.

한 가지 더, 원 돌기를 할 때 브레이크를 정교하게(아주 약하게 시작해서) 조작하는 요령을 터득해야 한다. 선회를 하면서 브레이크를 조작하는 건 고급 과정으로 가기 위한 매우 중요한 테크닉이다. 처음에는 모터사이클이 기울어져 있는 상태에서 브레이크를 조작한다는 부담감에 넘어지면 어

코너에서 뱅킹이 된 상태로
아주 부드럽게 브레이크를 조절하는 연습을 해보라.

쩌나 하는 두려움이 생길 수 있다. 하지만 정상적인 노면에서 연습을 할 때 정교하게(아주 부드럽고 약하게 시작) 브레이크를 조작하면 좀처럼 바이크가 넘어지지 않으며, 브레이크를 천천히 조작하면 모터사이클이 기울어져 있다가도 일어나려는 성질이 있다는 걸 알 수 있다. 이 테크닉은 바이크가 기울어져서 돌아나가는 코너에서의 돌발 상황이 발생했을 때 매우 유용하게 사용할 수 있다.

원 돌기 연습이 중요한 이유를 한 가지 더 이야기하자면 바로 스로틀 웍을 정교하게 하기 위한 연습이 자연스럽게 되기 때문이다. 일정한 원을 그리기 위해서는 회전을 하면서도 일정한 rpm을 유지시키는 정교한 가속 능력 즉, 스로틀 웍이 반드시 필요하다. 특히 배기량이 높은 250cc 이상의 모델은 정교한 스로틀 웍 연습이 반드시 선행되어야 한다. 그래야만 스로틀 실수로 발생할 수 있는 안전사고를 예방할 수 있다. 이것은 배기량과 출력이 높아질수록 더욱 중요해진다. 프로 레이서들이 상당히 예민

일정한 rpm으로 가능한 정확하게 원을 그려보도록 연습해보라.

하게 신경 쓰는 부분이 바로 스로틀의 정교한 조작이다. 앞에서 이야기한 린 위드와 린 인, 린 아웃도 원 돌기 연습을 하면서 각 자세의 특징과 느낌을 충분히 알아두어야 한다.

원 돌기 연습을 어느 정도 했다면 오른쪽과 왼쪽 코너를 동시에 익힐 수 있는 8자 돌기 연습을 하는 것도 방법이다. 원 돌기를 할 때 클러치를 잡아 동력을 차단한 상태에서 연습하는 건 매우 좋지 않은 방법이다. 클러치는 주행 중 어떤 경우라도 잠깐씩 동력을 차단해 변속을 용이하게 하는 기능 이외에는 장시간 잡을 필요가 없는 조작 기구이다.

종종 코너에 진입할 때 클러치를 잡고 동력을 차단한 상태에서 진입해 탈출하면 동력을 전달해 가속하는 라이더들이 있다. 그것은 매우 잘못된 방법이며 크랭크축의 회전 관성을 이용하지 못하는 것이다. 중심 또한 위쪽으로 올려버리는 결과가 되기 때문에 원 돌기를 할 때는 정교하게 일정한 스로틀 웍으로 연습하는 게 중요하다.

실전 코너의 선회

　일정 속도로 주행을 하다 자신이 공략하고자 하는 코너가 나오면 코너의 입구를 살핀다. 현재 자신의 속도와 코너의 구부러진 정도를 판단한다. 이때 중요한 것이 시선 처리이다. 앞서 이야기했듯 시선이 가는 곳에 머리의 중심이 이동하고 중심의 이동은 선회로 이어진다.

　좌 코너를 예로 들자면, 코너가 나오면 시선이 코너 입구를 주시하며 충분히 안전한 속도로 감속이 이루어진다. 시선이 좌측에 머물고 있기 때문에 머리가 좌측으로 기울어지면서 바이크의 선회가 시작된다. 이때 상체도 왼쪽으로 기울여준다. 그럼 모터사이클은 무게중심의 이동에 따라 자연스럽게 셀프 스티어링이 작용하며 핸들이 필요한 만큼 꺾이게 된다 (해당 모델의 휠 베이스와 프레임의 강성, 구조에 따라 약간의 차이가 있을 수 있다).

　핸들에 올려져 있는 팔에는 브레이크를 조작할 정도의 힘만 있으면 된다. 코너에서 팔의 힘으로 핸들을 제어하려고 하면 오히려 안정적이고 자연스럽게 선회할 수 있는 셀프 스티어링을 방해한다. 초보자들은 처음에 팔에 힘을 빼는 것이 쉽지 않을 것이다. 하지만 기본적인 원리를 알고 있는 라이더라면 점차 안정적으로 셀프 스티어링에 의존하게 되고 팔에 힘이 빠질 것이다.

　최근 인터넷에 '카운터 스티어링'이라는 말이 자주 거론된다. 과학적으로 두 바퀴인 모터사이클이 한쪽 방향으로 회전하기 위해서는 반드시 어느 정도는 카운터 스티어링 즉, 회전하고자 하는 방향의 반대쪽으로 약간 기울어졌다가 다시 회전하고자 하는 방향으로 돌아간다는 내용이다. 이것은 과학적으로 맞는 말이다. 최근 출간된 모터사이클 관련 책에서도 이 원리가 라이딩에 많은 영향을 주는 것처럼 나와 있지만 실전 라이딩에서는 무시해도 될 만큼 미비한 현상이 바로 카운터 스티어링이다.

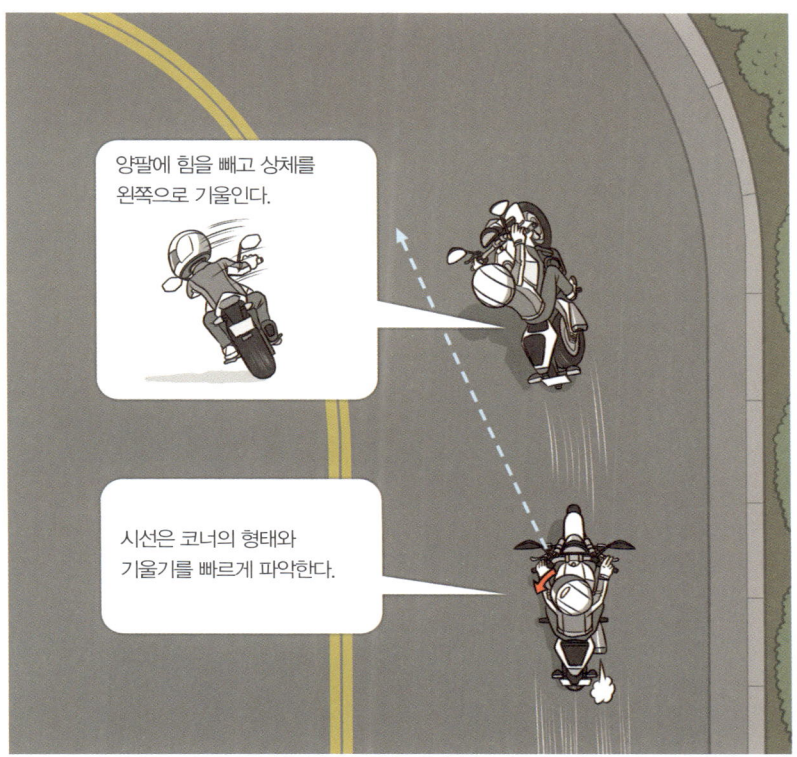

결국 처음 코너링을 시작하는 것은 머리이다. 머리의 중심이동으로 코너링이 시작된다.

코너링은 머리로 시작해 다리로 끝낸다

코너에 진입할 때 시선으로부터 머리 중심을 이동해 선회가 이루어지면 몸을 안쪽으로 밀어 넣어 린 인 자세를 취해 선회력을 높이면서 모터사이클이 기울어지기 시작할 때 바깥쪽 발에 힘을 주어 스텝을 누른다.

왼쪽 코너라면 오른쪽 발에 힘을 주어 체중을 오른쪽에 싣는 것이다. 대부분의 라이더들이 시선 처리와 린 인 정도는 알고 있지만, 다리를 움

라이더의 체중이 같을 때 무거운 바이크일수록 앞으로 직진하려는 성질이 강하다. 즉, 무거운 바이크일수록 코너링에서 라이더의 적극적인 중심이동이 있어야 한다.

직여 체중 이동을 하는 것은 잘 모르고 있다. 하지만 고급 라이딩을 위해서는 결국 다리로 모터사이클을 조종하는 방법을 익혀야 한다.

다리로 체중을 이동해 라이딩하는 방법은 모터사이클의 무게가 무거워질수록 큰 영향력이 없어진다. 예를 들어 레이스 전용 머신인 250cc는 중량이 불과 100kg 정도밖에 나가지 않는다. 라이더의 체중이 75kg이라고 가정했을 때 이 머신은 라이더의 체중 이동에 매우 지대한 영향을 받는다. 하지만 400kg이 넘는 골드윙(혼다)이나 울트라 클래식(할리데이비슨) 같이 무거운 모터사이클일수록 라이더의 체중 이동에 민감해하지 않는다. 라이더의 체중은 75kg으로 동일한데 반해 바이크의 중량이 높아지면 그만큼 라이더의 체중이라는 지렛대가 미치는 영향이 줄어들기 때문이다. 장단점이 있겠지만 기본적인 고급 테크닉은 고출력의 가벼운 머

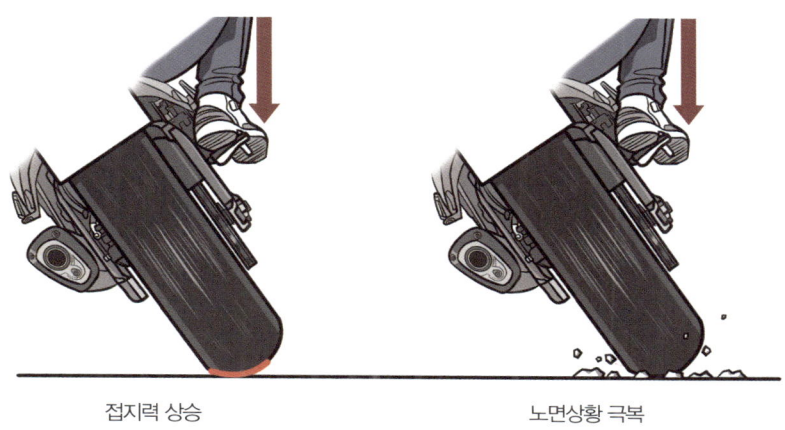

선회 시 코너 바깥쪽 스탭에 체중을 실어주면

접지력 상승 노면상황 극복

코너링에서 바깥쪽 스탭에 체중을 싣는 것은 매우 중요한 라이딩 스킬이다.

신을 다룰 줄 아는 것이다.

그럼 왜 코너 바깥쪽 스탭에 체중을 몰아주는 것일까? 그 이유는 좀 더 안정적인 접지력의 확보와 유사 시 바퀴가 미끄러졌을 때 라이더가 모터사이클을 쉽게 컨트롤하기 위해서이다. 간혹 어떤 라이더들은 코너에서 안쪽 발에 중심을 실어야 안정적이고 빨라진다고 말한다. 이것은 한때 일본에서 발간된 라이딩 테크닉 책에서 전파된 위험하고 잘못된 정보이다. 코너에서 체중의 이동은 반드시 바깥쪽이어야 하며 그것은 모든 모터사이클에 적용된다. 바이크의 중량이 무거워질수록 안쪽이든 바깥쪽이든 힘을 주면 그저 그런 코너는 돌아나가기 마련이다. 하지만 노면 상황이 좋지 않거나 좀 더 수준 높은 고급 라이딩을 위해서는 코너 바깥쪽에 중심을 두고 공략하는 게 좋다.

바깥쪽 스텝에 라이더의 체중을 이동시키는 것은 기본적인 물리법칙에 라이더의 체중을 좀 더 효과적으로 이용하는 방법이다.

대부분 코너에서 체중이 바깥쪽 스텝에 실리는 건 알고 있지만 언제부터 힘을 줘야 할지 모르는 경우가 많다. 코너에 진입하기 전부터 바깥쪽 다리에 힘을 주고 있다면 코너 진입에 방해 요소가 된다. 따라서 체중을 이동하기 위해 바깥쪽 스텝에 힘을 싣는 것은 모터사이클이 4~5도 정도 기울어졌을 때부터 시작하면 된다.

선회가 시작돼 모터사이클이 기울어지며 체중을 반대쪽 스텝에 싣고 코너의 가장 어려운 기울기 부분을 빠져나왔다 해도 체중을 쉽게 되돌리지 말고 모터사이클이 완전히 일어선 후에 체중을 원 상태로 돌리는 게 바람직하다.

코너에서 몸의 중심은 왜 바깥쪽에 두어야 하나

그럼 바깥쪽 스텝에 중심을 두는 게 왜 안전한지와 미끄러졌을 때 라이

같은 코너링에서 같은 속도로 코너를 돌아나가도 바깥쪽 스텝에 중심을 두고 주행하는 라이더가 좀 더 안정적이다.

더가 컨트롤하기 쉬운지 이야기해보자. 이 부분은 글로 설명하기가 힘든 점이 있다. 최대한 쉽게 표현하려고 노력하겠지만 이해가 가지 않는다면 반복해서 읽어보기 바란다.

코너에서 모터사이클은 속도와 코너의 구부러진 정도에 맞게 기울어지면서(뱅킹) 주행하는 게 정상이다. 더 기울어졌다거나 덜 기울어져 있어도 문제가 생긴다. 이것은 슬립(바퀴가 미끄러져 넘어지는)으로 이어진다.

코너를 주행하면서 모터사이클을 기울이면 원심력을 받는다. 또한 동시에 중력도 작용한다. 코너에서는 원심력과 중력의 복합적인 작용을 정확히 이해해야 한다. 타이어의 표면이 노면과 닿아 접지력을 유지하는 건 중력 때문이다. 모터사이클과 라이더의 무게를 합산한 만큼의 중력이 작용해 타이어의 표면이 접지력을 유지하는 것이다. 그런데 코너 주행 중에 모터사이클은 원심력을 받아 밖으로 나가려고 한다. 그렇기 때문에 모

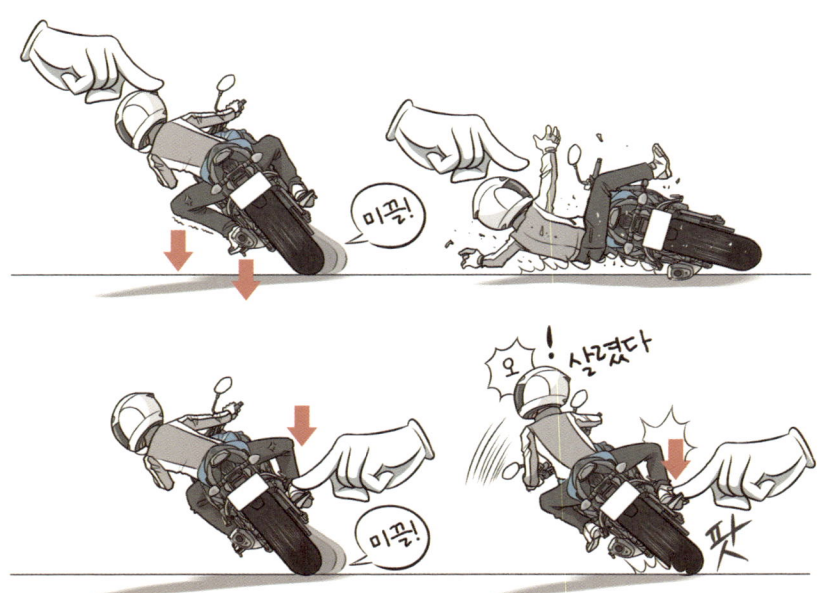

바깥쪽 스텝에 라이더의 체중을 이동시키면 접지력 상승뿐만 아니라 후륜이 미끄러지는 상황에서도 라이더가 대처할 수 있는 시간을 벌어준다.

터사이클을 적당히 기울여 코너를 주행하는 것이다.

　라이더가 적극적으로 중심을 이동시키는 것은 좀 더 많은 접지력을 확보하기 위함이다. 밖으로 나가려는 모터사이클을 바깥쪽(좌 코너면 오른발, 우 코너면 왼발) 발로 스텝에 이동시키면, 비록 기울어져 있는 모터사이클이라 해도 라이더의 체중이 위에서 타이어를 누르는 힘으로 작용하는 것이다. 따라서 중심이동을 하지 않았을 때보다 접지력이 향상된다. 또한 모터사이클을 지나치게 기울여 뒷바퀴가 미끄러질 때도 밀착되어 있는 발의 감각으로 미끄러지는 것을 빨리 전달받을 수 있다. 미끄러지기 시작할 때도 급격히 미끄러지는 현상을 어느 정도 지연시키는 효과를 얻을 수 있다.

　깊은 뱅킹에서 뒷바퀴가 갑자기 '휙' 하고 미끄러졌다면 중심이동이 제

1. 머리를 먼저 중심이동시킨다.
2. 바이크가 기울어지기 시작하면 바깥쪽 다리에 중심을 이동시킨다.

대로 되지 않았던 것이고, 마치 드리프트하듯 미끄러진다면 중심이동이 정확했다고 할 수 있다. 여기서 시간적인 여유 없이 '픽' 하고 뒷바퀴가 미끄러지면 모터사이클을 다시 컨트롤해 일으킬 수 없어 결국 넘어지고 만다. 하지만 바깥쪽으로 정확히 중심을 이동하며 주행하던 라이더는 바퀴가 미끄러지는 정보를 전달받는 동시에 드리프트처럼 바퀴가 천천히 미끄러지기 때문에 넘어지기 전 컨트롤할 수 있는 시간적인 여유를 가질 수 있다. 사실 이때 라이더가 벌 수 있는 시간이라고는 0.2초 정도 될 것이다. 하지만 이 시간 차이로 전도되느냐 그렇지 않느냐가 갈릴 수 있다. 0.2초 차이로 200~300만 원의 견적과 부상이 왔다 갔다 할 수 있다는 말이다.

중심을 바깥쪽에 두고 코너를 주행하는 건 매우 복합적인 장점이 있는 중요한 테크닉이다. 반드시 연습을 통해 자신의 것으로 만드는 게 중요하다. 이 테크닉은 린 위드나 린 인, 린 아웃, 행 오프에도 모두 적용된다. 이 책을 읽고 있는 라이더가 이 테크닉만 정확히 이해할 수 있다면 단언컨대 책값 이상은 뽑은 것이다.

앞서 이야기했듯 코너링의 기본은 시선을 주며 머리로 중심을 이동시키고-상체가 안쪽으로 따라가며-기울기 시작하면 다리로 반대편 스텝에 체중을 이동하고-코너를 완전히 빠져나오면서 체중은 원 위치한다. 이것이 모터사이클 코너링의 가장 기본적인 공식이다.

공식을 무조건 외우는 것보다는 될 수 있으면 원심력과 중력의 상관관계를 이해해야 한다. 그래야만 나중에 자신에게 맞는 라이딩 테크닉을 완성할 수 있다. 라이딩은 매우 복잡한 조종기술이다. 물론 그냥 저냥 달리려 한다면 단순 조작방법만 알고 타도 무리는 없다. 하지만 좀 더 안정적으로 라이딩을 하면서 방어 운전에 집중하려면 반드시 연마해야 할 부분이다.

코너에서 중심을 바깥쪽으로 이동하는 연습은 모터사이클의 사이드 스탠드를 세우고 코너링 자세를 취했을 때 다리로만 몸을 버티는 연습을 통해 향상될 수 있다. 이때 팔은 핸들에 닿으면 안 된다. 대퇴부쪽 근육이 상당히 힘든 연습이며 기본적인 다리 근육이 필요하다. 하지만 연습이 아닌 실전 도로주행에서는 정지해 있을 때 연습한 것보다 힘들지 않다.

모터사이클 라이딩 테크닉 5과

스쿠터 라이딩에 대해

　많은 사람들이 편리한 스쿠터를 사용한다. 적재 공간도 많고 변속기도 자동이기 때문에 조작이 간편하고 편리하다. 하지만 스쿠터 역시 엄연한 모터사이클이다. 간혹 "오토바이는 위험하지만 스쿠터는 괜찮아"라고 말하는 몰상식한 사람이 있다. 도대체 무슨 근거로 그런 말이 생겨났는지 모르지만 맞지 않은 이야기다. 신체가 외부에 노출되어 있는 건 오토바이나 스쿠터나 마찬가지다. 따라서 안전장비나 라이딩 테크닉의 연마, 고도의 방어운전 훈련의 필요성은 똑같다. 대부분 모터사이클을 경험하지 않은 사람들은 작은 모터사이클을 보고 만만해한다. 하지만 작다고 해서 결코 안전장비를 소홀히하거나 함부로 다뤄서는 안 되는 게 모터사이클이고 스쿠터이다.

대부분의 스쿠터는 엔진과 변속기가 뒤에 있어 뒤쪽에 중심이 더 가게 된다. 따라서 라이딩 테크닉도 조금 다르다.

최초의 스쿠터 형태.

스쿠터(Scooter)의 사전적인 의미는 무엇일까? 사전을 찾아보면 '어린이의 외발 스케이트 같은, 핸들을 잡고 한쪽 발로 올라서고 한쪽 발로 땅을 차면서 달리는'이라고 나와 있다. 한마디로 말해서 우리가 어릴 적 갖고 놀던 '스카이씽씽' 같은 것에 엔진을 장착한 것을 '스쿠터'라고 부른다.

우리가 주변에서 많이 볼 수 있는 스쿠터는 50cc 2스트로크, 125cc 4스트로크지만 최근에는 500cc 이상의 대배기량 스쿠터도 많은 인기를 끌고 있다. 간략하게 스쿠터의 역사를 돌아보면, 지금 우리가 사용하고 있는 스쿠터는 1920년에 대량으로 만들어지기 시작한 '모터스쿠터'가 효시라고 할 수 있다. 스카이씽씽 같은 간이 이동수단에 모터를 달아 타고 다녔기 때문에 '모터스쿠터'라 불렸다.

스쿠터와 모터사이클의 구조, 라이딩 테크닉

대부분의 스쿠터는 언더본 프레임을 사용한다. 대배기량의 빅스쿠터는 강성 확보를 위해 알루미늄 델타박스 형태의 프레임을 사용하기도 하지만 50~125cc의 스쿠터는 대부분 언더본 프레임을 사용한다. 언더본 프레임은 앞쪽에 공간을 마련하기 위해 핸들을 잡아주는 하나의 프레임이 뒤쪽 엔진을 잡아주는 프레임과 연결되는 구조를 가지고 있다. 프레임의 구조상 강도가 약하고 고속 주행 시 안정감이 떨어진다. 왜 이렇게 만들었는가 하면 프레임을 만드는 가격이 저렴하기 때문이다.

스쿠터의 CVT 자동변속은 클러치가 필요 없기 때문에 왼쪽 레버가 뒷브레이크 레버이다. 또한 CVT 자동변속은 엔진 브레이크도 발생하지 않는다.

또한 엔진이 뒤에 달려 있고 뒷바퀴와 함께 연결되어 있어 노면의 굴곡과 충격에 따라 엔진이 직접 움직이는 특성을 가지고 있다. 따라서 무거운 엔진이 뒤에 위치한 스쿠터는 앞바퀴보다 뒷바퀴 쪽이 무거운 경우가 많다.

스쿠터는 클러치가 없고 엔진 브레이크가 발생하지 않는다

스쿠터는 대부분 CVT라는 벨트 자동변속 시스템을 사용하고 있다. 엔진이 회전하면 CVT 자동변속기 내의 풀리가 원심력을 받아 자동으로 클러치를 작동시키고 라이더는 별다른 조작 없이 스로틀만 당기면 자동변속되어 달릴 수 있다. 하지만 자동변속기는 10~15% 정도 동력의 손실을 가져온다. 따라서 주행 연비가 동급 배기량 매뉴얼 모터사이클에 비해 상대적으로 떨어진다. 스쿠터는 수동변속기가 없고 클러치를 자동으로 연결시켜주기 때문에 클러치 레버가 필요하지 않다. 따라서 좌측 레버는 뒷브레이크 레버이다.

스쿠터 라이딩은 매뉴얼과 무엇이 다른가?

스쿠터 역시 바퀴 두 개에 엔진이 달린 모터사이클이기 때문에 대부분의 특성은 같다. 하지만 일반 매뉴얼 모터사이클보다 중심이 뒤쪽에 집중되어 있고 스텝이 없으며, 라이더가 발을 놓는 부분은 플로어 판넬로 되어 있다.

대부분 스쿠터를 타는 라이더들의 불만은 '매뉴얼 모터사이클 라이딩 테크닉은 데이터가 많은데 스쿠터 라이딩 테크닉은 데이터를 찾아볼 수 없다'는 것이다. 지금부터 실전 스쿠터 라이딩에 대해 이야기해보자.

스쿠터 브레이크 레버의 조작 요령

기본적으로 브레이크 레버를 조작할 때는 '꾸~욱' 하며 최초의 조작은 부드럽게 하되 힘을 점점 강하게 필요한 만큼 잡는다고 이야기했다. 이것은 스쿠터 브레이크 레버를 조작할 때도 다르지 않다.

문제는 스쿠터의 무게 배분이다. 일반적으로 매뉴얼 모터사이클의 경우, 앞쪽에 엔진이 장착되어 있어 앞바퀴에 하중이 6:4 정도로 더 쏠려 있다. 하지만 스쿠터의 경우 엔진이 뒷바퀴와 붙어 있기 때문에 5:5 정도로 뒤쪽에 하중이 더 쏠려 있다.

앞서 매뉴얼 브레이크의 경우 엔진 브레이크를 적절히 사용하면 도움이 많이 된다고 이야기했다. 하지만 스쿠터는 변속 특성상 엔진 브레이크가 발생하지 않고(모델에 따라 대배기량 스쿠터는 엔진 브레이크가 발생한다) 앞, 뒷브레이크만 존재한다. 접지력은 하중이 많이 쏠리는 부위에 집중된다. 뒤쪽이 더 무거운 스쿠터나 아메리칸 모터사이클은 뒷브레이크의 비중을 적절히 높여서 제동력을 극대화해줄 수 있다.

하지만 무게가 뒤쪽에 쏠려 있는 스쿠터라 할지라도 집중적인 제동관

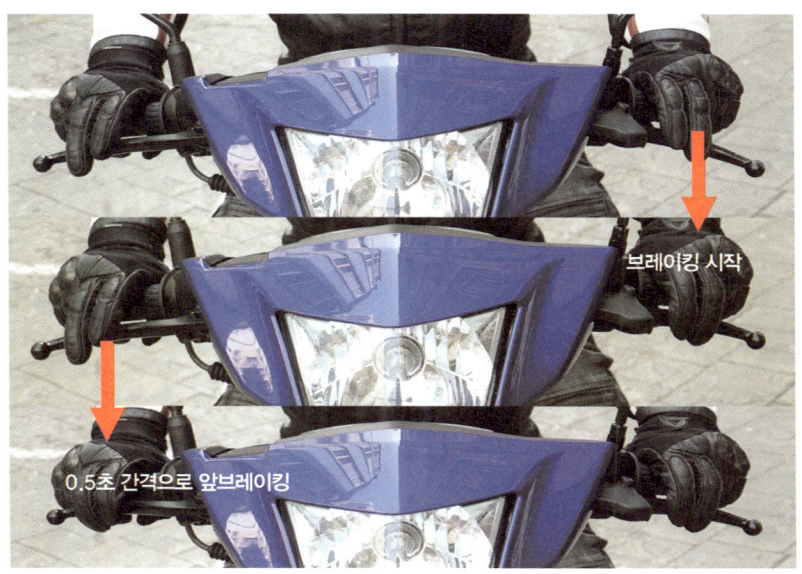

스쿠터 라이딩 브레이킹도 이론적으로는 매뉴얼과 다르지 않다. 0.3초 간격을 두고 후륜─전륜 레버를 꾸~욱 작동한다.

성 접지는 결국 앞바퀴로 쏠릴 수밖에 없다. 어쩔 수 없이 뒷브레이크의 사용 빈도나 비중이 매뉴얼보다 높아지지만 주 제동은 앞브레이크가 담당한다는 건 잊지 말자. 매뉴얼이든 스쿠터든 종종 앞브레이크는 사용하지 않고 뒷브레이크만 사용하는 라이더들이 있다(필자가 초보 시절에 그랬다). 이것은 전력질주로 달려가다가 멈춰야 하는데 한쪽 발로만 정지하려고 하는 모습과 같다. 결국 정지할 수는 있겠지만 급박한 상황에는 대처하기 어렵고 효율은 매우 떨어지는 정지 방법이다.

매뉴얼 모터사이클의 브레이크 조작 요령 편에서 이야기했지만 주행시에 검지, 중지 손가락이 레버 위에 올려져 있어야 하는 것과, 최초 제동은 뒷브레이크로 시작해 앞브레이크로 마무리하는 요령은 스쿠터에서도 마찬가지다.

　모든 모터사이클의 제동 요령은 그 원칙이 같다. 하지만 스쿠터처럼 엔진 브레이크가 없는 모델의 경우 뒷브레이크로 차체를 안정시키고 앞브레이크로 주 제동을 한다. 매뉴얼 바이크의 경우 엔진 브레이크로 최초 제동을 시작할 때가 많지만 스쿠터의 경우 뒷브레이크를 적극적으로 활용해야 한다. 제동할 필요가 느껴지면 뒷브레이크를 먼저 작동하고 그다음에 앞브레이크를 작동한다. 그 시간 차는 0.5초 정도이다. 0.5초의 시간 차이를 무시하고 동시에 브레이킹을 한다 해도 멈추지 못하는 건 아니다. 하지만 뒷브레이크를 0.5초 먼저 작동한다면 모터사이클이 앞으로 쏠리는 현상을 줄여줄 뿐만 아니라 제동 거리도 짧아지는 효과가 있다.

스쿠터 코너링에서 중심은 어디에 두어야 하는가?

　지금부터 이야기하는 것은 스쿠터 실전 라이딩의 핵심이다. 스쿠터는 매뉴얼처럼 스텝이 없다. 코너를 주행할 때의 라이딩 테크닉에서 매뉴얼의 경우 '코너 바깥쪽에 라이더의 중심을 싣는다'고 되어 있다. 매뉴얼의 경우 스텝이 있기 때문에 라이더는 발로 힘을 주어 스텝에 자신의 체중을 이동시킬 수 있다. 하지만 스쿠터에는 스텝이 없다.

　이 부분에서 많은 라이더들이 어려워한다. 필자 또한 스쿠터를 타면서 많이 고민한 부분이다. 필자가 찾은 해법은 코너에 진입해 플로어 판넬이 수평에서 수직으로 꺾이는 부위에 발을 위치시키고 다리로 판넬을 밀어낸다는 느낌으로 허벅지에 힘을 가한다. 그리고 자연스럽게 바깥쪽 다리에 체중이 실려 바깥쪽으로 중심을 이동시켜준다. 이때 안쪽 다리에 힘을 빼는 건 스쿠터에서도 동일하다.

　스쿠터는 기본적으로 프레임 즉, 뼈대가 약하다. 스쿠터는 언더본이라

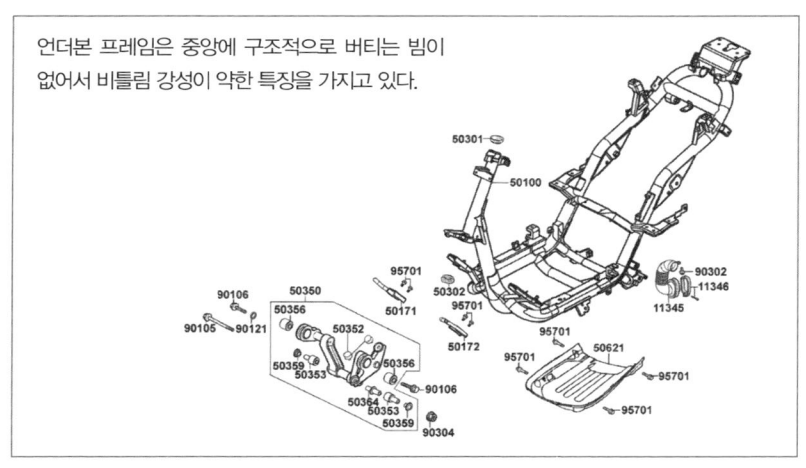

언더본 프레임은 중앙에 구조적으로 버티는 빔이 없어서 비틀림 강성이 약한 특징을 가지고 있다.

  는 형식의 프레임을 사용한다. 언더본 프레임은 만들기가 쉽고 대량 생산이 가능하지만 강성은 높지 않아 고속에서의 안정성이 떨어진다. 따라서 카울이라고 하는 플라스틱 커버로 대부분 감싸져 있다. 플라스틱 커버는 쇠가 아니기 때문에 약간은 들떠 있고 부드럽다. 라이더가 커버를 발로 눌러 체중을 지탱하면 스쿠터와 일체감을 좀 더 잘 느낄 수 있으며 타이어와 노면의 상황도 좀 더 구체적으로 전달받을 수 있다.

  스쿠터의 경우 평상시 직진주행에서도 살짝 양다리에 힘을 주어 밀어내듯 체중을 지탱하며 라이딩하면 전반적인 중심이 밑으로 가기 때문에 접지력 향상에 도움이 된다. 앞서 말했듯 스쿠터도 엄연한 모터사이클이다. 그 형태나 모양이 조금 다를 뿐이다. 몇 가지 구조상의 특성을 이해한다면 스쿠터 라이딩도 금방 적응할 수 있을 것이다. 코너에서의 기본적인 린 위드, 린 인, 린 아웃의 요령은 스쿠터에서도 동일하며 코너에 진입하는 과정도 모터사이클과 같다.

모터사이클 라이딩 전 점검해야 하는 것

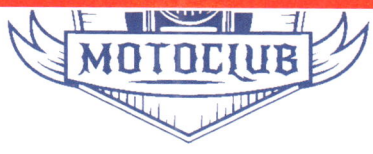

필자는 15년 동안 모터사이클을 전문 시승하면서 전 세계 다양한 모델을 테스트해봤다. 시승할 때마다 매번 몸에 맞지 않는 모터사이클을 만나, 혹시 발생할 수 있는 사고에 대비해야 했다. 모터사이클로 도로를 주행하기 전에는 몇 가지를 살펴봐야 한다. 바로 안전과 연결되는 부분이다.

첫 번째로 점검할 것은 타이어

타이어는 접지력을 유지시켜주는 매우 중요한 부품이다. 도로에서 타이어의 품질은 접지력을 결정짓는 절대적 부분이다. 또한 공기압도 매우 중요하다. 필자의 경우 시승 모터사이클의 타이어 제조회사와 컴파운드(타이어의 고무 재질) 등급, 공기압부터 체크한다. 그리고 공기압이 맞지 않으면 반드시 조절하고 시승에 임한다. 만약 중량이 200kg 나가는 모터사이클에 기자의 체중이 72kg이라고 했을 때, 총 중량 272kg의 적정한

노면과 직접적인 사투를 벌여 접지력을 확보하는 부분이 바로 타이어이다. 그만큼 자주 체크해야 하는 부분이다.

타이어 공기압은 냉간 시(타이어 온도가 올라가지 않았을 때)에 30psi 정도이다. 하지만 라이더에 따라 다르다.

매번 라이딩 때마다 공기압을 맞추기는 힘들지만 한 달에 한 번 정도는 필히 체크해야 한다. 또한 트레드의 깊이도 함께 봐주면 좋다.

두 번째 점검해볼 것은 브레이크

브레이크는 주행 전 엔진에 시동을 걸지 않은 상태에서 육안으로 오일 누유 등의 이상 유무를 살피고 브레이크 레버와 페달을 잡아보면 된다. 이때 정상적인 압력이 발생한다면 큰 이상은 없는 것이다. 만약 지나치게 압력이 작다면 오일 누유를 의심해볼 수 있다.

최근 ABS 시스템의 보급으로 키를 ON 해야 정상 작동 유무가 확인되는 모델이 있다. 모터사이클을 구입하기 전에 확인해봐야 한다.

브레이크 주변에 오일이 있는지, 그 오일이 패드에 유입됐는지, 브레이크 액은 충분히 있는지 점검한다.

주행 중 브레이크를 작동시킬 때 "끼이익" 하는 소리가 들린다면 디스크 패드의 수명이 다한 것일 수 있다. 점검받고 교체해야 한다. 그냥 주행하면 어느 순간 브레이크 성능이 현저히 떨어지며 브레이크 디스크까지 손상된다.

클러치 유격 세팅은 3~4개월에 한 번씩만 점검해줘도 좋다. 하지만 자신에게 맞는 유격 세팅은 매우 중요하다.

세 번째 점검해볼 것은 브레이크 레버, 클러치 레버의 유격 세팅

필자가 새로운 모터사이클을 시승하기 전 가장 먼저 조절하는 것은 클러치 레버와 브레이크 레버의 세팅이다. 레버류를 세팅하는 건 단순히 자신의 손에 맞추는 것뿐만 아니라 돌발 상황이 발생했을 때 얼마나 빨리 브레이크와 클러치를 조작할 수 있느냐 하는 매우 중요한 일이다.

네 번째 확인할 것은 오일 누유 등 전반적인 상태

사실은 육안으로 한 번 지나가면서 혹시 잘못된 게 있는지 살피는 습관이 매우 중요하다. 왜냐하면 라이더들은 이것마저도 좀처럼 하지 않기 때문이다. 점검이라는 건 별것 아니지만 그걸 못해 발생하는 사고나 모터사이클 손상은 매우 심각할 수 있다.

주로 살펴야 하는 부분은 엔진 오일 누유, 앞쪽 포크(서스펜션) 누유, 뒤쪽 포크 누유, 냉각수(수랭식의 경우) 누유, 체인 등이다. 엔진 오일이 새는

엔진 오일과 포크 오일의 누유 여부를 꼼꼼히 살펴야 한다.

곳은 없는지 냉각수는 적당한지 살피고, 체인 유격 등을 산책하듯 한 바퀴 가볍게 육안으로만 잘 살펴봐도 대부분의 사고나 피해는 막을 수 있다.

특히 프론트 포크의 경우 오일 씰(Oil Seal)에 유격이 생겨 오일이 약간씩 육안으로 확인된다면 빠른 시일 안에 교체해줘야 한다. 정비하지 않고 그 상태로 계속 주행을 하다가 포크 오일이 흘러내려 타이어, 브레이크로터, 패드에 묻으면 브레이크가 제대로 작동하지 않는 황당한 상황을 초래할 수 있기 때문이다.

엔진 오일의 누유는 눈에 보인다 해도 급격히 짧은 시간에 많은 양의 누유로 진행되지는 않지만 포크 오일의 경우는 다르다. 포크 오일의 오일 씰은 계속 움직이는 부분이기 때문에 조금 오일이 보이는 것 같다가도 어느 순간 많은 양이 쏟아져버린다. 특히나 포크 오일 정비는 눈에 보이는 즉시 양쪽 오일 씰을 세트로 갈아줘야 한다.

실전 도로주행에서의 안전 라이딩 요령

사고 없는 라이딩을 위해

모터사이클을 잘 조작하는 건 매우 중요한 일이다. 연습을 충분히 하지 않아 조작이 서툰데도 도로에 나간다면 사고 확률은 천정부지로 올라간다. 모터사이클 조작이 능숙할 만큼 연습을 했다는 가정 하에 설명하겠다. 제발 간곡하게 부탁한다. 자신의 조작 실력에 자신이 없다면 충분히 연습하고 도로에 뛰어들어라.

모터사이클은 도로라는 정글에서 가장 낮은 먹이사슬 단계에 있다. 이것은 실전 도로 라이딩에서의 첫 번째 원칙이다. 아무리 고가의 모터사이클이라 해도 자동차를 상대로 물리적인 충돌이나 추돌을 당하면 매우 불리하다. 모터사이클은 운전자가 외부에 노출되어 있어 사고 시 운전자의 부상 위험이 매우 크다.

아무리 번쩍번쩍 비싼 5,000만 원짜리 모터사이클이라 해도 1,000만 원짜리 마티즈와 충돌했을 때 마티즈를 이길 수는 없다. 즉 돈의 가치를 떠나 사고가 났을 경우 모터사이클은 최하위 계급이라는 게 냉혹한 현실이다. 그렇기 때문에 도로교통법에서도 될 수 있는 한 약자인 이륜차를 보호하기 위한 장치들이 어느 정도 마련되어 있는 것이다. 만약 교통 법규 같은 사회적인 최소한의 제도적 장치가 없다면 아마 도로에 나와서 달릴 수 있는 건 중장비나 탱크밖에 없을 것이다. 따라서 모터사이클 라이딩에서는 자동차 운전보다 매우 높은 방어 운전 지식, 사고 발생 확률이 높은 도로의 구조 파악을 빨리 할 수 있는 능력 등이 필요하다.

모터사이클은 어떤 형태로든 사고가 나면 손해다. 추후 사고처리 관계에서 과실 비율이 어떻게 나오든 중요하지 않다. 사고가 난다는 것 자체가 모터사이클과 라이더에게는 손해이다. 다시 한 번 말하지만 사고가 나지 않는 게 최선이다.

도로는 나만 달리는 곳이 아니다

여러 가지 형태의 운송수단이 함께 달리는 곳이 도로다. 덩치가 큰 차, 자전거, 경운기, 화물차 등 대부분 모터사이클보다는 무겁고 큰 것들이다. 한국 사람들은 평상시 온화한 성품이지만 운전대만 잡으면 터프 가이로 변하는 경향이 조금(?) 있다. 이러한 특성은 모터사이클에게 위협적인 요소가 된다.

모터사이클 라이딩을 해본 사람은 신체가 노출되어 있는 라이더들을 이해하지만 라이딩 경험이 없는 운전자들은 불쑥불쑥 나타나는 모터사이클 때문에 놀라거나 화를 내기도 한다. 필자가 강력하게 주장하는 건 도로교통의 상대적 약자인 모터사이클의 주행 특성에 대해 자동차 운전

공공도로는 목적지까지 안전하고 신속하게 이동하는 공유물이다. 쓸데없는 퍼포먼스를 보여준다고 어느 누구도 동경의 대상으로 바라보지 않는다. 눈살을 찌푸릴 뿐이다.

자들이 어느 정도 파악하고 있어야 한다는 것이다. 또한 국가에서 정책적으로 청소년기부터 자동차와 모터사이클 주행의 특성에 대한 교육을 해야 한다고 생각한다. 이미 우리보다 후진국들도 이런 교육을 실시하고 있다.

　모두 함께 달리는 도로임에도 우리나라에서는 지나치게 네 바퀴 달린 자동차 위주로 교통정책이 운영되는 게 아쉬울 뿐이다. 길이 막혀 해마다 막대한 에너지를 소비하고 천문학적인 도로 증설 및 보수비용을 들이며 엄청난 주차난을 겪고 있으면서도 대한민국은 모터사이클 같은 효율적인 운송수단에는 관심이 없다. 모두 모터사이클의 잘못된 이미지와 무지에서 오는 촌극이라고 할 수 있다.

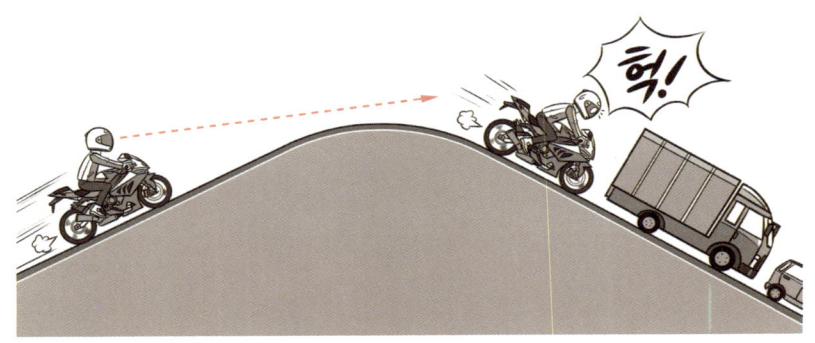

시야 확보가 되지 않는 곳에서는 절대로 가속하지 않는다.

시야 확보가 되지 않으면 절대 가속하지 말라

그럼 진짜 실전 도로 안전 라이딩을 살펴보자. 모터사이클뿐만 아니라 모든 육상 운송수단의 운전 원칙이라고 할 수 있는 게 시야 확보이다. 특히 모터사이클에서는 절대적인 요소다. 절대 잊으면 안 된다. 시야 확보란 '라이더의 육안으로 확인하고 주행하는 것'이다.

자신이 달리는 속도보다 시야 확보 거리가 짧다면 당연히 감속해야 한다. 예를 들어 벽으로 가로막힌 코너를 주행할 때, 언덕길을 올라갈 때, 버스 등 큰 차가 측면 시야를 방해할 때 등 라이더가 직접 확인할 수 없는 상황에서는 반드시 가속하지 않거나 감속해야 한다. '여기는 원래 차가 많이 다니지 않아', '여기에는 별 거 없을 거야'라는 생각은 절대 금물이다.

교차로에서는 0.5초의 여유를 가지고 진입하라

도로에서 필연적으로 적응해야 하는 게 교차로 통행이다. 4거리에서 우회전이나 좌회전, 직진 등을 할 때 모터사이클은 가장 앞에 서기 마련

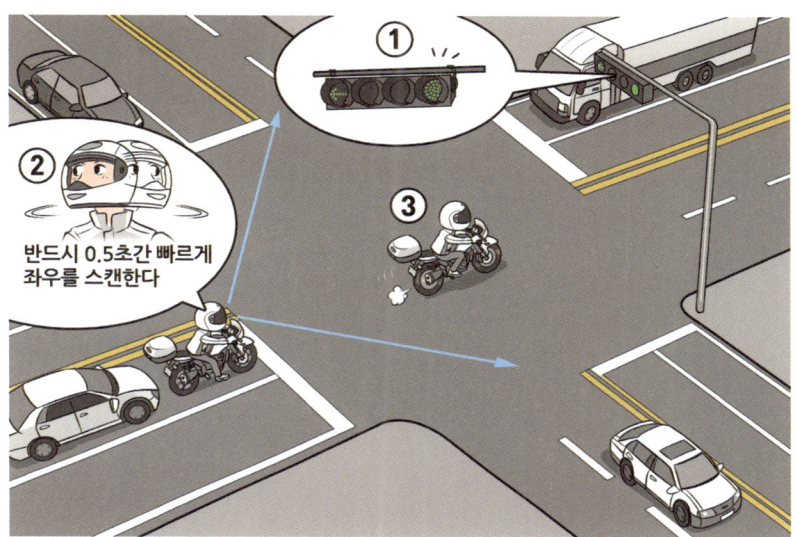

교차로에서는 0.5초의 여유를 갖고 출발하자.

이다. 이때 신호가 바뀌자마자 출발하면 매우 위험하다.

　이렇게 상상해보자. 모터사이클은 직진하려고 신호 대기 중이다. 반대편에서는 이제 막 신호가 바뀌려고 황색 신호가 들어온다. 이때 마지막 꼬리를 물고 무리하게 승용차 한 대가 필사적으로 지나가려고 교차로에 진입한다. 하지만 모터사이클은 신호가 바뀌는 동시에 빠르게 출발해 교차로에 진입해버린다. 그러면 사고로 이어지는 것이다. 이게 바로 전형적인 교차로 사고의 유형이다. 이런 상황은 좌회전 시에도 그대로 적용된다. 이런 교차로 모터사이클 사고의 특징은 사망사고가 많다는 것이다.

　모터사이클이 과속을 하다가 차량을 들이받았을 때보다, 차량이 모터사이클을 들이받았을 때 사망률이 훨씬 높아진다. 그것은 자동차의 중량이 모터사이클보다 10배 정도 많기 때문이며 라이더가 받는 충격은 상상 이상이기 때문이다. 반면 모터사이클이 자동차를 들이받을 경우 자동차

막차선은 분주하고 위험 요소가 많다.

운전자가 부상당할 확률은 매우 적다. 교차로 사고는 대부분 황색 신호에 무리하게 진입하는 차량 또는 모터사이클 때문에 발생한다는 걸 잊지 말길 바란다.

이때 안전운전 요령은 0.5초만 늦게 출발하는 것이다. 신호가 바뀌고 0.5초 동안 좌우로 한 번만 무리하게 진입하는 차량이 있는지 살펴본다면 교차로 사고를 예방할 수 있다. 또한 교차로에서 우회전할 때 대부분 우회전 직후에 횡단보도가 있다. 항상 주의해야 하는 포인트이다.

막차선은 분주하고 위험 요소가 많다

몇 차로로 구성된 도로든 인도와 근접한 막차로는 매우 분주한 곳이다. 버스가 정류장에 정지했다 출발하고, 택시가 승객을 태우겠다고 갑자기 정지하고, 골목길에서는 차들이 도로에 진입하기 위해 눈치를 살피고 있고, 도로를 달리던 차들은 골목길로 들어가기 위해 감속을 하며 핸들을

대형차가 코너 진행 중일 때는 우측 안쪽으로 추월하지 말자.

돌린다.

  이 속에서 모터사이클은 가다 서다를 반복해야 하고 또한 많은 위험에 노출되어 있다. 특히 많이 발생하는 사고 중 하나가 급히 골목길로 진입하는 우회전 차량이 모터사이클을 보지 못하고 우측 측면으로 추돌하는 사고이다. 모터사이클은 2차로를 이용하는 게 안전에 좀 더 유리하다.

대형차 코너 진행 중 우측 안쪽으로 추월 금지

  버스의 경우 휠 베이스가 매우 길기 때문에 회전을 할 때 일반 승용차처럼 돌 수 없다. 그래서 버스는 머리 부분을 좀 더 앞으로 주행시킨 후 큰 회전 반경을 그리며 코너를 돌아나간다. 특히 우회전은 짧은 반경에서 회전해야 한다. 그런데 그때 무지한 모터사이클 라이더가 공간이 생겼다고 무리하게 우측으로 추월하려고 시도한다면 큰 사고로 이어질 수 있다. 버스가 회전하면 처음엔 우측 안쪽의 공간이 넓어 보이지만 본격적인 회전이 진행되면 점점 그 공간은 줄어든다. 그때 모터사이클이 안쪽에 있다

회피 정지는 실전 도로에서 반드시 필요한 테크닉! 꼭 충분한 연습을 해야 한다.

면 오도 가도 못하고 그 사이에 끼이게 되는 것이다. 초보자들이 많이 실수하는 사고 유형이다.

고속 주행 중 앞차의 급 브레이크 시 대처할 수 있는 '회피 정지 테크닉'

앞서 이야기했지만 모터사이클의 접지 면적은 자동차의 접지면과 비교할 수 없을 정도로 작다. 그렇다면 앞서 가던 자동차가 급정거를 한다면 어떻게 해야 할까? 바로 회피 정지 연습을 통해 사고에 대비해야 한다.

회피 정지란 정지 거리가 비교적 긴 모터사이클이 앞차의 급정거를 대비해 차량을 피해 옆으로 정지하는 브레이크 테크닉을 말한다. 정지 거리가 부족할 경우, 일반 자동차라면 공간이 없어서 추돌을 해야 하지만 모터사이클은 폭이 넓지 않기 때문에 비어 있는 공간을 찾아 브레이킹 거리를 늘려 안전하게 정지할 수 있다. 비상시 이러한 테크닉을 사용하기 위해서는 많은 연습이 필요하다. 또한 앞서 이야기한 브레이크 레버 조작법을 능숙하게 몸에 익혀야 한다.

회피 정지 테크닉은 미국과 캐나다, 유럽 등에서 모터사이클 면허 실기 시험에 기본적으로 들어가 있는 필수 통과 코스다. (국내 이륜차 면허 실기시험에서는 기어의 조작이나 브레이킹의 능력 등을 테스트하지 않고 있다.) 그만큼 도로를 안전하게 주행하는 데 반드시 필요한 테크닉이다. 필자 역시 갑자기 손님을 태우겠다고 급정거를 하는 택시 때문에 회피 정지를 한 경우가 많았다. 특히 라이더들은 택시와 많이 싸운다. 라이더들은 자나 깨나 택시를 조심해야 한다. 대한민국에서 라이딩하는 모든 사람이 반드시 몸에 익혀야 할 사항이다.

변심 차량을 빨리 파악하라

도로는 출발지에서 목적지까지 안전하고 효과적으로 이동하기 위한 공간이다. 하지만 도로 위의 차량들이 모두 특정 목적지를 향해 가는 것은 아니다. 그냥 목적 없이 드라이브를 나왔다던가, 여러 가지 목적지를 두고 고민하고 있다던가, 급하게 목적지가 바뀌는 경우도 있다.

이러한 차량은 모두 공통된 운전 특징을 보이는데, 그건 바로 변심 주행이다. 뚜렷한 목적지가 없거나 차량 정체 등의 이유로 목적지가 변한 경우 핸들을 급조작할 가능성이 높다. 이런 변심 차량의 경우 자동차와 자동차의 사고라면 대부분 인명피해가 없는 접촉 사고일 가능성이 크지만 모터사이클의 경우라면 매우 치명적인 사고로 이어질 수 있다.

원래 가던 길만 주행하는 운전자는 일정하게 패턴을 그리며 목적지를 향해 달리지만 목적지가 뚜렷하지 않은 운전자는 즉흥적으로 길을 바꾸는 경우가 많다. 이런 게 가장 위험한 요소이다. 이 길이 빠른 길인지 저 길이 빠른 길인지를 계산하다보면 주위 사물에 집중도가 떨어지기 마련

변심 차량에 주의하자.

이다. 이때 모터사이클도 핸들을 급조작하며 추월을 시도한다면 사고 확률은 더욱 높아진다. 특히 이런 변심 차량은 직진할 것처럼 주행하다가 차량 정체가 있으면 우회전으로 급선회하는 경우가 많다. 이때 모터사이클과의 사고가 많이 일어난다.

반대 차선이 막히고 자신이 주행하는 차선은 정체가 없을 때 조심하라

특히 출퇴근 시간에 한쪽 방향은 한가한데 비해 반대편 방향은 극심한 정체를 보이는 구간을 종종 경험할 것이다. 답답하게 막힌 반대쪽 차선을 보면서 약 올리듯 좀 더 속력을 내려는 라이더도 있을 것이다. 그런데 그런 행동은 매우 위험하다. 특히 그 길이 조금이라도 휘어 있는 코너라면 더욱 위험하다. 그 이유는 라이더도, 상대방도 시야 확보가 되어 있지 않기 때문이다. 실제로 이런 상황에서 매우 많은 사고가 발생한다. 극심하게 정체되는 구간에서 짜증을 참지 못하고 변심한 차량이 중앙선을 넘어

중앙선 침범 사고는 이륜차 사망사고 중 가장 흔한 유형이다. 고배기량 라이더들은 이 점을 반드시 인지하고 있어야 한다.

불법 유턴을 하려 할 때 모터사이클과 접촉해 사고가 발생하는 것이다. 반대쪽 차선이 정체될 때는 자신이 주행하고 있는 차선이 한가하더라도 과속해서는 안 된다.

자동차는 앞바퀴가 돌아가야 회전한다

　모터사이클과 자동차의 또 다른 특징 중 하나는 회전하는 방법이다. 모터사이클은 바이크의 기울기를 변경하면 회전을 할 수 있지만 자동차는 반드시 앞바퀴가 방향을 틀어잡아야 회전한다. 당연한 이야기를 왜 필자가 강조하냐면, 움직이는 자동차의 앞바퀴를 유심히 살피며 라이딩하는 게 안전운전에 도움이 되기 때문이다. 특히 중앙선을 넘으려 하는 자동차는 앞바퀴가 먼저 돌아가 있게 마련이다. 이를 주의 깊게 살핀다면 조금이라도 빨리 변심 차량을 찾아낼 수 있다.

중급 라이더들에게 전하는 스킬

코너에 대한 두려움을 없애라

어느 정도 라이딩에 익숙해지고 장거리 투어도 10회 이상 다녀와 모터사이클이 몸에 익숙해졌다면 코너를 잘 타고 싶은 욕심이 생길 것이다. 필자가 수년간 라이더들을 만나봤더니 생각보다 체계적인 교육을 받지 못해 코너를 두려워하는 사람이 많았다. 물론 기본기가 착실하면 지금부터 이야기하는 요령을 잘 이해할 수 있을 것이다. 코너 공략법은 안전과 직결된 문제이니 이해가 안 된다면 몇 번이고 다시 읽어보기 바란다.

스로틀 웍이 라이딩을 지배한다

많은 라이더들이 스로틀을 열 때만 집중한다. 스로틀을 감는 것도 중요하지만 고급 스킬을 사용하기 위해서는 스로틀을 닫을 때도 신경을 써야 한다. 예를 들어 기어 1단으로 주행한다고 생각해보자. 스로틀을 감아

rpm이 올라갈수록 속도가 빨라지지만 그런 상태에서 스로틀을 급격히 닫으면 엔진 브레이크가 강하게 걸린다. 앞에서도 이야기했지만 엔진 브레이크는 정지하지 않지만 변속비만큼 저항이 생겨 속도를 줄여주는 역할을 한다.

필자가 라이딩 테크닉에서 강조하는 건 부드러움이다. 스로틀을 닫을 때도 지나치게 급격히 닫지 말라. 스로틀을 당겼다가 클러치를 잡으며 그냥 놔버리는 라이더들이 종종 있는데 상당히 좋지 않은 습관이다. 스로틀을 당길 때도 정교해야 하지만 놓을 때도 부드럽게 닫는 게 안정적인 라이딩에 좋다. 특히 쉬프트 다운(기어를 낮추어 엔진 브레이크를 걸어 코너에 진입)할 때 클러치의 조작은 상당히 중요하다. 스로틀과 클러치를 정교하게 조작하고 기본기만 되어 있다면 안정적이고 빠른 라이딩을 구사할 수 있다.

스로틀을 놓으면서 브레이킹이 시작된다

스로틀은 가속할 때만 사용하는 조작 기구가 아니다. 일부러 기어를 낮추며 엔진 브레이크를 사용하지 않아도, 브레이크 레버를 작동시켜 브레이킹을 하지 않아도, 스로틀을 닫는 행위 자체만으로도 브레이킹을 하고 있는 것이다. 코너에 두려움이 있는 라이더들은 정확한 중심 잡기와 자세가 부족해서 코너만 나타나면 브레이크 레버를 찾는 경우가 많다.

엔진 브레이킹은 생각보다 강력한 무기이다. 자신의 바이크로 2단이나 3단으로 주행하다가 6,000~7,000rpm에서(바이크마다 다르겠지만) 스로틀만 놓아 어느 정도 거리에서 어느 정도 감속이 되는지를 테스트해보면 생각보다 상당한 브레이킹이 일어난다는 걸 알게 될 것이다. 스로틀을 놓고 엔진 브레이크가 작동할 때 전륜 브레이크를 정교하게 조작하면서 속도를 감속하면 필자가 이야기하는 조종 능력이 무엇인지 알 수 있을 것이다.

모든 모터사이클에는 최대 토크가 발생하는 rpm이 있다. 레이스에서 'rpm을 살린다'는 말이 있다. 이것은 엔진이 힘을 쓸 수 있는 영역대의 rpm을 놓치지 않고 계속 유지하는 것을 말한다. 예를 들어 최대 토크 회전 수가 8,500rpm이라면 이것은 대부분 3단 기준이다. 1단에서 5단까지 5,500~8,500rpm 사이의 영역을 유지하면 회전 수를 비교적 잘 살려 라이딩하는 것이다.

rpm이 올라간다고 겁먹지 말라

초보 라이더들은 rpm이 올라가면 겁을 먹게 마련이다. 하지만 연습을 충분히 했다면 지나치게 겁먹을 필요는 없다. 매뉴얼 바이크는 아무리 회전 수가 올라가도 클러치를 잡으면 동력이 전달되지 않는다. 필자가 rpm을 유지하라고 이야기한 건 바로 엔진 브레이크 때문이다. 어느 정도 회전 수가 되어야 엔진 브레이크라는 것이 써먹을 수 있기 때문이다.

라이딩을 하다보면 코너에서 지나치게 낮은 rpm으로 주행하는 라이더들을 볼 수 있다. 똑같은 코너를 베테랑들이 2단 7,000rpm으로 주행한다고 가정했을 때, 초보들은 3단 3,000rpm으로 주행한다면 2단에서 문제가 발생했을 때 스로틀만 놓으면 바로 브레이킹을 시작하고 3단에서는 브레이크 레버를 작동해야 브레이킹을 할 수 있다. 과연 누가 빠르고 안정적인 브레이킹을 할 수 있을까?

당연히 2단이다. 필자가 앞에서 제원에 관한 이야기를 많이 한 것도 자신의 바이크가 어떤 영역대에서 엔진 브레이크가 쓸 만하게 형성되는지를 알아야 하기 때문이다. 최대 토크 회전 수는 반대로 최대 엔진 브레이크 사용 가능 지점이다.

엔진 브레이크를 자주 사용하면 엔진에 좋지 않다고 생각하는 라이더들이 있을 것이다. 물론 아주 사용하지 않는 것보다는 엔진에 조금 무리가 가는 게 사실이다. 하지만 필자는 아직까지 엔진 브레이크 때문에 엔진 트러블이 난 적은 한 번도 없다. 엔진 오일만 잘 갈아준다면 크게 신경 쓰지 않아도 된다.

주행할 때 빠르게 브레이킹을 해야 하는 경우도 있지만 빠르게 회피해야 할 때도 있다. 이 경우도 회전 수가 살아 있으면 스로틀 웍만으로 빠르게 가속해서 회피할 수 있지만 rpm이 낮은 상태라면 가속이 둔해지게 마련이다. 그런 이유로 베테랑 레이서들은 오히려 rpm이 낮아지는 것을 싫어한다.

rpm만 잘 살리면 클러치를 사용하지 않고도 변속을 할 수 있다. 4스트로크, 2스트로크를 막론하고 클러치를 많이 사용하는 라이더는 하수에 가깝다. 특히 코너에서 클러치를 잡고 주행하는 것은 최악의 라이딩 습관이니 주의해야 한다. 필자의 경우 구룡령을 오른손만으로 주행해 넘은 적도 많다. 자랑하려고 하는 게 아니고 개념만 안다면 그렇게 어려운 일이 아니라는 말을 하고자 함이다. 단, 코너에서의 머리 위치나 중심이 정확히 잡혀 있어야 한다. 글로 표현하기에는 좀 어려운 부분이 있지만 반복해서 읽어본 후 연습한다면 좀 더 업그레이드된 라이딩을 할 수 있을 것이다.

교통사고 시 당황하지 말고 이렇게 대처하라

자신의 몸 상태 체크

10여 년 전만 하더라도 이륜차와 4륜차가 사고 시에는 무조건 이륜차가 이긴다는 생각을 했다. 하지만 지금은 사정이 조금 다르다. 여전히 중량이 무겁고 큰 차량이 작은 차량을 보호해야 할 의무가 있는 건 사실이지만 예전처럼 무조건 유리하지 않다. 따라서 법규를 잘 알고 지켜야 한다. 우선 사고가 나면 자신의 몸 상태가 어떤지부터 빨리 파악해야 한다. 골절이 있다면 어느 부위인지 움직임은 원활한지 파악해야 한다.

불리한지 유리한지 생각 말고 경찰에 신고하라

그리고 재빨리 경찰에 신고해야 한다. 모터사이클 사고는 차량 운전자보다 대부분 라이더가 다치는 경우가 많다. 때문에 차량 운전자는 당황해 경찰에 신고할 정신이 없는 경우도 많다.

사고 현장을 보존하라

될 수 있으면 차량을 이동시키기 전에 찍어두는 게 좋다. 혹시 차량 운전자가 차를 이동하려고 해도 될 수 있으면 못 움직이게 해야 한다. 교통사고에서 차량의 정지 위치는 매우 큰 증거 자료가 된다. 혹시 억지로 차량을 움직였다면 절대 모터사이클은 이동하지 말아야 한다. 모터사이클까지 이동시켜버리면 정확한 사고 지점이 사라져버린다.

사진은 최대한 세밀하게 찍어라

사진을 찍을 때도 다각도로 최대한 자세하게 사진을 찍고 상대방 차량의 번호판이 잘 나오게 찍어야 한다. 또한 차량 운전자가 중앙선을 넘었다면 중앙선과 차량의 정지 위치 등을 잘 보이게 찍어놓고 횡단보도나 정지선 등이 잘 보이게 찍는 것도 요령이다.

블랙박스를 확보하라

모터사이클에 블랙박스가 있다면 다행이지만 없다면 차량 운전자의 차에 블랙박스가 설치되어 있는지를 살펴보고 데이터를 확보하는 게 중요하다. 블랙박스는 결정적인 증거가 된다.

주변에 CCTV가 있는지 살펴라

블랙박스가 없다면 주변에 CCTV가 있는지 살펴보고 만약 있다면 확보해야 한다. 서울의 큰 교차로에는 대부분 CCTV가 설치되어 있지만 지방의 한적한 도시에는 없는 곳이 더 많다. CCTV는 화각이 크기 때문에 반드시 교차로 카메라뿐만 아니라 상가나 아파트에 설치된 방범용 CCTV도 찾아보는 게 좋다.

목격자를 최소한 3명은 확보하라

블랙박스가 없고 CCTV도 없는 상황이며 4륜차량 운전자와 이륜차 운전자의 진술이 엇갈릴 경우 가장 중요한 것은 목격자이다. 하지만 목격자 한 명의 진술로는 사실상 진술 효력이 거의 없다. 최소 3명 이상의 목격자가 같은 진술을 했을 때 신빙성이 있다. 따라서 사고 직후 차량 운전자가 출동 경찰관에게 자신에게 유리한 주장만 한다면 반드시 목격자가 필요하다. 사고를 목격했던 사람들 중 적어도 5개의 연락처는 받아와야 한다. 그래야 3명 정도 진술을 해줄까 말까 한다.

책임보험만 들었다면 11대 중과실 위반인지 빨리 파악하라

이륜차 운전자가 명백히 신호위반이나 중앙선 침범, 불법 유턴, 횡단보도 사고, 보도침범 사고 등을 했는지 빨리 파악해야 한다. 특히 인도를 자주 올라가는 이륜차의 특성상 보도에서 일어난 인사사고는 11대 중과실 사고이므로 매우 조심해야 한다. 11대 중과실 사고의 경우 피해자와 형사 합의를 별도로 해야 할 경우가 있으니 각별히 신경을 써야 한다.

11대 중과실 사고가 아니라면 책임보험만으로 거의 해결된다(아주 고가의 수입차만 아니라면). 대부분 이륜차와 4륜차의 사고는 이륜차 운전자의 신체 손상이 걱정이지 4륜차 운전자는 거의 피해가 없다. 될 수 있으면 철저한 방어운전으로 사고가 나지 않도록 하라.

기초 라이딩 테크닉을 정리하면서 독자들에게 다시 한 번 당부한다. 도로는 출발지에서 목적지까지 안전이 확보된 상태에서 신속하게 이동하기 위한 공공의 이동 공간이다. 그리고 도로에서 가장 유능한 라이더는 빠른 라이더가 아니라 오래오래 안전하게 타는 라이더이다.

Part 5

라이더의 로망!
모터사이클 투어

실전투어를 위해 반드시 알아둬야 할 것들

　이제 어느 정도 라이딩에 자신이 붙었다면 라이딩의 꽃 '투어'에 도전해보자. 필자가 마르고 닳도록 강조하지만 처음에는 너무 무리하지 않는 것이 좋다. 첫 라이딩에는 왕복 3시간 정도의 코스가 좋다.

　투어 가기 전 날씨를 확인하고 안전장비를 든든히 챙기며 바이크를 점검하는 것은 이제 당연히 알아서 해야 한다. 그리고 투어에 필요한 장비도 꼼꼼히 챙겨야 한다.

　여름에는 우비를 항상 가지고 다녀야 한다. 최근 대한민국 날씨가 언제 어디서 폭우가 쏟아질지 모르는 기후가 되어버렸으니 우비는 튼실한 것으로 준비해두는 게 좋다. 그리고 10월만 넘어가도 수도권 밖으로 나가면 밤에 춥다. 방한 대책을 강구하는 게 좋다.

단체투어

사실 필자는 단체투어를 몇 번 다녀보지 못했다. 25년의 라이딩 생활 중 5번도 되지 않는다. 다들 남들이 떠나는 단체투어를 취재하기 바빴기 때문이다. 뭐 그것도 투어는 투어일지 모르지만 남들 놀 때 촬영하고 계속 긴장하며 취재하는 건 사실 투어라고 보기 힘든 '일'이었다.

투어에 가장 쉽게 적응하는 한 방법이 모터사이클 온오프라인 동호회에 가입해 정보를 주고받으면서 함께 떠나는 것이다. 동호회에 가입하면 다양한 모터사이클 지식도 공유할 수 있어 여러모로 도움이 될 것이다. 필자는 잡지사 생활을 그만두고 몇 번 동호회 단체투어를 따라가봤다. 맛난 것도 먹으러 가고 함께 와인딩도 즐기니 또 다른 라이딩의 즐거움이 찾아왔다.

요즘에는 거의 없어졌지만 옛날이야기를 하자면 소위 '견적투어'라는 게 있었다. 주로 바이크샵을 위주로 활동하는 동호회에서 투어를 가면 일부러 라이딩 경력이 많은 라이더가 앞장서서 전력질주한다. 뒤에 따라오는 초보자들이 오버페이스하다가 넘어져서 바이크가 망가지면 동호회 바이크샵에서 수리를 하려는 목적의 투어였다. 물론 지금은 '견적투어' 같은 몰상식한 투어는 사라진 지 오래다.

요즘 단체투어는 도로 상황을 고려한 안전 라이딩에 각별히 신경을 써서 달리기 때문에 사고도 거의 나지 않는다. 앞서 이야기한 것은 많은 사람이 투어를 떠나면 경쟁심리가 생기기 마련이고 자칫 오버페이스하다가 전도되거나 사고가 날 수 있으니 조심하자는 뜻이다. 단체투어에 필요한 수신호라든가 규칙은 인터넷만 찾아봐도 쉽게 알 수 있으니 따로 언급하지 않겠다.

단독투어

필자의 경우 워낙 '독고다이' 체질이라 홀로 여행을 떠날 때가 많다. 대부분의 남자들은 고독한 라이더가 되어 어디론가 훌쩍 떠나고 싶은 욕망을 종종 느끼기 마련이다. 그런데 단독투어는 매우 고수가 아니면 권하지 않는다. 다른 이유는 없다. 위험에 처해도 누군가 돌봐줄 사람이 없기 때문이다. 모든 변수에 홀로 대응하고 헤쳐나가야 한다. 그런 각오가 되어 있는 라이더만 단독투어가 가능하다.

필자가 대림 카이트 125cc 테스트를 위해 단독 1,600km(인천-창원-부산-태백-인천) 투어를 할 때도 4월의 추위 속에서 매우 위험했던 것으로 기억된다. 가장 힘들었던 것은 역시 추위였다. 무감각하게 달리다가 브레이크를 작동해야 하는데 손가락이 얼어 꼼짝하지 않았던 기억이 생생하다. 결국 무사히 집으로 돌아왔지만 아찔했던 순간도 있었다. 물론 춥고 힘들었지만 그런 투어를 다녀오면 뿌듯한 성취감 같은 게 생기기 마련이다.

동네에서나 타고 다니는 125cc 스쿠터로 부산 자갈치시장에 가서 아주머니들에게 인천에서 왔다고 하니 "아이구야, 그래 멀리서 왔능교. 쪼매한 거 이거 타고요?"라며 신기해하던 모습이 지금도 눈에 선하다. 필자는 대략 20회 이상의 전국투어를 해봤다. 그래서인지 지도를 보지 않고 전국 어디든 갈 수 있게 됐다.

투어에서 길 찾는 법

우리는 출퇴근을 하거나 시내를 돌아다닐 때 항상 다니던 길을 외워버린다. 그러다가 낯선 도로를 만나면 당황한다. 어디로 가야 할지 모르겠고 잘못하면 엉뚱한 데로 갈 것 같아 고민을 한다. 그러다가 정말 엉뚱한 곳으로 가버리기 일쑤다.

이정표에서 직진과 좌회전, 우회전 방면을 파악하고 주행하라.

최근에는 모터사이클용 내비게이션도 등장했고 스마트폰으로 언제든 지도를 볼 수 있으니 심하게 헤매는 일은 많이 없을 것이다. 하지만 신경 써야 할 것이 많은 라이딩에서는 내비게이션이 있다 하더라도 길을 잘못 들어서는 경우가 많다.

이정표 보는 법

특히 낯선 지방 국도에서 길을 잃어버리면 참으로 난감할 때가 있다. 이럴 때 필자가 이야기하는 것만 잘 알아두어도 많은 도움이 될 것이다.

도로의 이정표 사진에서 장항, 서천 방면이 직진이고 비인은 좌회전, 서면, 춘장대 방면은 우회전 방향이다. 이때 내가 주행하고 있는 도로는 21번이고 300m 더 가면 사거리가 나온다는 내용의 이정표이다. 여기서 중요한 건 현재 자신이 몇 번 도로로 가고 있는가와 교차로가 얼마나 더 가야 나오는가이다. 즉 이정표는 300m 전방에 사거리가 나오는데 거기에서 서천, 서면, 비인 방면으로 갈 수 있다는 내용인 것이다.

대한민국 국도의 특성

대한민국의 국도는 1번에서 52번까지 나 있다. 이 국도들은 일정한 법칙에 따라 형성되었다. 그 법칙이라는 게 홀수 국도와 짝수 국도가 다르다는 것이다.

1, 3, 5, 7번 홀수 국도는 남과 북 세로로 나 있는 도로이고 2, 4, 6, 8번 짝수 도로는 동에서 서로 이어지는 가로형 국도이다. 우리가 서울에서 양평 유명산에 가려면 가로로 이어진 6번 국도를 반드시 거쳐야 한다. 또한 서울에서 부산을 가려면 세로 국도인 홀수 3, 5번 국도를 이용해 부산까지 갈 수 있다. 17번이나 19번 국도 역시 홀수 국도로 순천, 광양에서 전주로 이어지는 세로형 국도이다. 이처럼 대한민국의 국도 구성이 어떻게 되어 있는지만 알아도 지금 자신이 가로로 가고 있는지 세로로 가고 있는지를 알 수 있다.

지명을 모르면 길을 헤맨다

서울에서 부산을 지도만 가지고 찾아간다고 생각해보자. 초행길에 라이더들은 한숨만 나올 것이다. 하지만 결코 어렵지 않다. 서울에서 부산까지 거쳐 가는 지명만 알고 있다면 그리 어려운 일이 아니다.

만약 지명을 모른다면 새로운 지명을 만날 때마다 멈추어 지도를 찾아보고 다시 가다가 멈추기를 반복해야 한다. 하지만 지명만 안다면 이정표의 지명을 보고 목적지를 찾아갈 수 있다. 예를 들어 서울-성남-광주-곤

지암-이천-충주-괴산-연풍-문경-상주-김천-구미-칠곡-대구-경산-밀양-부산 순으로 알고 있다면 적어도 다음 지명을 쫓아가면 되기 때문에 자신이 남쪽에 있는지 북쪽에 있는지를 알 수 있고, 목적지에 가깝게 가는 방향을 알 수 있다. 따라서 어느 곳을 가더라도 상세한 지명만 알고 있다면 대한민국 어디든 찾아갈 수 있다.

수도권 당일치기 최고의 코스 전곡항

일상에 지친 머리를 식히기에 좋은 코스

투어를 많이 다니다보면 우리나라 동쪽과 서쪽의 차이를 발견할 것이다. 동해안은 도로 상황이 비교적 단순하지만 서해안 쪽은 매우 복잡한 구조를 가지고 있다. 최근에는 간척사업으로 방조제들이 많이 생겨서 조금 덜하지만 그래도 여전히 길 찾기가 만만치 않다. 내비게이션이 있다 해도 라이딩하면서 내비게이션을 보는 것은 바람직하지 않기 때문에 특히 서해안 쪽으로의 라이딩에서는 사전에 투어 코스를 꼭 확인해보고 가는 게 좋다.

일에 찌들어 있던 어느 날이었다.
'아이고 모르겠다. 머리 좀 식히고 오자.'

장갑을 찾아들고 한손으로는 헬멧을 집어 들었다. 오늘따라 왜 이리 글발이 안 받는지…….

막상 밖으로 나와 바이크 앞에 섰는데 다시 머릿속을 스치는 생각.

'근데 어디로 가지?'

과거에는 직업상 투어를 한번 가더라도 남들이 가보지 않은 곳, 혹은 난이도가 높은 곳을 찾아나서야 했다. 하지만 이제는 한곳에 매여 있는 기자라는 직업이 아닌 프리랜서인지라 의뢰가 들어오지 않으면 굳이 어려운 투어는 가지 않는다.

무작정 시동을 걸고 일단 출발한다. 그냥 즉흥적으로 생각난 곳, 바다……. 가까운 바다가 어디 있을까?

지금 4시간 정도 여유가 있고 저녁때는 누군가와 약속이 있다. 그런데 머리가 너무 무거워서 바닷바람으로 덜어내고 싶다면 전곡항을 추천한다.

전곡항은 수도권 라이더들에게는 바쁜 일상 속에서 잠깐의 여유를 즐길 수 있는 코스이다. 시화방조제를 통과해 대부도를 지나 제부도 방향으로 가면 전곡항이 나온다. 시화방조제에서 쉬어 가려면 방아머리 선착장에서 잠깐 쉬어 가는 것도 좋다. 전에는 군사시설로 분류되어 일반인의 출입이 금지되었었지만, 최근에 일반 선착장이 되어 음식점과 매점 등이 있다. 바다를 바라보면서 컵라면 한 사발 먹는 것도 나쁘지 않다.

시화방조제에는 수도권에서 거의 유일하게 8km에 가까운 직선 코스가 있다. 필자는 수도 없이 가봤지만 지나갈 때마다 상쾌해지는 곳이다. 이곳에서 라이더들이 지나치게 과속을 하는 경우가 많다. 긴 직선 코스가 있기 때문이다. 그런데 이게 문제다. 간만에 쭉 뻗은 길을 보면 라이더들은 흥분하고 '오늘 내 애마의 최고속을 확인하겠어' 하며 과속을 하다가

방조제 중간에 위치한 선착장. 이곳에서 낚싯배를 타고 들어가면 저렴하게 배낚시를 즐길 수도 있다. 서해안은 역시 낙조가 멋지다.

사고로 이어진다. 물론 필자도 역시나 해봤다. 하지만 이곳의 최고시속은 80km다.

시화방조제는 모터사이클뿐만이 아니라 초보운전자들이 놀러 오는 곳이기도 하다. 그 사람들은 모터사이클의 속도감을 모른다. 그래서 멀리 있다고 생각하고 급차선 변경을 많이 한다. 이게 바로 사고로 이어진다. 절대 과속하지 말라. 천천히 경치를 구경하면서 라이딩한다면 참으로 좋은 풍경이 펼쳐지는 코스다.

라이더에게 한 가지 병(?)이 있다면 무조건 빨리 가는 게 미덕인 줄 안다는 것이다. '어디를 몇 분 만에 왕복했다'며 무용담을 늘어놓는 사람이 종종 있다. 필자의 경험에 의하면 그런 사람 중에 진짜 실력 있는 라이더들은 1%도 안 된다. 제발 투어를 가면 경치를 보면서 힐링을 하길 바란다. 투어를 빙자한 레이스를 하지 말고 말이다.

해외여행을 하고 있는 듯 요트가 떠 있는 풍경

시화방조제를 지나 대부도에 들어서면 해물칼국수집이 무수히 많다. 개인적인 평가지만 그다지 특별하게 맛있는 칼국수집은 없는 것 같다. 그건 전곡항도 마찬가지다. 그냥 배고프니까, 바다가 가까우니까 칼국수 한 그릇 먹고 다시 출발했다. 나이 먹으니 입맛만 까다로워진다.

전곡항은 대부도를 지나 제부도 쪽으로 내려가는 길에 있다. 필자가 처음 전곡항에 갔을 때 그 경치에 감탄했다. 노을과 빼곡하게 자리 잡은 요트의 풍경이 아주 멋졌기 때문이다.

특히 전곡항은 서해안에서 요트가 가장 많은 항구 중 하나이다. 따라서 매우 이국적인 풍경이 펼쳐진다. 연인과 추억을 남기고 싶은 라이더라면 완전 강추한다. 특히 일몰 시간의 낙조가 요트와 어우러져 인상적인 이미지를 보여줄 것이다.

전곡항에 가기 위해서는 화성시에서 접근하는 방법이 있지만 경치가 맹숭맹숭하다. 시간이 허락해 장거리를 뛰고 싶다면 매향리 쪽으로 내려가봐도 좋을 것이다.

수도권에서 2~3시간 만에 이런 풍경을 볼 수 있는 곳은 그리 많지 않다. 처음 전곡항을 알았을 때만 해도 주변에 별다른 음식점 같은 것이 없었는데 요즘은 요트 시설도 매우 깔끔하고 음식점이나 편의 시설도 매우 잘 되어 있다. 발전 속도가 너무 빨라 조금은 옛날 풍경이 그립기도 하지만 요즘은 전국 어디를 가나 이런 풍경이니 받아들이기로 했다.

필자가 바닷가에 가면 항상 하는 놀이가 있는데 바로 새우깡 놀이다. 편의점에서 새우깡 한 봉지를 사서 갈매기와 교감을 시도해본다. 주위에 수십 마리의 갈매기들이 모여 필자가 던지는 새우깡을 먹고자 서로 싸운다. 그러다 문득 노을 지는 하늘을 배경으로 요트가 떠 있고 물빛은 반짝이는데 40대 아저씨가 혼자 바이크를 타고 와서는 새우깡을 뿌리며 갈매기와 놀고 있는 매우 처량한 그림이 지나갔다.

'나이 먹고 이거 뭔 청승이냐······.'

남아 있는 새우깡을 갈매기들에게 뿌리고 다시 시동을 건다.

이제 무거운 머리는 좀 식혔으니 다시 가자, 집으로.

전곡항에 요트가 정박해 있는 풍경. 마치 캘리포니아의 어느 항구 같은 느낌이다.

강변 따라 달리는 자유, 퇴촌면 와인딩 코스

나만 알고 싶은 코스

15년 전만 해도 사실 퇴촌 코스는 라이더들이 잘 모르는 곳이었다. 이곳은 본격적으로 진입하는 길이 라이딩하기에 조금 어렵기 때문이다. 필자와 같이 직업적으로 지도를 보고 '아, 여기는 라이딩하기 좋은 구조를 가지고 있구나'라고 판단되면 답사를 해보고 여행기를 작성하는 특이한 직업을 가지고 있지 않은 이상 잘 모르는 곳이었다. 이곳을 한번 돌아보고는 '아, 서울에서 가까운 곳에 이렇게 멋진 코스가 있구나!'라는 탄식이 절로 나왔다.

대기 질이 좋지 않고 북적거리는 강남권에서 잠시 스트레스를 피하고 싶다면 반나절 만에 다녀올 수 있는 아주 근사한 코스다. 특히 봄에 벚꽃이 필 무렵 퇴촌 코스는 정말 환상적인 풍경을 연출한다. 5월쯤에 여자친구와 함께 간다면 작업 성공률 100%일 것이다.

사계절 다른 풍경과 와인딩 코스의 조합

퇴촌 코스는 계절의 변화에 따라 너무나 멋지고 변화무쌍한 경치를 보여준다. 봄에는 개나리와 목련, 진달래가 흐드러지게 핀 강변을 따라 달릴 수 있고, 여름에는 풍성한 느티나무 그늘을 보며 달릴 수 있다. 가을에는 낙엽을 휘날리며 멋진 풍경을, 겨울에는 얼어붙은 한강을 볼 수 있는 곳, 이곳이 바로 퇴촌 코스이다.

미사리 조정 경기장에서 직진하면 팔당댐이 나타난다. 그곳에 커피 파는 스낵카들이 몇몇 있는데 팔당댐을 풍경 삼아 커피 한 잔 하는 것도 좋다. 운이 좋으면 댐의 수문을 열어 물을 방출하는 풍경을 볼 수도 있다. 계속 직진하면 도마 삼거리가 나오는데 거기서 좌회전, 다리를 건너 직진

퇴촌 입구의 광동 하수처리장 앞 이정표.

하면 퇴촌 입구가 나온다. 직진하다가 광동 사거리나 광동 하수처리장 사거리에서 좌회전하면 이 지점부터가 퇴촌 코스다.

처음 퇴촌 코스를 찾으려면 조금 헛갈릴 수 있다. 한 번만 가보면 금방 찾을 수 있지만 초행길이라면 조금 어려울 수 있으니 이것만 기억하자. '광주도시관리공사'에서 우회전하거나 '퇴촌밀면집'에서 우회전. 그리고 본격적인 투어 코스는 342번 지방도라는 것.

직업상 한 번 가본 코스는 신선함이 떨어지기 때문에 어지간해서는 같은 코스를 여러 번 가지 않는다. 하지만 퇴촌 코스는 유명산만큼이나 촬영을 위해 자주 찾는 코스가 되어버렸다.

물론 풍경도 좋고 낭만도 좋지만 라이더로서 코너링에 대한 목마름이 해결되지 않는다면 투어 코스로서 매력이 조금 떨어진다. 하지만 퇴촌 코미사리 조정 경기장에서 팔당대교로 주행하면 퇴촌이 나온다. 팔당대교에서 바라본 한강의 모습이 시원하다.

스는 라이딩 테크닉에 대한 공부를 할 수 있는 아주 다양한 연속 코너가 나온다. 특히 짧은 코너를 연속으로 돌아나가는 복합 코너는 아주 다양하게 구비되어 있다.

퇴촌 코스는 라이더들이 즐겨 찾는 유명산 강 건너편이라고 생각하면 이해하기 쉽다. 실제로 강변을 라이딩하다보면 건너편의 6번 국도가 보인다. 시간이 허락될 때 퇴촌을 지나 양근대교를 건너면 유명산에 갈 수 있다. 그리고 설악-가평-춘천으로 이어지는 코스를, 혹은 홍천-인제-속초로 코스를 잡아도 좋은 지리적 위치에 있다. 자신의 시간에 맞게 와인딩과 경치 감상을 위해 코스 조절하기가 무궁무진하다.

편도 1차로에서 연속 와인딩은 조심조심

어느 코너에서나 오버페이스는 금물이지만 1차로가 대부분인 퇴촌 투어 코스는 자신의 라이딩 스킬이 부족하다고 생각되면 매우 조심해야 한다. 개인적인 생각이지만 이곳을 주행하는 차량 중 과반수는 평일에도 풍경을 즐기러 온 관광객이라서 과도하게(?) 천천히 경치를 구경하는 차들이 많다.

이곳의 장점은 모터사이클 테스트 구간으로도 매우 적합한 구조를 가지고 있다는 것이다. 아주 다양한 바이크로 퇴촌 코스를 주행해봤던 필자로서는 이번 투어 촬영에 사용된 2009년식 F650GS에 적잖은 실망감이 들었다. 연속 코너를 타이트하게 주행해보니 하체가 약간 부실함을 보여주었다. 브랜드 가치가 높다고 해서, 가격이 비싸다고 해서 성능이 꼭 좋은 바이크는 아니라는 걸 보여줬다.

이곳은 대부분이 편도 2차로다. 반대편 차량에 주의하며 라이딩해야 한다. 우거진 나무그늘 코스도 운치가 있다.

야! 내가 왜 이걸 샀을까

연속 복합 코너에서 반대편으로 뱅킹을 급격히 뒤집으면 포크가 꼬이고 코너에서 브레이킹으로 릴리즈(브레이크를 조절하며 작동하고 코너에 진입하는 테크닉)하여 들어가보니 앞바퀴가 휘둘린다. 짧은 코너에서 이런 현상이 발생하면 코스아웃을 하기 쉽다. 특히 왕복 2차로의 공도에서는 중앙선 넘어 차량이 올 수 있으니 매우 조심해야 한다.

코너 테스트를 해보고서는 이런 생각이 들었다.

'아, 당최 오프로드도 어중간하고, 온로드도 똑 부러지는 게 없고. 그렇다고 엔진 내구성이 좋은 것도 아니고, 고급 부속품을 사용한 것도 아니고, 가격은 비싸고. 도대체 넌 누가 뭐 하려고 만들었냐?'

과거 잡지사 시절 이렇게 솔직한 테스트 내용이 책으로 인쇄되어 나왔다면? 필자는 매우 정신적으로 피곤해졌을 것이다. 영업부장은 광고 뺀다는 메이커 달래러 뛰어다닐 것이고 다음부터는 시승차량을 빌려주려고도 하지 않을 것이다. 대부분의 메이커가 그렇다. 이게 지금 대한민국 모터사이클 시승기의 현주소다.

'내가 왜 이걸 샀을까? 내가 왜?'

궁시렁궁시렁하면서 투어를 마쳤다. 어찌 됐든 일단 투어를 왔으니 집으로 돌아가야 하는 상황이었다. 스스로를 달래가면서 컴백홈해야 하지 않겠는가. 슬슬 해가 길어지는 것을 보니 서둘러 가야겠다.

해안가 당일 코스인 궁평리−매향리−아산만 방조제−삽교호 코스
그날, 투어의 시작

너무 늦게 출발한 것 같다. 항상 마음먹고 어딜 가려면 뭐가 이렇게 걸리는 게 많은지.

　필자도 그렇고 인터넷 카페에서 활동하는 라이더들이 투어기를 올려놓은 걸 보면 70%가 동해안 쪽이다. 사실 관광지가 발달하면 맛있는 먹거리도 많고 여러모로 재미있는 곳이 많지만 적어도 필자는 '프로'라는 타이틀이 붙었으니 뭔가 '남들은 가보지 않은 코스를 개발해야 하지 않겠냐'는 생각으로 서해안 쪽을 탐사해볼 생각이었다. 그래봐야 누군가 몇백 년 전부터 여행하던 곳이지만 말이다.

　처음에는 서해안 쪽 도로들이 익숙하지 않아서인지 복잡하게만 느껴졌다. 하지만 이제는 도중에 길을 잘못 들더라도 당황하지 않고 큰길을 찾아 목적지까지 갈 수 있는 감이 생겼다.

　당일치기로 다녀와야 하는데 인천에서 오후 3시 넘어 출발하는 바람에 벌써 햇빛이 늘어진다. 39번 국도를 따라 아산만 방조제에 도착하니 해가 들어가버렸다.

　야간 투어가 새삼스러울 것은 없지만 야간에는 경치 구경을 못하니 그게 좀 아쉽다. 최종 목적지는 삽교호 함상공원이었다. 사실 홀로 투어한다는 게 정처 없이 흘러가다가 터닝 포인트로 삼는 곳이 목적지가 되는 거지 혼자 가면서 뚜렷하게 '여기야, 난 여기를 꼭 가봐야 해'라고 생각하지는 않는다.

아기자기하게 볼거리가 많은 서해안

　이번 솔로 투어는 전곡항에서 연결되는 코스라고 봐도 무방하지만 초보자들이 뻥 뚫린 해안가를 원 없이 달릴 수 있는 좋은 코스다.

　수도권에서는 39번 국도를 찾아서 흘러들어오면 가장 무난하다. 하지만 추천하고 싶은 코스는 시화 방조제부터 대부도를 지나 탄도 방조제-

아산만 방조제에 들어서자 점점 해가 들어간다.

궁평리의 화옹 방조제-매향리-남양 방조제, 그리고 77번 국도를 따라 내려오다가 38번 국도를 만나 아산만 방조제를 건너 방조제가 끝나는 지점에서 우회전해 삽교 방조제를 건너는 코스다. 이렇게 하면 하루 만에 원 없이 해안가를 달릴 수 있다.

투어를 목적으로 하는 게 아니라 빠른 길로만 코스를 잡아도 고속도로를 못 들어가니 인천에서 삽교에 오려면 아산만 방조제는 어쩔 수 없이 지나야 한다.

전곡항을 지나오면서 배가 출출해 해물칼국수를 먹었다. 뭐 식당에서 바닷가가 내려다보일 뿐 그다지 특별한 맛은 아닌, 바지락만 좀 더 들어갔을 뿐이지 수도권 어디서나 먹을 수 있는 맛이다. 바닷가에서 이렇게 어디서나 먹을 수 있는 음식을 먹으면 뭔가 억울한 느낌이 드는 건 필자만 그런 걸까?

남쪽으로 내려가면 궁평리가 나온다. 그곳에 가면 시화 방조제와 맞먹는 방조제가 나타난다. 이곳이 화옹 방조제인데 이곳을 건너면 역사의 아픔을 간직하고 있는 매향리가 나타난다. 화옹 방조제는 상당히 길다. 이런 곳에서는 과속의 유혹에 빠지기 쉽다. 하지만 평택항이 있기 때문에 항상 화물차가 많이 지나다니는 길목이다. 과속하지 말고 반드시 방어운전하기 바란다. 남쪽으로 계속 내려가면 작은 남양 방조제도 볼 수 있다. 서해안 쪽에는 정말 방조제가 많다. 새만금까지 합하면 방조제 주변 도로만 몇 백 킬로미터는 될 것이다.

아산만 방조제는 워낙 유명하고 또 서해안, 변산반도로 통하는 중요한 길목이니 서해안 투어를 가고자 하는 라이더는 길을 유심히 봐두는 게 좋다.

삽교에 뭐 특별한 게 있어서 간 건 아니다. 그냥 서해안의 길목이기도 하고 전날 라디오를 듣는데 조영남 아저씨가 하도 웃겨서 삽교가 생각났을 뿐이다. 그리고 아직 필자가 가보지 않은 동네라서 어떤 곳인지 호기심이 발동하기도 했다.

삽교 함상공원

필자 역시 그렇게 전국을 떠돌아다녔으면서 '서해안 쪽은 아직도 발전이 덜 돼 있지 않나?' 하는 생각을 몇 년 전까지만 해도 했다. 천만의 말씀이다. 이제 서해안 쪽 도로들이 아주 잘 뻗어 있다. 워낙 지형이 구불구불해서 길이 갈라지는 게 많아 좀 복잡한 건 사실이지만 그만큼 아기자기하게 볼거리도 풍부하고 아직 알려지지 않은 곳도 많다.

삽교천 방조제를 지나는데 완전히 깜깜해졌다. 삽교 함상공원까지는 별로 멀지 않으니 쉬지 않고 달렸다.

여행을 좋아하는데 서해안 길을 잘 몰라 망설인다면 삽교까지만 오면 여러 가지 코스로 다양하게 즐기고 당일로 돌아갈 수 있다. 삽교에서 서북 방향으로 40km 정도 가면 왜목항, 장고항, 도비도항 등이 있다. 대호방조제를 건너면 대산항이다. 투어 코스를 얼마든지 알차게 계획할 수 있다. 지도를 보면서 구상을 한번 해보라.

가는 날이 장날이라고 삽교호 함상공원이 뭔가 분주하다. 무슨 축제 같은 걸 하나 보다. 폭죽을 터트리고 음악 공연이 한창이다. 수많은 횟집과 조개구이집 사이로 들어가보니 등대가 있는 공원을 참 예쁘게 잘 지어 놨다. 한 번씩 산책해보는 것도 좋을 듯.

각설이가 춤을 추고 각설이 뒤로 엿을 판다. 잠깐이지만 구경꾼들은 엿장수 각설이보다 그곳을 지나가는 커다란 바이크에 시선이 머문다.

사람들은 모터사이클이라는 물건을 위험하다고 생각하면서 정작 흔히 볼 수 없는 바이크를 보면 반드시 뭔가 욕망 어린 시선을 날린다. 사람들이 많고 북적이며 길거리 음식이 코를 자극하는 곳에서는 항상 '이런 곳은 혼자 오는 게 아닌데. 누구랑 같이 와야 재미있는데'라는 생각을 한다.

함상공원의 야경이 생각보다 쓸 만한 그림을 연출해준다. 그런데 삼각대를 안 가져왔다. 벽에 기대어 어찌어찌 야경을 촬영해본다. 요즘 카메라는 저조도(빛이 별로 없는 상황)에서의 ISO 노이즈가 신기할 정도로 없다. 필름 카메라 시절부터 촬영해온 필자에게 이런 기계들의 초고속 발전은 점점 부담스러워진다. 카메라를 새로 살 때마다 매뉴얼이 점점 두꺼워지기 때문이다. 하여간 삼각대 없이도 그냥저냥 촬영을 마쳤다.

달을 밟고 다시 집으로

매달 뭔가 콘텐츠를 만들어내야 했던 시절에는 여행기가 참으로 고역이었다. 머리를 식히는 게 아닌 '정보를 가져와서 팔아야 하는 작업'이었기 때문이다. 바이크를 타고 달려도 그저 일일 뿐이었다. 머릿속은 항상 '이거 끝나고 뭐 써야 하나, 뭐 해야 하나?'라는 생각으로 가득 차 있어서 아름다운 풍경을 만나도 아름다운지 알지 못했다. '아무런 목적 없이 떠나는 여행이 이래서 필요하구나'라는 생각을 해봤다. 정말 일로 가는 여행은 일일 뿐이라는 걸 깨달은 투어였다.

전화가 온다. 아내다.

"응, 여기 삽교야. 그런 데가 있어 당진 옆에. 괜찮아, 얼마 안 멀어. 금방 갈게. 갈 때 뭐 사 가? 두부하고, 어린이집 가져갈 칫솔? 어, 꼬마 버스 타요 두 개 들어 있는 걸로."

집으로 가기도 전에 전화 한 통이 필자를 일상으로 복귀시켜줬다.

서천 홍원항

가을 전어 먹으러 서천에 홀로

가끔은 홀로 떠나는 여행이 재미있다. 서천으로의 홀로 투어는 즉흥적이고 대책 없는 투어였지만 나름대로는 심신을 위로하는 여행이었다.

오후 3시. 일단 가와사키 ZZR1400을 빌려 두었다.

'내일 일찍 출발할까? 아니면 그냥 지금 출발을 해버려? 지금 출발하면 중간에 해가 넘어가고 야간 투어가 될 텐데……'

갈등하고 있었다.

이번 투어는 너무도 즉흥적인 식욕으로 마음이 동했다. 요즘 하도 스케줄이 바쁘고 먹는 것도 시원찮아서 뭔가 보양식이 필요하다고 생각하고 있었다. 그런 찰나에 TV에서 '가을전어축제가 한창'이라는 방송을 보고 말았다. 갑자기 입에서 군침이 돌기 시작했다. 머릿속에서는 '인생 뭐 있어? 그냥 가는 거야' 하고 외치고 있었다. 그래서 그냥 떠났다.

기자라는 직업을 가진 사람이 어디에 가기 위해서는 참으로 복잡한 절차를 거쳐야 한다. 사진기자를 대동하고, 투어 코스를 살피며 차량을 섭외하고, 정해진 스케줄에 따라 어디어디가 좋고 어디어디를 소개시켜줘야 하며 등등……. 그런데 이번에는 혼자 카메라 하나 달랑 들고 무작정 '서천 전어축제'라는 것 하나만 머릿속에 집어넣고 떠났다. 길을 가다가 눈에 띄는 게 있으면 카메라에 담고, 힘들면 좀 쉬어 가고 하면서 말이다.

젠장! 비 온다

주섬주섬 속옷과 장비들을 챙겨 집을 나왔다. ZZR1400을 예열하는 동안 하늘을 바라봤다. 영 하늘의 낌새가 심상치 않았다. 찌푸둥한 게 뭐가 내릴 것 같은 분위기. 하지만 일기예보에서는 다음 날에나 약간의 비

삽교호 바다공원의 모습. 산책이나 데이트하기 좋은 장소다. 바다공원 안쪽에는 전망대가 마련되어 있다.

가 내린다고 했다. 요즘에는 일기예보가 얼추 맞아 들어가나 했더니 어김없이 배신을 한다. 휴대폰으로 일기예보를 다시 들으니 태풍의 영향으로 전국적으로 돌풍을 동반한 약간의 비가 내릴 거라고 했다. 이런 된장, 하여간 뭘 하려면 이렇다.

비가 오기 시작한 건 서울을 출발해 평택 부근에 진입하기 전이었다. 되돌아가자니 아쉽고 계속 전진하자니 험난한 일정이 될 것 같고……. 그러나 필자의 모토가 '갈 길은 간다'가 아니던가. 속도를 낮추고 천천히 서천을 향해 전진하기 시작했다. 윈드 스크린에 빗방울이 방울방울 맺히다가 풍압에 밀려 얼굴로 달려든다. 차갑다. 그런데 왠지 싫지 않다. 정말 비 오는 날 라이딩하는 걸 끔찍히도 싫어하던 필자인데 왠지 시원하다는 생각이 든다.

그리고 불안하거나 위험하다는 생각도 그다지 들지 않는다. 속도를 많이 줄인 탓도 있었지만 워낙 ZZR1400의 투어링 성능이 좋은 이유도 있었다. 비가 오는 와중에도 기분이 좋았던 건 오랜만에 느끼는 해방감 때문이었을 것이다. 기자라는 직업이 항상 사람들에게 둘러싸여 있어야 하다보니 자신도 모르게 스트레스를 받았나 보다. 물론 다 좋은 사람들이지만 필자는 혼자고 사람들은 다수이기 때문에…….

빗방울이 점점 두꺼워진다. 헬멧을 때리는 빗방울의 파열음이 점점 커진다.

'비도 피할 겸 밥이나 먹고 가지 뭐…….'

여행에도 요령이 있다

여행은 경험이다. 여행을 할 때 오랜 경험보다 좋은 지도는 없다. 물론 필자 같은 경우 많은 곳을 돌아다니다보니 대충의 지명만 알면 전국 어디

서천으로 출발한 지 얼마 지나지 않아 비가 내리기 시작했다.

든 찾아갈 수 있다. 하지만 초보자들의 경우 무작정 떠나는 건 권하고 싶지 않다.

여행을 많이 다니지 않았거나 흔히 '길치'라고 불리는 사람은 많은 준비를 해야 한다. 정말 묘한 공통점 중에 한 가지가 있다. '길치'들은 대부분 소심한 사람이 많다는 것이다. 길을 모르면 어디든 들어가서 '어디로 가야 하느냐'고 물어봐야 하는데 수줍어서 그 말을 못하는 사람들이 생각보다 너무나 많다. 한번만 물어보면 찾아갈 수 있는 길을 한 시간 동안 헤매는 것이다.

길을 찾는 건 생각보다 간단하다. 단, 초행길이라면 너무 큰 욕심을 내지 말자. 처음 찾아가는 곳인데 완벽하게 최단 거리로 갈 수는 없다. 조금 돌아가더라도 안전하고 확실한 길이 최고다. 국내에서 모터사이클은 고속도로에 진입할 수 없기 때문에 국도의 특성을 잘 알고 있어야 한다.

지도상의 국도번호가 2, 4, 6, 8 같이 짝수면 동서로 연결되는 도로이고 3, 17, 19 등 홀수번호로 표시된 것은 남북으로 연결된 도로이다. 물론 가다보면 구간구간 방향이 조금씩 틀리기는 하지만 대부분의 경우 이런 법칙을 가지고 있다.

기자가 인간 GPS 베토벤(김영식) 교수에게 배운 방법은 아주 간단하다. 하지만 정말 과학적이고 편리한 방식이다. 우선 종이에 출발지부터 목적지까지 최대한 자세하게 지명을 연결해 적는다. 그리고 그 지명에 따라 도로 이정표를 보고 달리면 쉽게 목적지에 도착할 수 있다.

필자는 휴대폰 메시지 기능을 이용해 '과천-의왕-군산-아산-예산군-홍성군-보령-춘장대IC-홍원항(이곳이 전어축제가 벌어지는 곳)'이라는 지명을 적고 간략한 주요 국도만 외워 출발했다. 결정적으로 길을 헤매는 이유는 방향 감각을 잃었을 때라는 걸 명심하자.

어두운 거리를 나 홀로 가는 맛

이제 완전히 해가 지고 예산 부근 국도에는 추적거리는 비와 정적만이 흐르고 있었다. 혼자 달리는 것이기 때문에 절대 안전이 우선인지라 가급적 천천히 주행했다. 어두운 거리를 홀로 주행하다보니 '인생이라는 게 이렇게 어두운 길을 질주하는 것이겠구나……'라는 감상적인 생각이 들었다.

홀로 한적하게 투어를 떠나는 것도 참으로 오랜만이니 기념사진을 찍기로 마음먹고 셀프카메라로 야간 촬영을 했다. 아주 가끔씩 지나가는 차들이 혼자 뻘쭘하게 사진을 찍고 있는 필자를 흘끔거리며 훔쳐보다가 금세 종종걸음으로 지나쳐갔다. 비 오고 어두운 거리를 외롭게 달려도 필자에게는 무한히 자유로운 해방감이 있어 너무나도 기분이 좋았다.

한밤에 당도한 서천 홍원항

기자가 목적지로 정한 서천 홍원항은 전어가 많이 잡히는 곳으로, 매년 전어축제가 열린다. 홍원항에 도착한 시간은 저녁 10시가 조금 넘어서였다. 약 200여 곳이 넘는 간이 점포들이 홍원항을 밝히고 있었고 모두 전어를 팔고 있었다.

야외에 파라솔을 펴고 전어회를 먹고 있는 많은 사람들은 웅장한 덩치와 배기음의 시커먼 바이크에 관심을 쏟았다. 하지만 필자는 좀 뻘쭘했다. 사람들의 눈초리에서 '전어를 먹겠다고 바이크 타고 여기까지 혼자 온 거야? 전어에 환장한 거야?'라는 느낌을 받았기 때문이다. 그 기분은 안 당해본 사람은 모른다. 많은 사람들의 의심어린 눈초리를 말이다.

당초 계획은 사람들 많은 곳에서 폼 나게 전어회를 먹을 생각이었다. 그런데 다들 가족이나 연인끼리 와서 재미나게 술도 한 잔 하면서 전어를

홍원항의 어선과 함께

먹는데 나만 혼자 청승맞게 '눈치회'를 먹을 수 없는 노릇이었다.

컨셉을 바꿔 무슨 한량이라도 되는 것처럼 이곳저곳을 어슬렁거리며 사진촬영을 했다. 보통 이런 행사장에서는 지나가는 사람들을 잡아끌며 호객 행위를 하기 마련인데 필자에게는 어느 누구도 전어회를 먹으라 권하지 않았다. 이 역시 뻘쭘하기는 마찬가지. 필자가 먼저 이것저것을 물어보며 능글맞게 취재 아닌 취재를 했다. 전어회를 많이 파는 홍원항 행사장에서 대충 촬영을 마치고 숙소를 찾았다.

여느 행사 취재라면 주최 측에서 마련한 숙소가 기다리고 있겠지만 무작정 투어를 떠난 필자는 비 안 새는 곳이라면 어디서라도 잠을 청해야 했다. 홍원항에서 빠져나와 다시 서면 쪽으로 가는 해안도로에 조금 외로워 보이는 전어횟집이 보였다. 지나가다보니 민박도 같이 하는 것 같아서 아주머니에게 물어보니 "혼자 왔어요? 방이 있기는 한데 안 쓰던 방이라서 그냥 2만 원만 줘요"라고 했다.

"전어는 얼마나 해요?"

"2만 7천 원이에요."

"저 전어도 같이 먹을 건데 싸게 해줘요."

"일단 들어와요."

계약이 성사됐다. 숙소와 전어회가 한꺼번에 해결됐다.

집 나간 며느리도 돌아오게 하는 가을 전어

아주머니 역시 바이크가 신기한가 보다.

"어디서 왔어요? 많이는 안 와도 비가 오는데."

"서울서 왔어요."

"혼자요?"

"네, 혼자요. 혼자 다니는 게 편해요. 놀러 온 거 아니고 일하러 왔어요. 전어 찍으러요."

카메라를 꺼내놓으니 아주머니가 더욱 놀란다.

"아이구, 일이 뭐길래 이 밤중에 혼자 비를 맞고 전어를 찍으러 온대요."

"그러게요. 먹고 살려면 이렇게라도 해야죠."

일하러 왔다는 말에 어머니뻘 아주머니가 안쓰러운 눈초리를 보내신다.

"아주머니, 사진 찍을 거니까 전어 이쁘게 해서 한 접시 주세요."

"사진? 이쁘게? 어떻게 하면 이쁘게 하는 건가?"

아주머니는 고심하는 눈초리시더니 조금 있다가 전어를 내오신다.

정말 나름대로 예쁘게 차린 전어회 한 상이 촬영용 세팅(?)으로 나왔다. 일단 회 사진부터 찍고 먹는 모습을 직찍(직접 사진을 찍는다는 인터넷 용어)한 후 소주를 한 병 시켜 본격적인 전어회 시식을 했다. 기자가 팔도를 돌아다니면서 여러 가지 소주를 먹어봤어도 충남 서천의 '맑을 린(산소 소주)'이라는 건 처음 먹어봤다. 뭐 맛은 비슷비슷하다.

전어는 회로도 먹고, 구워 먹고, 무쳐 먹는다. 특히 가을 전어는 살이 통통하게 올라 담백하고 고소한 맛이 난다. 기자가 먹은 전어도 정말 고소하고 맛있었다. 이거 안 먹어본 사람은 모른다. 여기에다 소주 한 잔 딱 들이키면 캬! 바닷가의 맑은 공기 마시며 좋은 안주에 소주 한 잔은 정말 보약이다.

전어회는 비늘과 지느러미만 제거하고 통으로 잘라 뼈도 함께 먹기 때문에 칼슘과 단백질 섭취에 좋은 음식이라고 한다. 뭐니 뭐니 해도 정말 맛있다. 전어는 성질이 몹시 급한 물고기라고 한다. 잡으면 성질을 못 이겨 금방 죽기 십상이고 한시도 가만히 있지 않고 수족관을 돌아다닌다.

홍원항에서 서면 쪽으로 위치한 민박집에서 맛본 전어회

따라서 24시간이면 대부분 죽거나 상품 가치가 없어진다. 이 때문에 산지에서 먹는 전어와 타지방에서 먹는 전어의 맛이 매우 다르다. 오죽하면 집 나간 며느리가 돌아온다고 하겠나.

　기회가 있으면 정말 꼭 한번 가볼 만한 곳이다. 한 가지 긴요한 정보를 알려주자면 전어축제 눈요기는 홍원항에 가서 하고, 전어를 먹으려면 필자가 갔던 서면 쪽의 한적한 곳을 찾는 게 좋다. 왜냐하면 같은 전어인데 그 양이 배 정도 차이가 난다. 가격은 같은 2만7천 원인데 홍원항은 두 명이 한 접시 먹기도 모자란 반면 서면 쪽은 3명이 먹기에도 충분하다.

아직 세상 인심은 살 만하다

　너무 맛나게 전어회를 먹으며 소주 한 병을 거의 다 비울 때 즈음, 손님이 뜸한 틈을 타 아주머니가 말을 건네 온다. 어디서 사느냐, 몇 살이냐, 무슨 방송국이냐 등등……. 아주머니는 딸만 둘이라고 했다. "첫째가 스물일곱 살인데 연하를 사귄다. 어떻게 해야 할지 모르겠다. 어떻게 했으면 좋겠냐?", "둘째는 잔정이 많고 여성스럽기는 하지만 철딱서니가 없어서 걱정이다" 등 우리 어머니들이 늘상 하는 걱정을 털어놓는다.

시간이 벌써 새벽 1시가 넘어섰다. 서울에서부터 비를 맞은 몸이라 피곤이 몰려왔다. 아주머니에게 전어 값과 방값을 주려 하니 모두 합해서 2만 원만 내란다. 필자는 "너무나 맛있는 전어회를 먹고 방까지 빌리는데 2만 원이면 제가 불편해요" 하며 3만 원에 합의를 봤다. 생면부지의 아주머니는 아들 같은 사람이라며 덜 받겠다고 하고, 필자는 더 내겠다고 하는, 도심지에서는 좀처럼 볼 수 없는 정겨운 실랑이였다. 아직 우리가 살아가는 세상은 살 만하다. 지면을 빌어 아주머니에게 감사드린다.

코스모스길 따라 다시 일상으로

태풍이 올라온다고 하니 아침 일찍 서둘러야 했다. 눈을 떴는데 전날 술을 먹었는지 의심스러울 만큼 개운하다. 역시 공기가 좋으니 술도 별로 안 취하고 숙취도 없다. 정말 일만 아니면 이런 데서 살고 싶다. 아주머니는 아침도 안 먹고 어디를 서둘러 가냐고 걱정이시다. 정말 아들이라도 된 것 같은 기분이다. 원래 아침을 잘 안 먹는다고, 다음에 꼭 다시 들르겠다고 인사를 한 뒤 서해안 갯벌을 촬영했다.

갈매기들이 사람이 다가와도 좀처럼 도망을 가지 않는다. 바이크와 바다를 배경으로 또다시 '직찍'의 향연이다. 나름 재미있는 구석도 있다.

비가 온다는 소식에 마음이 급하다. 내려올 때의 비는 그다지 많은 양이 아니라서 버틸 만했지만 본격적인 태풍이 들이닥치면 상황은 달라질 것이기 때문에 서둘러 서울로 향했다.

홍원항을 빠져나와 다시 보령시 쪽으로 달리는 와중에 코스모스가 피어 있는 길을 발견했다. 코스모스는 뭐니 뭐니 해도 가을의 상징 아닌가. 비가 다가온다는 불안감도 잠시 잊고 꽃밭을 촬영했다. 코스모스 뒤로는 논이 있었고, 논에는 나락('벼'의 충남 사투리)이 영글고 있었다. 사람들이 정신없이 살아가는 와중에도 자연은 무엇인가를 만들어내고 있다. 한 가지 마음이 아픈 건 여기저기 논과 길가에 'FTA 결사 저지'라는 플랜카드가 너무도 많이 걸려 있는 것. 농민의 생존권이 위협받고 있음을 현지에서 실감할 수 있었다. 우리나라 농민을 지킬 수 있는 건 우리나라 국민이고, 또한 우리나라 국민의 건강을 지키는 건 우리나라 농민이라는 생각이 들었다.

돌아오는 길에는 좀처럼 비를 맞지 않았다. 다시 일상으로, 매연 속으로 진입하면서 이번 여행을 생각했다. 즉흥적이고 대책 없는 투어였지만 나름 심신을 위로하는 여행이었노라고, 전어로 몸보신하고, 인심 좋은 아주머니 덕분에 심 보신(?)하고, 좋은 바이크로 간만에 재미있게 투어했으니 말초신경까지 보신한(?) 투어였다. 다음 달에도 다녀와야겠다.

원시림이 살아 있는 아침가리골
가을 단풍이 물든 아침가리골로 홀로 투어

서울에서 아침가리골을 찾아가기 위해서는 44번 국도를 알아야 한다. 서울에 사는 바이크 마니아들이 잘 알고 있는 양평 부근 6번 국도에서 홍천 방향으로 진행하다가 44번을 만나는 것이다. 지방에서 올라오는 라이더들도 44번과 현리, 내린천, 방태산 자연휴양림만 기억하고 있다면 쉽게 찾을 수 있을 것이다.

서천에서 돌아오는 길에 한 컷. 홀로 투어도 생각보다 재미있었다.

우선 서울에서 지명을 나열하자면 서울-양평(6번)-홍천(44번)-인제(44번)-현리(31번 내린천)-방태상 자연휴양림-방동약수-아침가리골 순으로 찾아가면 된다.

불과 5년 전만 해도 아침가리골은 일부 마니아들만 알던 환상의 비밀 코스 1호였는데, 최근에는 인터넷의 발달로 검색창에 '아침가리골'만 치면 어마어마한 정보다 나온다. 하지만 초행길이라면 아마 한두 번쯤은 길을 헤맬 것이다.

아침가리골은 도착해서도 아름다운 풍경을 감상할 수 있지만 31번 국도부터 시작되는 내린천 풍경도 제법 쓸 만하다. 또한 주변에 방태산 자연휴양림, 얼음골 쉼터, 레플리카 마니아들이 잘 알고 있는 구룡령 등 볼거리와 구경거리도 생각보다 많다. 특히 와인딩 코스가 많기 때문에 오프로드가 아닌 레플리카나 네이키드 동호회가 투어를 다녀오기에도 나쁘지 않다.

방동약수 한 바가지 먹고 출발!

아침가리골에 들어가는 초입에 동방약수라는 유명한 약수터가 있다. 위치는 기린면 방동리. 기린면에서 방동약수 가는 길을 물어보면 누구나 다 알려준다. 방동약수는 자연보호중앙협의회에서 '한국의 명수'로 지정할 만큼 효험이 있는 신비의 물이란다. 물맛도 물맛이지만, 방동약수는 탄산 성분이 많아서 설탕만 넣으면 사이다 맛이란다. 기자가 실제로 먹어보니 설탕을 넣는다고 해도 사이다 맛은 안 날 것 같았다. 하지만 겁나게 몸에 좋은 명수인지라 탄산 외에도 철, 망간, 불소가 들어 있어서 위장병에 특효가 있고 소화증진 효능이 매우 좋다. 그래서 그런지 기자의 변비가 조금 좋아진 듯했다.

아침가리골로 들어서는 길에서 사랑하는 애마 한 컷.

물맛은 설악산 자락에 위치한 오색약수와 비슷했다. 그런데 탄산이나 씁쓸한 맛은 방동약수가 한 수 위다. 뭐 사실 맛으로 먹은 게 아니고 몸에 좋다니까 일단 먹고 봤다.

약 300년 전 어떤 심마니가 이곳 방동리의 산삼을 캐낸 자리에서 약수가 치솟기 시작했다고 한다. 방동약수가 바로 그것이다. 산삼을 캐낸 그날부터 지금까지 사람들의 발길이 끊어져본 일이 없으며 많은 사람들이 이 약수를 마시고 효험을 보았다고 한다. 차를 가져왔다면 물병에 담아 부모님께 드렸으면 좋았겠지만 무거운 관계로 생략했다.

올해 단풍은 별로라지만

사실 작년에 아침가리골을 찾았을 때는 여름이었기에 본격적으로 단풍철에 찾아간 건 이번이 처음이었다. 계속되는 가뭄으로 올해 단풍은 그다지 예쁘지 않다고들 하는데 필자의 눈에는 나름 느낌은 있었다. 이 정도 단풍이 별로라는데 예전에는 얼마나 화려하고 예뻤을까 생각해보니 내년에도 꼭 한번 찾아야겠다는 마음.

아침가리골을 따라 흐르는 조경동 계곡의 물은 청정 1급수다. 그냥 마셔도 전혀 지장이 없을 만큼 맑은 물이다(지장이 생겨도 책임은 못 진다. 필자는 그냥 마시고도 멀쩡했다). 또한 계곡 경치가 너무나도 아름다웠다. 기자가 찾아간 날이 워낙 가물어서 풍족해 보이는 풍경은 아니었지만 혼자 보기에는 아까운 절경이었다.

아침가리골은 국내에서 좀처럼 찾아볼 수 없는 원시림을 유지하고 있는 숲이다. 흔히 '숲 터널'이라 불리는 아침가리골 코스는 트래킹, 산악자전거, 오프로드 모터사이클 동호회에서 자주 찾는 명소다. 얼마 전까지는 4륜구동 동호회 사람들도 자주 찾는 코스였으나 수해를 입어 중간 중간의 다리가 몽땅 끊어진 관계로 현재 짚차는 진입할 수 없다.

  기자가 오프로드 마니아들에게 이야기하고 싶은 것은 자연을 훼손하는 일은 하지 말자는 것이다. 야영을 하더라도 쓰레기는 말끔히 처리하고 물을 오염시키는 일은 가급적 삼갔으면 한다. 그리고 한 가지 더 말하자면 등산객을 놀라게 하거나 가급적 먼지를 일으키지 말자. 우리가 오프로드를 사랑하는 것만큼 등산객들도 산이 좋아 함께 길을 가고 있는 것임을 잊지 말자.

허스크바나 SM610으로 오프로드를?

  사실 그러려고 그런 게 아니고 촬영 날짜가 촉박한데 엔듀로 바이크가 없어서 슈퍼모타드인 SM610을 가져갔다. 처음에는 입구에서 오프로드 흉내만 내고 철수해야겠다는 생각으로 갔지만 어디 사람 마음이 그런가? 일단 오프로드를 보자 흥분한 필자는 조금만 더 달려보다가 난코스가 나오면 뒤로 돌아가리라 마음먹고 천천히 주행을 했다. 약간의 난코스가 나왔을 때 SM610으로도 충분히 주파할 수 있을 것 같아서 훌쩍 뛰어넘고 조금 더 가고 하다보니 어느새 돌아갈 수 없을 만큼 주행을 해버렸다.

  그런데 정말 한 구간에서 난코스가 나와버렸다. 기자는 속으로 '허걱, 그냥 돌아갈까? 아니면 돌파를 해봐? 한번 미끄러지면 좀 골치 아프겠는데……' 하고 생각하며 일단 도전하기로 했다. 무엇보다 걱정인 건 타이어가 온로드 전용이라는 것, 그리고 만약 전도된다 해도 도와줄 사람이 없다는 것이었다.

  언덕을 올라가다가 후륜이 미끄러지는 것을 느꼈을 때 약간 긴장됐지만 무사히도 한 방에 치고 올라갔다. 하지만 이런 난코스가 여러 곳 있었다는 거……. 필자는 우연한 기회에 홀로 오프로드 투어를 떠났지만 독자

나 홀로 투어 중에 만난 난코스. 독자 여러분에게 이런 코스는 결코 추천하지 않는다.

들은 절대 혼자 오프로드에 진입해서는 안 된다.

아침가리골 오프로드 코스는 약 20km에 달한다. 그중 2km 정도는 콘크리트로 포장되어 있고 나머지는 오프로드다. 필자는 아침가리골을 빠져나오면서 왠지 뿌듯한 느낌을 받았다. 홀로 난코스를 극복하고 무사히 탈출한 자신이 너무나도 대견했다. 하지만 다음에는 별로 혼자 가고 싶지 않았다.

SM610은 오프로드에서 파생된 슈퍼 모타드이기는 하지만 서스펜션이 상당히 딱딱하고 시트도 마찬가지다. 기자가 서울에 도착했을 때 기자의 엉덩이는 원숭이 엉덩이가 되어 있었고 약간의 출혈(?) 흔적도 보였다. 투어를 마치고 3일 동안 많은 고통을 감수해야 했다.

오프로드를 빠져나와 국도를 타고 집으로 돌아가는 길에 기온이 급격히 떨어졌다. 기자는 오돌오돌 떨면서 홍천 부근까지 가서 1회용 우비를 하나 샀다. 가져온 옷이 없을 때 추위를 막는 방법치고는 생각보다 효과적이었다. 1회용 우의는 겉에 입는 것보다 안쪽에 입는 것이 유리하다.

진짜 산중에는 사람이 없구나

지난달 서천에 전어 먹으러 갔을 때는 그나마 전어 집 아주머니와 이런 저런 이야기도 했는데 이번에는 정말 혼자 생쇼를 하면서 직쩍 퍼레이드를 했다. 아마도 옆에 누군가 있었다면 혼자 이러쿵저러쿵 중얼거리면서 사진 찍는 필자를 보고 '뇌 상태가 많이 안 좋은' 사람으로 봤을 것이다. 사실 사람이 많은 곳에서도 그다지 상태 좋은 인간으로 평가받는 것은 아니지만 말이다.

오프로드를 음미하며 천천히 달리다가 잠시 멈추어 쉬었다. 바위 틈에 기대어 있다가 새가 날아가는 소리도 듣고 물소리도 듣다가 문득 '진짜 깊은 산중에는 사람이 없다. 이런 곳이 홀로 사색하기에는 안성맞춤이다.

산에는 사람이 별로 없구나' 하는 생각을 했다. 진짜 길을 찾기도 힘들고 그 길을 가는 사람도 별로 없다는 생각이 불현듯 들었다.

가끔씩 혼자 미친 척 무엇인가를 해보는 건 정신 건강에 상당히 좋은 영향을 미친다고 생각한다. 세상살이에, 다람쥐 쳇바퀴 돌듯 하는 일상에 지쳐 있는 사람에게 혼자만의 사색시간은 매우 중요하다고 생각한다. 물론 필자 같이 허구한 날 사색하다가 사색이 되어가는 종류의 인간은 빼고 말이다.

마치는 글

모터사이클은 불과 같다

　불은 인간에게 반드시 필요한 것이다. 하지만 그 성질을 모른 채 방심하거나 장난을 친다면 사람에게 큰 피해를 주기도 한다. 모터사이클도 불과 같다. 그 성질을 잘 모른 채 우습게 보고 무리하게 주행하거나 방심하면 사람을 상하게 할 수 있다. 그러나 모터사이클을 불을 관리하듯 한다면 우리 생활에 있어서 편리하고 경제적이며, 없으면 안 되는 운송수단이 될 것이다.

　필자는 지금까지 약 25년의 모터사이클 라이딩을 해온 경험과 지식을 바탕으로 초보 라이더가 실전에서 알아야 할 부분을 이야기했다. 대한민국은 세계 5위의 자동차 생산국이다. 하지만 모터사이클 안전문화는 매우 후진적인 모습을 보이고 있다.

　'과부틀······'. 적어도 우리나라에서만큼은 이 말이 모터사이클의 닉네임이다. 대부분 직접 경험해보지도 않고 '누구의 아들'이, '사촌의 누군가'가, '내가 아는 사람' 등이 모터사이클을 타다가 '다쳤다더라' 혹은 '잘못됐다더라'라는 이야기 속에서 만들어진 닉네임이 아닐까?

그동안 모터사이클은 무작정 '위험한 것'으로만 인식되어온 것이 사실이다. 하지만 우리는 이륜차의 안전교육에 대해 어떤 노력도 하지 않고, 대부분 경험도 해보지 않고, 부적절한 운송수단으로 인식하는 경우가 많다. 그럴 때 필자는 이야기한다.

"25년 동안 모터사이클을 라이딩해왔지만 난 아직 멀쩡하다. 모터사이클에 문제가 있는 게 아니고 그것을 다루는 사람과 사회 시스템이 문제인 것이다."

초보라이딩 편을 마치면서 필자는 독자 여러분에게 이런 말을 꼭 하고 싶다.

'도로에서는 많이 연습하고 많이 알수록 안전해지고, 서킷에서는 그만큼 빨라진다'고.

그리고 다시 한 번 생각해본다. 우리는 모터사이클을 동경해왔지만 과연 그것에 대해서는 얼마나 깊이 있게 알려고 했는지 말이다.

모터사이클에 관심이 없는, 라이딩을 한 번도 해보지 않은 사람이 필자와 이야기할 때 반드시 이야기하는 세 가지가 있다.

첫째, 폭주족이었는가?

둘째, 속도를 얼마나 내봤는가?

셋째, 내가 아는 사람의 누구의 동생이 바이크를 타다가 어떻게 됐다더라, 위험하지 않은가?

대부분이 자동차의 안전벨트는 알고 있지만 모터사이클 안전장비에는 어떤 것이 있는지 모른다. 만약 모터사이클을 타다 사고를 당했다던 그 누군가의 아는 사람이 정말 안전장비를 철저하게 착용하고 국가가 제공하는 기본적인 안전교육을 제대로 받았을까?

인간이 발명한 모든 '문명의 이기'에는 저마다 크든 작든 위험이 존재한다. 그것을 얼마나 정확하게 알고 있으며 잘 관리하는지에 따라 편리함도 위험 정도도 달라진다. 이런 의미에서 필자는 스스로 늙어 죽을 때까지 모터사이클과 함께할 것이다.

— 이 책을 꿈을 이루지 못하고 먼저 떠난,
후배였던 꽃남자 드레그 이완수, 김미나 기자에게 바친다.